SARAJEVO

Mit Ilidža, Butmir, Rakitnica-Schlucht und den Wintersportgebieten

Marko Plešnik

TRESCHER VERLAG

2., aktualisierte Auflage 2016

Trescher Verlag
Reinhardtstr. 9
10117 Berlin
www.trescher-verlag.de
post@trescher-verlag.de

ISBN 978-3-89794-364-3

Herausgegeben von Bernd Schwenkros und
Detlev von Oppeln

Reihenentwurf und Gesamtgestaltung:
Bernd Chill

Lektorat: Hinnerk Dreppenstedt
Redaktionelle Mitarbeit: Antonia Vinz
Info-Grafik: Bernd Chill
Stadtpläne und Karten: Johann Maria Just,
Martin Kapp

Gedruckt auf chlorfrei gebleichtem Papier

Printed in Germany

Alle Angaben in diesem Reiseführer wurden sorgfältig recherchiert und überprüft.
Dennoch können Entwicklungen vor Ort
dazu führen, dass einzelne Informationen
nicht mehr aktuell sind. Gerne nehmen
wir dazu Ihre Hinweise und Anregungen
entgegen. Bitte schreiben Sie an **post@
trescher-verlag.de**.

Titelbild: Der Sebilj-Brunnen in der Baščaršija

Avaz Twist Tower

Vorwort

Sarajevo ist von München, Wien oder Zürich nur eine Flugstunde entfernt. Und doch liegt die Stadt gleichsam in einer anderen Welt: dort wo der Okzident auf den Orient trifft. Besucher, die eben noch durch die osmanisch geprägte Baščaršija mit ihren kleinen Läden, Handwerksbetrieben und Moscheen spazierten, finden sich schon im nächsten Augenblick in der westeuropäisch anmutenden Ferhadija wieder, der von Österreich-Ungarn errichteten Einkaufsstraße. Sarajevo ist nicht die Stadt der Superlative, aber jeder, der durch die Baščaršija oder entlang der Miljacka spaziert ist, der die Moscheen, Kirchen und Tempel bestaunt oder von einem der Hügel auf die Stadt geblickt hat, wird den Sarajli – die Einwohner Sarajevos - nicht widersprechen wollen, die sagen, dass ihre Stadt eine Seele hat.

Die Stadt wurde im 15. Jahrhundert von Isa Beg Isaković gegründet. Die Osmanen, die hier jahrhundertelang herrschten, bauten die Baščaršija, heute das Herz der Stadt und Besuchermagnet, sowie Moscheen, Bäder und islamische Lehranstalten. Ihr Erbe prägt bis heute das Stadtbild und gibt Sarajevo einen Teil seiner Identität. Die österreichisch-ungarischen Machthaber modernisierten die Stadt, ohne die osmanische Epoche zu verleugnen. Aus ihrer Zeit stammen moderne Gebäude wie das Rathaus, der Präsidentenpalast und das Nationalmuseum, aber auch die Straßenbahn, eine der ersten Europas.

Mehrfach im Laufe seiner Geschichte stand Sarajevo im Fokus der Weltöffentlichkeit. 1914 erschoss der serbische Student Gavrilo Princip den österreichisch-ungarischen Thronfolger Franz Ferdinand nahe der Lateinerbrücke; seine Tat löste schließlich den Ersten Weltkrieg aus. 1984 verfolgten weltweit hunderte Millionen Zuschauer die 14. Olympischen Winterspiele und bekamen am Fernseher einen Eindruck von der weltoffenen und multikulturellen Stadt. Nur acht Jahre nach Olympia blickte die Welt erneut nach Sarajevo, diesmal jedoch voller Entsetzen: Insgesamt 1425 Tage wurde die bosnische Hauptstadt von serbischen Truppen belagert, so lange wie keine andere Stadt in der neueren Geschichte. Inzwischen hat sich Sarajevo vom Krieg erholt, gilt als weltoffen und sicher. Und noch immer gehört die bosnische Hauptstadt zu den seltenen Städten, in der Moscheen, orthodoxe und katholische Kirchen und jüdische Tempel in einen Radius von nicht einmal einem Kilometer eine friedliche Koexistenz eingehen. Sarajevo ist heute aber auch eine Stadt der Cafés, der modernen Shoppingcenter, der Wissenschaft, Museen und zahlreicher Kulturfestivals. Zu den bekanntesten gehört das Filmfest im August, bei dem regelmäßig internationale Stars über den roten Teppich flanieren.

Literaturnobelpreisträger Ivo Andrić beschrieb die Stadt, in der er das Gymnasium besuchte, so: »Egal zu welcher Tageszeit und von welcher Anhöhe man auf Sarajevo blickt, man wird unwillkürlich immer das Gleiche empfinden: Das ist die Stadt, die in sich zusammenfällt und stirbt und gleichzeitig aufersteht und sich entfaltet.

Die Baščaršija-Moschee im Herzen der Altstadt

Hinweise zur Benutzung

Sarajevo ist im deutschsprachigen Raum nach wie vor als Reiseziel so unbekannt wie Bosnien und Herzegowina, dessen Hauptstadt es ist. Diesem Umstand wird im ersten Kapitel dieses Reiseführers Rechnung getragen: In ›Annäherung an Sarajevo‹ sind die historischen Phasen und Ereignisse sowie aktuellen Entwicklungen zu Geographie, Geschichte und Politik sowie Kunst und Kultur dargelegt. Zudem werden in den Abschnitten ›Sarajevo im Überblick‹ und ›Das Wichtigste in Kürze‹ stichwortartig die wichtigsten Fakten zu Sarajevo, seinen bedeutendsten Sehenswürdigkeiten und zur Reisevorbereitung zusammengefasst.

Das zweite Kapitel ›Stadtspaziergänge‹ erschließt Sarajevo in neun Stadttouren. Sie orientieren sich an der Geschichte der Stadt und an ihrer erkennbaren Gliederung in Stadtviertel und auch am üblichen Zeitbudget von Besuchern. Dieses Kapitel beginnt in der Altstadt, für viele Touristen der erste Anlaufpunkt bei einem Besuch, stellt zunächst die Hauptsehenswürdigkeiten und daran anschließend die weniger bekannten Viertel und Anziehungspunkte vor. Dabei wird die Würdigung einzelner Bauten mit der Geschichte einzelner Quartiere und der Stadt allgemein verknüpft. Die Touren sind sämtlich so konzipiert, dass sie auch ausschnittsweise nachvollzogen werden können.

Im dritten Kapitel ›Sarajevo-Informationen‹ gibt es neben umfassenden allgemeinen reisepraktischen Informationen zu An- und Abreise, Unterkünften und Lokalen, Museen sowie Nacht- und Kulturleben auch Hinweise zu Festivals, zu besonderen Einkaufs- und Sportmöglichkeiten sowie zum Urlaub mit Kindern.

Die Gazi-Husrev-Beg-Moschee in der Baščaršija

Die Gasse der Kupferschmiede

Wohl noch unbekannter als Sarajevo ist bei uns sein Umland. Hier kann man unter anderem wilde Schluchten und Wasserfälle oder einen habsburgisch geprägten Kurort entdecken und im Winter eine der zahlreichen Berghänge für Wintersportvergnügen nutzen. Das vierte Kapitel ›Die Umgebung von Sarajevo‹ stellt die Naturschönheiten und interessanten Orte vor, die von Sarajevo aus bequem im Rahmen eines Tagesausfluges besucht werden können.

Ein Sprachführer mit den wichtigsten Vokabeln und Wendungen, Literatur- und Internethinweise beschließen diesen Reiseführer und geben gleichzeitig Anregungen für eine vertiefte Auseinandersetzung mit einer spannenden Stadt.

Häufig vorkommende Abkürzungen und Bezeichnungen

Autobiska stanica	*Busbahnhof*	**Sahat kula**	*Uhrturm*
Crkva	*Kirche*	**Šedrvan (Šadrvan)**	*überdachter*
Džamija	*Moschee*		*Brunnen*
Hamam	*türkisches Bad*	**Trg**	*Platz*
Han	*Karawanserei*	**Ulica**	*Straße*
Medresse	*Koranschule*		

Zeichenlegende

🛈 Tourismusbüro, allgemeine Informationen

🚗 Informationen für Autofahrer

🚋 Straßenbahnverbindungen

🚌 Busverbindungen

🛏 Unterkünfte

🍴 Restaurants

⛺ Campingplatz, Zeltplatz

🐎 Kutschfahrten

Das Wichtigste in Kürze

Informationen vor Reisebeginn

Das Informationsangebot ist nicht groß. Im deutschsprachigen Raum gibt es bisher keine bosnische Tourismusvertretung. Einen ersten Überblick findet man im Internet: www.sarajevo-tourism.com. Einige wenige Broschüren, darunter den informativen ›Sarajevo Navigator‹, erhält man vor Ort, etwa im **Touristen-Informations-Zentrum** (TIC), Sarači 58 (in der Baščaršija), Tel. 580999, tourinfo@bih.net.ba, www.sarajevo-tourism.com, Juni–Sept. 9–21 Uhr; Okt.–Mai Mo–Fr 9–16 Uhr.

Anreise

Am schnellsten und inzwischen auch recht preisgünstig reist man mit dem Flugzeug nach Sarajevo. Angeflogen wird die bosnische Hauptstadt aus dem deutschsprachigen Raum beispielsweise von Lufthansa, Germanwings, Austrian Airlines und Croatia Airlines.

Direkte internationale Bahnverbindungen bestehen von Zagreb, Budapest und Ploče (kroatische Küste). Von allen deutschen, österreichischen und Schweizer Bahnhöfen erreicht man Sarajevo über Zagreb als Umsteigebahnhof.

Von fast allen deutschen, österreichischen und Schweizer Großstädten fahren täglich Busse nach Sarajevo. Obwohl die Busse inzwischen sehr komfortabel sind, kann die Reise langwierig und anstrengend sein.

Einreise

Für die Einreise nach Bosnien und Herzegowina benötigen deutsche, österreichische und Schweizer Staatsbürger sowie Bürger aller anderen EU-Länder, der Vereinigten Staaten und Kanadas einen Reisepass, Kinder einen Kinderreisepass oder Reisepass mit Lichtbild. Bei der Einreise mit dem Pkw muss die Grüne Versicherungskarte vorgelegt werden.

Klima und Reisezeit

Im Herbst ist es angenehm warm, aber nicht zu heiß, also ideal für Besichtigungstouren. Juli und August sind die wärmsten Monate mit den meisten Sonnenstunden. Allerdings kann es in diesen Monaten tagsüber unangenehm heiß werden. Für Wintersportler sind die Monate Februar und März ideal: Die Schneewahrscheinlichkeit ist hoch und die Temperaturen sind schon wieder etwas milder.

Geld und Zahlungsmittel

Währung ist die Konvertible Mark (konvertibilna marka), abgekürzt KM. 1 Euro sind 1,95583 KM. Euro können bei allen Banken, Postämtern und oft an der Hotelrezeption eingetauscht werden. Kreditkarten werden in immer mehr Geschäften und fast allen höherklassigen Hotels akzeptiert.

Wichtige Telefonnummern

Vorwahl für Sarajevo innerhalb Bosniens 033, außerhalb Bosniens +387/(0)33. Notarzt: 124, Polizei: 122, Feuerwehr: 123, Pannenhilfe: 1282/1288.

Unterkünfte

Das Hotelangebot reicht von sehr einfach bis luxuriös. Die Preise sind vergleichsweise günstig. Zudem gibt es zahlreiche Hostels und etwas außerhalb, nahe Ilidža, einen guten Campingplatz.

Unterwegs

Das öffentliche Verkehrsnetz ist gut ausgebaut, fast jeder Punkt in der Stadt ist mit Straßenbahn und Bus erreichbar. Die einfache Fahrt kostet innerhalb der Stadt, unabhängig von der Entfernung, 1,80 KM. Ein Taxikilometer kostet 1 KM, die Grundgebühr 1,50 KM.

Herausragende Sehenswürdigkeiten

Baščaršija Das osmanische Handwerks- und Handelsviertel entstand Mitte des 15. Jahrhunderts und ist bis heute das Herz Sarajevos. Einige der wichtigsten Sehenswürdigkeiten der Hauptstadt sind hier zu finden, etwa die Beg-Moschee, der Brunnen Sebilj, die ehemalige Karawanserei Morića han sowie zahlreiche Konditoreien und traditionelle Restaurants, die Ćevapdžinicas (→ S. 75).

Ferhadija-Straße Die Ferhadija-Straße repräsentiert die Architektur der Herrschaftszeit Österreich-Ungarns und ist die beliebteste Einkaufsstraße Sarajevos mit Boutiquen, Parfümerien, zahlreichen Straßencafés und Sehenswürdigkeiten, darunter die Ferhadija-Moschee, der Gazi-Husrev-Beg-Bezistan und die katholische Kathedrale (→ S. 89).

Avaz Twist Tower Mit 172 Metern ist der Avaz Twist Tower das höchste Gebäude Bosniens. Das Café in der 35. und die Aussichtsterrasse in der 36. Etage eröffnen beeindruckende Blicke auf Sarajevo (→ S. 138).

Alter Jüdischer Friedhof 1630 angelegt, ist er der zweitgrößte jüdische Friedhof in Europa. Die Grabsteininschriften sind teilweise in Ladino, einer aussterbenden Sprache, verfasst. Außerdem hat man vom Friedhof einen beeindruckenden Blick auf Teile des neuen Sarajevos. Während der Belagerung markierte der Friedhof die Frontlinie (→ S. 144).

Museen Zahlreiche Museen lassen Sarajevos Geschichte und Kultur lebendig werden. Nicht versäumen sollte man, neben dem Nationalmuseum (→ S. 135), das Attentatsmuseum bei der Lateiner-Brücke, wo Gavrilo Princip 1914 Thronfolger Franz Ferdinand erschoss (→ S. 95), sowie das Tunnel-Museum in Butmir. Der unterirdische Gang war während der Belagerung eine der wenigen Lebensadern Sarajevos (→ S. 192).

Ilidža Bereits die Römer nutzten die mineral- und schwefelhaltigen Thermalwasserquellen in Ilidža. Später ließen die Habsburger Hotels bauen und einen Park anlegen. Ilidža galt als einer der attraktivsten Kur- und Badeorte der Donaumonarchie. Heute ziehen ein großes Thermalbad mit diversen Becken und Riesenrutschen, das Kurhotel ›Therme‹ und Hotels aus der österreichisch-ungarischen Zeit Besucher in den Ort, der bequem und preisgünstig mit der Straßenbahn erreicht werden kann (→ S. 188). Die Bosnaquelle liegt in einem Park, rund zwölf Kilometer außerhalb des Stadtzentrums, und ist ein beliebtes Ausflugsziel. Wer das Besondere mag, lässt sich mit dem Fiaker von Ilidža über die drei Kilometer lange Platanenallee zum Park kutschieren (→ S. 189).

Bjelašnica Der Olympische Berg ist das beliebteste Wintersportgebiet Bosniens und auch im Sommer einen Ausflug wert: unberührte Natur, gut ausgebaute Wanderwege und das höchstgelegene bewohnte Gebäude des Landes, die meteorologische Station (→ S. 195).

Sakrale Bauwerke Nicht ohne Grund wird Sarajevo das ›Jerusalem des Balkans‹ genannt. In einem Radius von nur einem Kilometer befinden sich Moscheen, orthodoxe und katholische Kirchen, jüdische Tempel und die ehemalige evangelische Kirche. Zu den bekanntesten Sakralbauten gehören die 1531 erbaute Beg-Moschee (→ S. 83), die katholische Kathedrale (→ S. 90), die alte orthodoxe Kirche aus dem 16. Jahrhundert (→ S. 82), die Synagoge der Aschkenasen (→ S. 110) und der prächtige Bau der ehemaligen evangelischen Kirche, heute die Kunstakademie (→ S. 107).

Filmfestival Beim Filmfestival jedes Jahr im August kann man nicht nur gute Filme sehen, sondern auch internationale Stars hautnah erleben (S. 178).

Egal zu welcher Tageszeit und von welcher Anhöhe man auf Sarajevo blickt, man wird unwillkürlich immer das Gleiche empfinden: Das ist die Stadt, die in sich zusammenfällt und stirbt und gleichzeitig aufersteht und sich entfaltet.
Ivo Andrić

Gazi-Husrev-Beg-Moschee

ANNÄHERUNG AN SARAJEVO

Sarajevo im Überblick

Das Stadtwappen Sarajevos

Geografische Lage: 43° 52' N, 18° 26' O.
Fläche: 141,5 qkm.
Höhe ü. NN: 511 m.
Einwohner: 305 000.
Einwohnerdichte pro qkm: 2149.
Telefonvorwahl: 00387/(0)33.
Postleitzahl: 71000.
Ortszeit: MEZ.
Webpräsenz: www.sarajevo.ba.
Bürgermeister: Ivo Komšić, Mitglied der Sozialdemokratischen Union (SDU), ist seit 2013 im Amt.
Politische Gliederung: Vier Gemeinden: Stari Grad, Centar, Novo Sarajevo und Novi Grad. Jede Gemeinde besitzt einen Bürgermeister sowie einen Stadtrat (Gradsko Vijeće). Der Stadtrat Sarajevos setzt sich aus 28 Abgeordneten zusammen.
Partnerstädte: Sarajevo hat 29 Partnerstädte, darunter Friedrichshafen (seit 1972), Innsbruck (1980), Magdeburg (1977), Wolfsburg (1985), Ljubljana (2002) und Zagreb (2001).

Hochschulen: Die Universität von Sarajevo besteht seit 1949. Heute unterrichten 1300 Professoren und Lehrkräfte rund 33 000 Studierende an 23 Fakultäten.
Wirtschaft: Derzeit ist der Handel der wichtigste Wirtschaftszweig, gefolgt von Finanzdienstleistern und dem Baugewerbe. Die Industrie sowie das Verkehrs- und Nachrichtenwesen zeichnen nur noch für rund 15 Prozent des Gesamtumsatzes verantwortlich, Tourismus und Gastronomie erleben dagegen einen stetigen Aufschwung. Wichtigste Industriezweige sind die Lebensmittel- und Tabakherstellung, die Holz- und Metallverarbeitung und die Produktion von Baumaterialien und Maschinen. Zu den größten Unternehmen mit Sitz in Sarajevo gehören die BH Telekom, Energopetrol, Bosnalijek (Medikamente), Duhana Sarajevo (Tabak) Sarajevska pivara (Brauerei) und die Verkehrsbetriebe JKP GRAS Sarajevo.
Medien: Zu den auflagenstärksten Tageszeitungen gehören ›Oslobođenje‹ (Befreiung) und ›Dnevni Avaz‹ (Tägliche Stimme), zu den wichtigsten Wochenzeitschriften mit Redaktionssitz in Sarajevo ›BH Dani‹ und ›Slobodna Bosna‹. Bekannte TV-Sender sind das öffentlich-rechtliche BHT und private Sender wie TV Sarajevo (http://tvsa.ba), OBN (www.obn.ba), PINK BH (www.pink.co.ba) und NTV Hayat (www.hayat.ba). Der meistgehörte Radiosender ist das öffentlich-rechtliche BH Radio1 (www.bhrt.ba), beliebtester Privatsender ist Radio Stari Grad (www.rsg.ba).
Flughafen: Der 1962 eröffnete Internationale Flughafen liegt im Stadtteil Dobrinja, etwa 12 Kilometer außerhalb des Stadtzentrums, und wurde nach dem Bosnienkrieg grundlegend modernisiert. Jährlich werden rund 400 000 Passagiere abgefertigt.

Bevölkerung

Bei der letzten Volkszählung zu österreichisch-ungarischer Zeit 1910 hatte Sarajevo 52 000 Einwohner. Davon bekannten sich 18 600 zum Islam, 8500 zum serbisch-orthodoxen und 18 000 zum katholischen Glauben. Zudem lebten 5000 sephardische Juden und 550 Protestanten in der bosnischen Hauptstadt. Bis 1941 verdoppelte sich die Einwohnerzahl nahezu. Noch stärkere Bevölkerungszuwächse erlebte Sarajevo im sozialistischen Jugoslawien. 1948 hatte Sarajevo 110 000 Einwohner, 1971 bereits 360 000 und 1991 sogar 530 000 Einwohner. Von ihnen bezeichneten sich 49 Prozent als Muslime, 30 Prozent als Serben, 11 Prozent als Jugoslawen, knapp 7 Prozent als Kroaten sowie 4 Prozent einer anderen Nationalität angehörig.

Während des Bosnienkrieges sank die Bevölkerungszahl auf unter 300 000. Viele Sarajevoer, besonders die intellektuellen und wirtschaftlichen Eliten, flüchteten ins Ausland. Zuwanderung erlebte Sarajevo überwiegend aus ländlichen Gebieten. Ein Viertel der heutigen Einwohner, so wird geschätzt, sind Flüchtlinge; viele von ihnen halten sich unregistriert in Sarajevo auf. Die ethnische Zusammensetzung hat sich nach dem Bosnienkrieg grundlegend verändert. Heute sind 86 Prozent der Einwohner Sarajevos Bosniaken (Muslime) und nur noch 5 Prozent bosnische Serben. Geändert hat sich auch die Altersstruktur. Knapp 70 Prozent der Bevölkerung sind zwischen 15 und 64 Jahre alt, 14 Prozent unter 14 Jahren, 17 Prozent der Einwohner 65 Jahre oder älter.

Konfessionen

Sarajevo hat das Image eine multikulturelle Stadt zu sein und wird deshalb oft mit Jerusalem und New York verglichen. Tatsächlich findet man in nur wenigen Stadtzentren, in einem Radius von weniger als einen Kilometer mehrere Moscheen, zwei serbisch-orthodoxe Kirchen, die katholische Kathedrale, Synagogen und eine

Muslime beim Freitagsgebet

Annäherung an Sarajevo

ehemalige evangelische Kirche. Vor dem Bosnienkrieg gab es drei große Konfessionen in Sarajevo. Die Muslime machten 49 Prozent der Bevölkerung aus, Orthodoxe 30 Prozent und Katholiken knapp sieben Prozent. Während des Krieges verschoben sich die Proportionen. Heute stellen die Muslime mit 86 Prozent die absolute Mehrheit. Die orthodoxen Serben haben Sarajevo in großer Zahl verlassen. Die Verbliebenen machen lediglich noch fünf Prozent der Bevölkerung aus.

Die jüdische Gemeinde Sarajevos hat heute nur noch 700 Mitglieder. Während der Belagerung flüchteten viele Juden nach Israel und in die USA. Vor dem Zweiten Weltkrieg lebten 14 000 Juden in Sarajevo – immerhin 20 Prozent der Bevölkerung. Den Krieg, die Deportation und Konzentrationslager überlebten nicht einmal 5000 Juden.

Als Österreich-Ungarn 1878 die Verwaltung Bosniens und der Herzegowina übernahm, kamen mit den Habsburgern viele Protestanten nach Sarajevo. 1910 lebten immerhin rund 550 Protestanten in der bosnischen Hauptstadt. Sie bauten am Ufer der Miljacka ihre eigene Kirche. Mit dem Abzug Österreich-Ungarns verließen auch die meisten Protestanten Sarajevo. Die evangelische Kirche stand lange leer. Heute ist die Kunstakademie in dem Komplex untergebracht.

Sarajevo ist Sitz des Metropoliten der serbisch-orthodoxen Kirche, des Erzbischofs des Erzbistums Vrhbosna und des Oberhauptes der bosnischen Muslime, des Reis ul-ulema, ein Amt, das einmalig in der Welt ist. Der Reis ul-ulema (›Führer der Gelehrten‹) wird von einem 83-köpfigen Gremium aus Muftis, islamischen Gelehrten, Imamen und Mitgliedern des Verwaltungsrates der islamischen Religionsgemeinschaften für sieben Jahre gewählt. Ins Leben gerufen hatten das Amt die österreichisch-ungarischen Machthaber im 19. Jahrhundert, um einen Ansprechpartner auf bosnisch-muslimischer Seite zu haben.

An der Miljacka

Der bosnische Islam wird oft als Religiosität der Gelassenheit bezeichnet. Die bosnischen Muslime verstehen sich als Europäer und bemühen sich um die Aufnahme Bosnien und Herzegowinas in die EU. Die meisten Muslime Bosniens praktizieren einen Islam, der sich an den europäischen Normen und Werten orientiert. Dennoch versuchen islamische Extremisten auch in Bosnien und Herzegowina Einfluss zu erlangen. Im Bosnienkrieg kämpften geschätzte 1000 Mujaheddin auf Seiten der Muslime. Einige erhielten nach dem Krieg die bosnische Staatsangehörigkeit, weil sie Verdienste im Krieg erworben oder eine Bosnierin geheiratet hatten. Zudem unterstützen islamische Länder die Muslime in Bosnien, beim Wiederaufbau und ließen neue Moscheen und islamische Zentren errichten, etwa die mit saudischem Geld errichtete König-Fahd-Moschee in Sarajevo.

Geografie

Sarajevo liegt östlich der geografischen Mitte Bosnien und Herzegowinas in einem Talkessel, dem Sarajevsko polje. Die Stadt ist umgeben von den Bergen Trebević (1627 m), Bjelašnica (2067 m), Jahorina (1913 m), Igman (1502 m), Romanija (1647 m), Ozren (1453 m) und Treskavica (2088 m). Die Berge bestehen überwiegend aus Kalkstein und werden von Karstfeldern mit Mulden und steilen Felsen durchzogen.

Das Stadtgebiet befindet sich an beiden Ufern der Miljacka, rund 500 Meter über dem Meer, und breitet sich die Anhöhen hinauf aus. Dadurch gibt es zahlreiche steile Straßen im Stadtgebiet. Der westlichste Punkt Sarajevos liegt beim Dorf Blažuj (180° 16' östliche Länge), der östlichste Punkt bei Bendbaša (180° 27' östliche Länge), der nördlichste Punkt bei der Siedlung Reljevo (43° 53' nördliche Breite) und der südlichste Punkt bei Vojković (43° 47' nördliche Breite). Die Stadt entwickelte sich von Osten, wo auch die Altstadt liegt, in westliche Richtung. Dort befinden sich die jüngeren Stadtviertel wie Grbavica und Dobrinja mit ihren Hochhaussiedlungen.

Im Sarajevsko polje entspringen mehrere Süßwasser- und Mineralquellen. Sarajevos Brauerei bezieht dort das Wasser für ihre Biere, Erfrischungsgetränke und Mineralwässer. Die bekannteste Quelle ist wohl die Schwefelquelle in Ilidža. Schon die Römer nutzten die wohltuende Wirkung des Thermalwassers und bauten sogar ein Badehaus. Heute werden ein großes Hallen- und Freibad sowie das Hotel ›Terme‹ in Ilidža mit dem 57 Grad Celsius warmen Wasser gespeist.

Mehrere Flüsse und zahlreiche Bäche fließen durch den Talkessel von Sarajevo. Die meisten sind Nebenflüsse der Bosna. Die Bekanntesten sind Žujevina, Željeznica, Dobrinja und natürlich die Miljacka, die direkt durch das Stadtzentrum fließt.

Die Miljacka

Die Miljacka entsteht südlich der Stadt Pale aus dem Zusammenfluss von Paljanska und Mokranjska und mündet westlich von Sarajevo in die Bosna. Die Miljacka ist nur 36 Kilometer lang, aber weil sie durch die bosnische Hauptstadt fließt, einer der bekanntesten Flüsse des Landes. Das meiste Wasser führt die

Miljacka im Frühjahr und Herbst. Der Fluss trat in der Vergangenheit öfters über die Ufer und beschädigte Brücken und Straßen. Im Sommer ist die Miljacka oft nur einige Zentimeter tief. Zum Schwimmen oder Bootfahren eignet sie sich zu keiner Jahreszeit, wohl aber zum Fischen. Die Einheimischen werfen gern die Angel aus und stören sich dabei nicht am oft rötlichen Wasser. Grund für die Verfärbung ist Roterde, die an einigen Stellen im Flussbett vorkommt und als besonders fruchtbar gilt.

Die Miljacka teilt Sarajevo in zwei Hälften und fließt parallel zur Hauptverkehrsader, der Straße Zmaje od Bosne. An beiden Flussufern befinden sich einige der bedeutendsten Sehenswürdigkeiten Sarajevos, etwa das Alte Rathaus, die Kaisermoschee, das Inat-Haus, mehrere diplomatische Vertretungen, die Akademie der Bildenden Künste, die Skenderija und das Nationalmuseum. Bekannt ist die Miljacka auch für ihre zahlreichen Brücken. Der bekannteste Flussübergang ist sicherlich die Lateiner-Brücke. Nur wenige Schritte von dieser Brücke entfernt erschoss Gavrilo Princip 1914 den österreichisch-ungarischen Thronfolger Franz Ferdinand, wodurch der Erste Weltkrieg ausgelöst wurde. Im sozialistischen Jugoslawien hieß die Brücke zur Erinnerung an das historische Ereignis Princip most. Heute trägt das Bauwerk jedoch wieder seinen ursprünglichen Namen, der vom Stadtviertel Latinluk abgeleitet ist. Beliebte Sehenswürdigkeiten sind auch die 1557 erbaute Čobanija- und die 1567 erbaute Ćumurija-Brücke, die Kaiserbrücke beim Alten Rathaus und die östlich von Sarajevo gelegene im 16. Jahrhundert erbaute Ziegenbrücke. Die Šeher-Ćehaja-Brücke wurde 2005 sogar zum Nationalen Denkmal erklärt.

Nebenflüsse der Miljacka sind Bistrica, Repašnica, Lapišnica, Mošćanica und Koševski crek.

Die Bosna

Die Bosna gab Bosnien seinen Namen. Sie entspringt am Fuße des Igman bei Ilidža aus einer 492 Meter über dem Meer gelegenen Karstquelle. Die Vrelo Bosne (Bosnaquelle) ist in einen Park eingebettet und ein beliebter Ausflugsort

An der Bosna-Quelle

mit Spazierwegen, Spielplätzen und einem Restaurant. Im Park – im Jahr 2000 neu angelegt – werden Enten und Schwäne gehalten, Brücken verbinden die kleinen Inseln im Quellfluss. Von der Quelle bis zur Mündung in die Save bei Bosanski Šamac legt der Fluss 271 Kilometer zurück; damit ist er der drittlängste Fluss in Bosnien und Herzegowina. Wichtigste Zuflüsse sind Miljacka, die Lašva und die Željeznica.

Die Željeznica entspringt am Fuße des Treskavica, nahe dem Dorf Godinja in der Gemeinde Trnovo, in einer Berghöhe von 1200 Metern. Der Fluss ist 27 Kilometer lang und fließt unter anderem durch Ilidža sowie an der archäologischen Ausgrabungsstätte Butmir vorbei und mündet westlich von Sarajevo in die Bosna.

Beeindruckend: die Platanenallee in Ilidža

Flora und Fauna

In Sarajevo und der Umgebung sind viele Pflanzenarten beheimatet, die auch in Westeuropa vorkommen. Häufig anzutreffende Baumarten sind etwa Eiche, Fichte, Tanne und Buche. Aber es gibt auch Vertreter typischer südländischer Flora wie zum Beispiel die Schwarzkiefer, die pflegeleicht und sehr robust ist und außerdem bis zu 800 Jahre alt werden kann. Auf den Hügeln um Sarajevo wachsen überwiegend Nadelbäume. In den Parks der Stadt sind jedoch Baumarten wie die Linde, Kastanie und Platane typisch. Besonders schön ist die Platanenallee in Ilidža. 60 Prozent des Bodens in der Region sind bewaldet oder mit Sträuchern bewachsen. Typisch für die Gebirge in der Nähe von Sarajevo sind die kahlen Bergspitzen. Unterhalb der Gipfel sind die Berge jedoch mit Bäumen und Grasflächen bewachsen. Die Natur ist dort weitgehend unberührt. Abgeschieden und in großer Höhe befinden sich mehrere Dörfer, deren Bewohner fast ausschließlich von dem leben, was sie selbst erwirtschaften.

Die Region und die Stadt Sarajevo gehören zoografisch dem mitteleuropäischen Alpengürtel an. In den Gebirgen Bjelašnica und Treskavica ist nahe den Gipfeln eine besondere Art von Gämsen beheimatet. In den Bergen leben unter anderem Rehe, Wölfe, Wildschweine, Füchse, Dachse, Hasen und Iltisse und ebenso Bären, die vom Aussterben bedroht und deshalb gesetzlich geschützt sind. Fischotter trauen sich manchmal sogar bis an die Ufer der Miljacka. Zahlreiche Vogelarten sind in der Region zu Hause. Zu den bekanntesten gehören Kreuzadler, Auerhähne, Fasane und Rebhühner. In den vielen Wildbächen sind besonders häufig Forellen anzutreffen. Auf den Märkten in Sarajevo wird überwiegend Obst aus der Region angeboten, denn Äpfel, Birnen, Pflaumen, Kirschen, Sauerkirschen, Pfirsiche und Weintrauben gedeihen im Umland bestens.

Einen ersten Eindruck von der Natur Mittelbosniens erhält man zum Beispiel im Betanija-Park nordwestlich des Stadtzentrums in Sichtweite zum Koševo-Stadion. Der Park gehört zu den größten der bosnischen Hauptstadt und ist ein beliebtes Ausflugsziel. Die asphaltierten Wanderwege eignen sich zum Spazieren ebenso wie zum Radfahren oder Joggen.

All denjenigen, die sich in Ruhe fremde und einheimische Tiere ansehen möchten, ist ein Besuch im Zoo zu empfehlen. Der Sarajevoer Zoo wurde 1951 eröffnet. Während des Bosnienkrieges kamen jedoch alle Tiere um; der letzte Bär starb 1992. Seit 1999 ist der Zoo wieder geöffnet und freut sich über jährlich 400 000 Besucher. Heute leben 38 Tierarten in den Gehegen, darunter Lamas, Antilopen, Büffel, Elche, Schlangen, Ponys und Esel. Für Kinder gibt es zudem Spielplätze und Auto-Scooter.

Klima und Reisezeit

In Sarajevo herrscht ein gemäßigt-kontinentales Klima. Es wird vom mitteleuropäischen Kontinentalklima beeinflusst, das sich von Norden her, und vom mediterranen Klima, das sich von Süden her bemerkbar macht. Mitverantwortlich für das Sarajevoer Klima sind die unterschiedlichen Landschaften Bosniens, vor allem das Dinarische Gebirge sowie die Berge um die bosnische Hauptstadt.

Sarajevo ist für sehr heiße Sommer und sehr kalte Winter bekannt. Juli und August bieten in der Regel die wärmsten und sonnenreichsten Tage: der Juli mit einer Durchschnittstemperatur von 19,1, der August mit durchschnittlich

Die Baščaršija im Winter

18,8 Grad. Die höchste Temperatur wurde 19. August 1949 mit 40 Grad gemessen. Der Januar ist mit einer Durchschnittstemperatur von 1,3 Grad unter null der kälteste Monat. Der kälteste Januar wurde 1905 gemessen; die Durchschnittstemperatur betrug damals minus 7,8 Grad. Der wärmste Januar mit durchschnittliche 5,9 Grad wurde 1936 gemessen. Den kältesten Tag erlebte die bosnische Hauptstadt am 24. Januar 1942 mit minus 26,4 Grad. Die Schneefall- und Frostperiode dauert in Sarajevo und der Umgebung durchschnittlich von Ende Oktober bis Ende April. In dieser Zeit muss an 28 Tagen

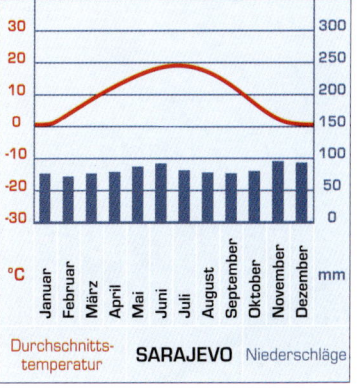

Klimatabelle Sarajevo

mit Eis gerechnet werden, im Jahresdurchschnitt fällt an 170 Tagen Schnee. Im Mai, Juni und September ist es erfahrungsgemäß angenehm warm, aber nicht zu heiß, also ideal für Besichtigungstouren. Die Jahresdurchschnittstemperatur beträgt 9,5 Grad.

Sarajevo hat statistisch an 68 Sommertagen eine Mindesttemperatur von 30 Grad. Der August weist durchschnittlich 30 Sonnentage mit 270 Sonnenstunden auf, der Dezember dagegen lediglich 41 Sonnenstunden. Im Jahresdurchschnitt hat Sarajevo 1830 Sonnenstunden. Der Wind weht meist aus südöstlicher und westlicher Richtung. Der Niederschlag verteilt sich relativ gleichmäßig auf das ganze Jahr, wobei der meiste Regen mit durchschnittlich 92 Litern pro Quadratmeter im Juni fällt. Januar und Februar sind die regenärmsten Monate. Da sich Sarajevo in einem Talkessel befindet, ist die Stadt oft in Nebel gehüllt und die Luftfeuchtigkeit relativ hoch. Plötzliche Wetter- und Temperaturumschläge sind nicht selten.

Geschichte

Die Geschichte Sarajevos ist geprägt von den verschiedenen Machthabern Bosniens. Den größten Einfluss hatten die Osmanen und Österreich-Ungarn, aber auch Illyrer, Römer und Bogumilen haben Spuren hinterlassen. Sie lassen sich bis heute in Museen und auch im Stadtbild entdecken. Zudem stand Sarajevo dreimal im Fokus der Weltöffentlichkeit.

Erste Besiedlung in der Steinzeit

Das heutige Stadtgebiet Sarajevos ist bereits seit über 4000 Jahren von Menschen bewohnt. An mehreren Stellen wurden Spuren menschlicher Siedlungen entdeckt; die ältesten Funde stammen aus der Zeit 2000 v. Chr. Eine archäologische Sensation war die Entdeckung der Butmir-Kultur. Dabei handelt es sich um eine neolithische Siedlung, die aus rund 90 Erdhütten mit Dächern aus Stroh

Vorzeitliche Funde, ausgestellt im Museum Brusa Bezistan

und Zweigen sowie Höhlen bestand. Sie ist die älteste und bekannteste archäologische Fundstelle aus der Steinzeit. Die Siedlung entstand etwa 300 Jahre vor
unserer Zeitrechnung nahe den Thermalquellen Ilidžas und der Bosna-Quelle
auf dem Gebiet des heutigen Stadtteils Butmir. Die Menschen stellten schon damals Werkzeuge und Waffen aus Stein her und außerdem aufwändig verzierte
Keramikgefäße und Mensch- und Tierplastiken. Die Butmir-Kultur verschwand
zu Beginn der Bronzezeit von der Bildfläche, als die Illyrer in die Region vor-
drangen und die bisherigen Bewohner flüchteten.

Entdeckt wurde die Steinzeitsiedlung erst 1893, als dort das Gebäude der
Landwirtschaftlichen Fakultät errichtet werden sollte. Die ersten archäologischen
Grabungen dauerten drei Jahre und riefen weltweites Interesse hervor. So war es
nicht verwunderlich, dass 1894 der internationale Archäologenkongress in Sarajevo stattfand. Erst sieben Jahren nach dem Ende des Bosnienkriegs wurde die
archäologische Erforschung der Ausgrabungsstätte fortgeführt.

Besiedlung durch die Illyrer

Illyrische Stämme besiedelten gegen Ende der Bronzezeit den Balkan und ließen sich unter anderem auf dem Gebiet des heutigen Sarajevo nieder. Mit den
Illyrern wanderten auch Thraker, Gallier und Kelten in die Region ein. Die Illyrer produzierten Schmuck, Waffen und Werkzeuge für den Eigengebrauch und
als Tauschobjekte. Außerdem betrieben sie Landwirtschaft und Viehzucht und
verarbeiteten schon damals Metall. Einer der bekanntesten Illyrer war Baton,
der Stammesführer der Desidiaten. Berühmt wurde er als Anführer des großen
Aufstandes gegen die Römer im Jahr 9 unserer Zeitrechnung.

Die Illyrer errichteten in den heutigen Ortschaften Debelo brdo, Zlatište und Soukbunar Festungen aus Stein, Holz und Lehm. Außerdem fanden Archäologen östlich von Sarajevo – in Fortica, Obhodja, Gradac und Kokorevac – die Überreste illyrischer Siedlungen. An den Hängen des Trebević wurden ebenfalls Gegenstände aus der Bronze- und der frühen Eisenzeit entdeckt.

Unter der Herrschaft der Römer

Nachdem die Illyrer in der Region Sarajevo zwei Jahrhunderte erfolgreich Widerstand geleistet hatten, mussten sie sich nach einem letzten großen Aufstand im Jahr 9 doch den Römern beugen. Das Tal am Fluss der Miljacka wurde Teil der Provinz Dalmatia und gehörte somit zum Römischen Reich. Die Römer zerstörten die illyrischen Festungen und errichteten eigene in Debelo brdo und unterhalb des Trebević. Sie bauten die wichtige Handelsstraße von der dalmatinischen Küste in die Pannonische Tiefebene, die durch Sarajevo führte und die Bedeutung der Gegend unterstrich. Auf dem Gebiet von Marijin dvor, Skenderija und nahe der heutigen Ali-Paša-Moschee entstanden römische Siedlungen. Außerdem errichteten die Römer eine Poststation, ein Badehaus, eine Ziegelbrennerei und eine Keramikwerkstatt sowie unweit der Stelle, wo sich heute das Hotel ›Holiday Inn‹ befindet, einen Friedhof.

Die wichtigste römische Siedlung und das Verwaltungszentrum der römischen Kolonie auf dem Gebiet Sarajevos entstanden in Ilidža. Die Römer nutzten die dortige Schwefelquelle und errichteten ein Thermalbad mit Fußbodenheizung und aufwändigen Bodenmosaiken, die ebenso wie die Grundmauern der römischen Siedlung teilweise bis heute erhalten sind. Außerdem fanden Archäolo-

Annäherung an Sarajevo

Rest einer römischen Siedlung beim heutigen Ilidža

gen Schmuck und Münzen der Römer. Es wird angenommen, dass die römische Siedlung in Ilidža damals auf einer Stufe mit Städten wie Salona (heute Solin bei Split), Narona und Epidaurum (beide an der Adriaküste) stand.

Die Römer erlaubten den Bewohnern der Region ihre eigene Kultur und Religion, verlangten aber im Gegenzug, dass die römischen Götter respektiert wurden.

Besiedlung durch die Slawen

Im frühen Mittelalter drangen Goten und Awaren nach Mittelbosnien, bis im 7. Jahrhundert slawische Stämme den Balkan besiedelten und sich unter anderem im Tal der Miljacka niederließen. In einem Dokument des byzantinischen Kaisers Konstantinus Porphyrogenetos aus dem 10. Jahrhundert wird die Gegend am oberen und mittleren Flusslauf der Bosna erstmals als Bosnien bezeichnet. Die Region war damals in Banschaften gegliedert. Im 12. Jahrhundert konnte sich Bosnien von der kroatisch-ungarischen Herrschaft befreien und unter Banus Stjepan II. Kotromanić sein Herrschaftsgebiet erweitern. Sein Nachfolger Stjepan Tvrtko I. ließ sich 1377 zum ersten König von Bosnien krönen. Sein Einflussgebiet konnte er bis nach Serbien und Kroatien ausdehnen. Das Königreich Bosnien nahm mit der Hinrichtung des Königs Stjepan Tomašević' 1463 durch die Osmanen ein jähes Ende.

Laut türkischen Quellen gab es damals auf dem Gebiet Sarajevos mehrere Siedlungen mit einem gemeinsamen Marktplatz, der sich nahe der heutigen Baščaršija befand. Aus dem Mittelalter stammen auch die Überreste der Festung Hodidjed, die sich östlich von Sarajevo befindet, sowie Fragmente von Säulen beim Koševo-Bach und zahlreiche Stećci. Das sind die Grabsteine der Bogomilien, die unter anderem im Garten des Nationalmuseums ausgestellt sind.

Die Herrschaft der Osmanen

Bereits im 14. Jahrhundert versuchten osmanische Truppen auf bosnisches Gebiet vorzustoßen. 1435 gelang es ihnen, die Banschaft Vrhbosna zu besetzen. Als sie den bosnischen König Stjepan Tomašević gefangennahmen und anschließend hinrichteten, war der bosnische Widerstand gebrochen. Das Land wurde Teil des Osmanischen Reiches, genoss aber dennoch eine, wenn auch beschränkte, Autonomie.

Isa Beg Isaković-Hranušić, osmanischer Heerführer und erster Verwalter der osmanischen Provinz Bosnien, ließ am Fluss Miljacka ein Saraj errichten, eine Unterkunft für das Militär und die Verwaltung, außerdem die Kaisermoschee, Brücken über die Miljacka, öffentliche Bäder (Hamams), die Karawanserei Kolobara und mehrere Läden. Er urbanisierte das Tal an der Miljacka und gilt deshalb als Gründer der Stadt Sarajevo, die damals noch Bosna-Saraj und Sarajevo-Feld genannt wurde. Die Bezeichnung Sarajevo taucht erstmals 1477 in einer arabischen Urkunde des Ajas Beg auf und dann erneut 1507 in einem Brief des Statthalters Fizuz Beg.

Die Stadt entwickelte sich mit Beginn der osmanischen Herrschaft rasch. Neue Gebäude entstanden, etwa die Tekija, die Skenderija-Moschee, weitere Unterkünfte für Reisende, Läden und Handwerksbetriebe. Während der Herrschaft des

Gazi Husrev Beg, die von 1521 bis 1541 dauerte, erhielt Sarajevo viele bedeutende Bauwerke. Gazi Husrev Beg, der durch zahlreiche siegreiche Schlachten berühmt und wohlhabend geworden war, ließ die größte Moschee des Landes errichten. Außerdem finanzierte er den Bau der Kuršumlija-Medresse, von Volksschulen (Mekteb), Bibliotheken, öffentlichen Bädern (Hamams), Gästehäusern (Misarfirhana), Armenküchen (Imaret), Warenhäusern (Bezistane), Karawansereien und Verkaufsläden. Zudem entstanden im selben Jahrhundert die Čekrekić-Moschee, die orthodoxe Kirche, Bruza Bezistan, die Ali-Paša- und die Ferhadija-Moschee, Synagogen, mehrere Brücken und im 17. Jahrhundert der Uhrturm. An den Hängen der umliegenden Berge entstanden neue Siedlungen. Sarajevo entwickelte sich für damalige Verhältnisse zu einer Großstadt; hatte es Ende des 15. Jahrhunderts in Sarajevo lediglich 1500 Gebäude gegeben, so waren es Mitte des 18. Jahrhunderts bereits 5000 Gebäude. Handwerk und Handel verhalfen Sarajevo zu relativem Wohlstand. Waren aus Dubrovnik, Split und Šibenik, aber auch aus Indien und Persien wurden in Sarajevo umgeschlagen, und mehr als 80 verschiedene Handwerke waren in rund 30 Zünften organisiert. Weithin bekannt waren die Gold- und Kupferschmiede, Steinmetze und Sattler.

Im Jahr 1697 überfiel Prinz Eugen von Savoyen, der Feldherr in Habsburger Diensten, mit seinen Truppen Sarajevo und brannte die Stadt nahezu vollständig nieder. Sarajevo benötigte fast 200 Jahre, um sich davon zu erholen. Als Konsequenz aus dem Überfall wurden auf dem Berg Vratnik Wehrtürme und Mauern, Stadttore und Bastionen errichtet. Zu Beginn des 18. Jahrhunderts zeichnete sich der Verfall des Osmanischen Reiches immer deutlicher ab. Auch in Sarajevo begehrte das Volk gegen die türkischen Machthaber auf. Es kam zu mehreren Aufständen, die aber niedergeschlagen wurden. Die bosnischen Muslime distanzierten sich zunehmend von ihren osmanischen Glaubensbrüdern. Die Wesire und Begs versuchten Orthodoxe und Katholiken für sich zu gewinnen, indem sie den Bau von Kirchen mitfinanzierten. Die zunehmende Schwäche des Osmanischen Reiches war jedoch nicht mehr aufzuhalten.

Modell der Baščaršija im Museum Brusa bezistan

Eugen von Savoyen

Eugen Franz Prinz von Savoyen-Carignan, wie Prinz Eugen mit vollem Namen hieß, ist wohl bis heute Österreichs berühmtester Feldherr – nicht ohne Grund: Er sicherte Österreich-Ungarn seine Großmachtstellung und bescherte den Habsburgern ihre größte territoriale Ausdehnung. Zudem machte sich Eugen als Kunstsammler und Bauherr prunkvoller Gebäude einen Namen und gehörte zu den wohlhabendsten Männern Europas.

Eugen von Savoyen kam am 18. Oktober 1663 in Paris zur Welt. Sein Vater gehörte dem französisch-italienischen Hochadel an und war General unter König Ludwig XIV; er starb, als Eugen zehn Jahre alt war. Seine Mutter – die sich kaum für ihren Sohn interessierte und auch sehr in das höfische Leben eingebunden war– war eine Geliebte des französischen Königs, fiel am Hofe Ludwigs jedoch um 1680 in Ungnade, floh nach Brüssel und starb wenige Jahre darauf. Eugen hatte daher eine unglückliche Kindheit, und zudem sah er sich, da klein und schmächtig von Statur, dem ständigen Spott Gleichaltriger ausgesetzt. Vermutlich formten diese Erfahrungen sein Wesen: Als Erwachsener und erfolgreicher Feldherr hatte er den Ruf, ein verschlossener Einzelgänger zu sein. Er mied das Gesellschaftsleben und war nie verheiratet. Es gibt immer wieder Mußmaßungen, dass Eugen homosexuell war; gesicherte Erkenntnisse haben die Historiker jedoch nicht.

Eugen von Savoyen erhielt eine militärische Ausbildung. Mit 21 Jahren verließ er Frankreich, da man ihm wegen seiner schmächtigen Statur in Paris das erhoffte militärische Kommando verweigerte, und bot seine Dienste am Hofe von König Leopold I. von Österreich an. Militärische Verantwortung wollte man ihm aber auch dort zunächst nicht geben. Erst nachdem von Savoyen erfolgreich an mehreren Schlachten teilgenommen hatte, etwa am Kahlenberg, bei Párkány (das heutige slowakische Štúrovo) und Gran (heute Esztergom, Ungarn) erfüllte sich sein Wunsch: Im Dezember 1689 wurde dem Prinzen das Dragonerregiment unterstellt. Sechs Jahre später, nachdem er siegreich aus der Schlacht von Mohács zurückgekehrt war, wurde Eugen von Savoyen zum Feldmarschall-Leutnant ernannt und kletterte anschließend schnell die Karriereleiter hinauf. 1693 wurde er Feldmarschall, im Jahr darauf Oberbefehlshaber der Armee in Italien. Im Juli 1697 folgte während des großen Türkenkriegs die Ernennung zum Oberbefehlshaber der Truppen in Ungarn. Sein größter Erfolg ließ nicht lange auf sich warten: Im September 1697 besiegte er in der Schlacht von Zenta in der Vojvodina das osmanische Heer. Anschließend überfiel er Sarajevo und ließ die Stadt dabei fast völlig niederbrennen. Der erfolgreiche Feldzug hatte zur Folge, dass Österreich zu einer europäischen Großmacht aufstieg. Die zuvor osmanisch besetzten Gebiete in Ungarn sowie Siebenbürgen und Slowenien standen nun unter österreichischer Herrschaft.

Im Jahr 1703 wurde von Savoyen zum Generalleutnant ernannt und hatte damit den höchsten militärischen Rang inne. Anschließend gewann er weitere Schlachten, etwa 1704 bei Höchstädt, vier Jahre darauf bei Turin und 1709 bei Malplagut. Im August 1717 gelang von Savoyen eine weitere militärische Glanzleistung, als seine Truppen Belgrad eroberten. Anders als die Osmanen erwartet hatten, griffen Savoyens Soldaten nicht von Land her an, sondern setzten mit Hilfe von Pontonbrücken über die Donau und überrumpelten so den Gegner. Die Habsburger honorierten die militärischen Leitungen Eugens überaus großzügig, so dass er sich mehrere Schlösser und Palais kaufen oder errichten lassen konnte; sie sind heute noch erhalten und dienen verschiedenen Zwecken: das Obere Belvedere und sein früheres Stadtpalais in Wien, Schloss Ráckeve im südlichen Ungarn, ein kleines Landschlösschen bei Bilje im nordöstlichen Kroatien.

Nur wenige Jahre nach seinem glanzvollen Sieg in Belgrad begann Savoyens Stern jedoch zu verblassen. Militärische Erfolge wurden immer seltener. Der Prinz war gesundheitlich angeschlagen und hatte sich vom gewieften Taktiker zum ängstlichen Feldherrn gewandelt. 1735 starb Eugen von Savoyen an einer Lungenentzündung. Sein Grab befindet sich im Wiener Stephansdom in der Kreuzkapelle. Sein Herz wurde jedoch in der Grabkirche der Familie Savoyen in Turin bestattet.

Eugen von Savoyen, Ölbild wohl aus der flämischen Schule (um 1700)

Unter den Habsburgern

Auf dem Berliner Kongress 1878 beschlossen die Großmächte, dass Bosnien und die Herzegowina unter osmanischer Herrschaft bleiben, aber von Österreich-Ungarn verwaltet werden sollten. Die Menschen in Bosnien waren enttäuscht, hatten sie doch auf die Unabhängigkeit ihres Landes, mindestens aber eine Autonomie gehofft. Nationalitäten- und religionsübergreifend gründeten die Bosnier eine Volksregierung, um sich so den Osmanen wie auch Österreich-Ungarn zu widersetzen. 200 000 österreichisch-ungarische Soldaten zogen in Bosnien und die Herzegowina ein, um den Verwaltungsanspruch durchzusetzen; sie stießen auf erbitternden Widerstand. Es kam zu Straßenschlachten, bei denen Hunderte ihr Leben ließen. In Sarajevo verschanzten sich die Aufständischen in den Bastionen, Wehrtürmen und der Jajce-Festung auf dem Berg Vratnik, um von dort mit Waffengewalt die Einnahme Sarajevos zu verhindern – vergeblich. Nach drei Monaten, am 19. August 1878, musste sich der bosnische Widerstand der österreichisch-ungarischen Übermacht geschlagen geben. Den 400 Jahren osmanischer Herrschaft folgten nun 40 Jahre unter Österreich-Ungarn. Die Habsburger gliederten Bosnien in sieben kommunale Einheiten. Die Stadt Sarajevo wurde eine eigene Einheit, bekam einen Rat und eine Stadtverwaltung und wurde so das Verwaltungszentrum Bosniens.

Die Osmanen hatten Sarajevo orientalisch geprägt, mit der Baščaršija als Mittelpunkt, mit Moscheen, Bezistanen und Hamams. Unter Österreich-Ungarn wurde Sarajevo eine westeuropäische Stadt, ohne dabei ihren osmanischen Charakter zu verlieren. Es entstanden moderne Gebäude westeuropäischen Stils, zudem wurden kulturelle und administrative Institutionen ins Leben gerufen. Noch im Jahr der Verwaltungsübernahme rief Österreich-Ungarn einen kommunalen Dienst ins Leben. Sarajevo bekam eine Kanalisation, Wasserleitungen wurden gelegt und die Elektrizität eingeführt. Das Flussbett der Miljacka wurde reguliert, die Straßenbahn in Betrieb genommen und eine Eisenbahnverbindung nach Bosanski Brod gebaut. Das modernisierte Sarajevo zog immer mehr Menschen aus anderen Teilen des Kaiserreiches an. Die Bevölkerungszahlen stiegen stetig. 1879 hatte Sarajevo 21 000 Einwohner, 1885 bereits 35 000 und zum Ende der österreichisch-ungarischen Herrschaft über 55 000 Einwohner. Die Muslime stellten Mitte des 19. Jahrhunderts drei Viertel der Bewohner Sarajevos, um 1910 aber nur noch ein Drittel.

Die Österreicher ließen zahlreiche neue Bauwerke in Sarajevo errichten, aber zugleich die aus osmanischer Zeit restaurieren. Zu den wichtigsten Gebäuden, die in dieser Zeit entstanden, gehören das Rathaus, das Nationaltheater – damals Gemeindezentrum –, die Jajce-Kaserne, das Krankenhaus im Stadtteil Koševo und die Heilbäder in Ilidža. Zudem entstanden zahlreiche, meist katholische Sakralbauten, zum Beispiel die Kirche des heiligen Antonius, das St.-Augustine-Kloster und die Kyrill-und-Methodius-Kirche. Mit der österreichisch-ungarischen Machtübernahme zog es auch immer mehr Katholiken nach Sarajevo. Zudem ließ Josip Štadler, der erste Erzbischof des Bistums Vrhbosna, gern und viel bauen. Die Menschen in Bosnien erlebten mit dem Einzug der Habsburger auch ein neues Gesellschaftssystem. Hatten sie unter den Osmanen in feudalen Strukturen gelebt, mussten sie sich nun im Kapitalismus zurechtfinden.

Ein Jahr nach der österreichisch-ungarischen Machtübernahme erlitt Sarajevo erneut ein verheerendes Feuer. Am 8. August 1879 setzte im Laden eines Handwerkers eine Kerze ein Alkoholfass in Brand. Das Feuer breitete sich rasch aus und griff bald auf benachbarte Gebäude über; insgesamt gingen 300 Wohnhäuser und über 400 Geschäftsgebäude in Flammen auf. Die Bauverwaltung bestimmte anschließend Brandschutzmaßnahmen. Die Stadtviertel Sarajevos wurden in vier Gefahrenklassen eingeteilt, und neue Gebäude mussten nun mit einem Mindestabstand, der zwischen sechs und elf Meter lag, gebaut werden.

Während der osmanischen Herrschaft waren Handel und Handwerk die wichtigsten Wirtschaftszweige Sarajevos gewesen. Der Handel blieb auch unter den Habsburgern von Bedeutung, wurde aber vom Baugewerbe überflügelt. Zum Leidwesen vieler alteingesessener Handwerksbetriebe setzte sich die industrielle Produktion langsam, aber stetig durch. Bis zum Beginn der österreichisch-ungarischen Machtübernahme hatte lediglich eine Brauerei hier industriell ihr Bier produziert. Nun entstanden in rascher Folge neue Industriebetriebe, etwa die Ziegelei des August Braun, eine weitere Brauerei, ein Kraftwerk, eine Asphalt-Fabrik und die Avam-Levi's-Sadić-Strumpffabrik.

In der Altstadt eröffneten Restaurants, Gasthöfe und Kaffeehäuser. Außerdem entstanden sechs große Hotels im Stadtzentrum und drei weitere in Ilidža. Auch im kulturellen Leben Sarajevos tat sich einiges: Schulen, das Nationalmuseum und das Institut für Balkan-Studien wurden gegründet, und 1912 eröffnete mit dem ›Apolo‹ das erste Kino der Stadt. Im Jahr darauf konnten auch im ›Imperial‹ Stummfilme angesehen werden.

Obwohl Sarajevo in kurzer Zeit eine Modernisierung erfuhr und die Menschen in den Genuss zahlreicher Annehmlichkeiten kamen, regte sich in der Bevölkerung nach wie vor Widerstand gegen die österreichisch-ungarische Verwaltung. Er erfuhr während der Balkankriege seinen Höhepunkt. Die k.u.k. Monarchie reagierte darauf mit der Annexion Bosniens und der Herzegowina im Jahr 1908.

Markt in Sarajewo, Ölbild (1897) von Alois Schönn (1826–1897)

Annäherung an Sarajevo

Die Ermordung Franz Ferdinands

Erzherzog Franz Ferdinand war im Juni 1914 mit seiner Frau Sophie direkt von einem Besuch beim Deutschen Kaiser Wilhelm II. nach Bosnien gereist, um dem Abschluss eines Manövers der k.u.k. Armee beizuwohnen. Am 28. Juni sollte der Thronfolger zu einem offiziellen Besuch nach Sarajevo kommen. Das Datum hatte der österreichisch-ungarische Statthalter Oskar Potiorek festgelegt. Es bedeutete eine Provokation, denn die Serben feierten an diesem Tag den Vidovdan, den 525. Jahrestag der Schlacht auf dem Amselfeld. Dem Kaiserreich war die große Symbolkraft des Tages durchaus bewusst, wie die österreichisch-ungarische Gesandtschaft in Belgrad Außenminister Graf Leopold Bechthold in einem Schreiben warnte. Zudem hatten sich seit der Annexion Bosniens und der Herzegowina 1908 die Ressentiments gegen Österreich-Ungarn in der Bevölkerung verschärft. Der Thronfolger hätte also gewarnt sein müssen, zumal es bereits zuvor Anschläge gegen Repräsentanten der Donaumonarchie gegeben hatte. Der Student Bogdan Žerajić hatte 1910 ein Attentat auf Kaiser Franz Joseph geplant, aber im letzten Moment davon Abstand genommen. Stattdessen schoss er am 15. Juni 1910 auf den bosnischen Gouverneur Marijan Freiherr Varešanin, den er jedoch verfehlte. Anschließend richtete Žerajić die Waffe gegen sich selbst. Wie Milo Dor in seinem Buch ›Die Schüsse von Sarajevo‹ schrieb, soll Gavrilo Princip an Žerajićs Grab Rache geschworen haben, bevor er selbst zum Attentäter wurde.

Trotz der angespannten Lage waren die Sicherheitsvorkehrungen für den Besuch des Thronfolgers nur gering. Lediglich 40 Polizisten wurden entlang der zwölf Kilometer langen Fahrstrecke postiert. Die hatte zuvor in allen Details in der Zeitung gestanden. Franz Ferdinand bestand zudem darauf, im offenen Wagen zu fahren. Er vertraue auf Gott, soll der Thronfolger gesagt haben.

Der Tross des Erzherzogs bestand aus sechs Autos. Er saß gemeinsam mit seiner Frau Sophie und Potiorek im zweiten Wagen. Einer der Verschwörer, der Druckereiarbeiter Nedeljko Čabrinović, hatte sich an der Čumurija-Brücke postiert. Als die Autokolonne näher kam, entsicherte Čabrinović seine Handgranate und warf sie in Richtung des Thronfolgers. Der konnte sie jedoch mit dem Ellenbogen abwehren. Die Granate explodierte vor dem nachfolgenden Auto und verletzte Oberstleutnant Merizzi und Graf Boss-Waldeck sowie sechs Passanten. Čabrinović schluckte die vorbereitete Zyankalikapsel und sprang in die Miljacka, konnte aber von der aufgebrachten Menge gefasst werden. Der

Franz Ferdinand, vermutlich im Jahr 1914

Thronfolger setzte nach diesem Attentat seine Fahrt zum Rathaus fort, um dort wie geplant einen offiziellen Termin wahrzunehmen. Er verfügte lediglich, dass seine Rückfahrt auf einer anderen Route erfolgen solle und löste damit Verwirrung aus. Sein Fahrer fuhr bei der Lateiner-Brücke irrtümlich geradeaus, bemerkte aber seinen Fehler und setzte zurück, um rechts abzubiegen. Genau an dieser Stelle stand Gavrilo Princip, zog seine Pistole und schoss zweimal. Die erste Kugel war eigentlich für Potiorek bestimmt, traf aber Sophie, die Ehefrau des Erzherzogs, in den Unterleib. Das zweite Projektil traf Franz Ferdinand, verletzte seine Halsvene und durchschlug anschließend seine Luftröhre. Sophie starb noch im Auto an inneren Blutungen, Franz Ferdinand wurde schwer verletzt ins Konak gebracht, wo er trotz medizinischer Hilfe verstarb. Der Attentäter schluckte ebenfalls eine Zyankalikapsel, erbrach sich jedoch. Die Menge stürzte sich auf Princip und hätte ihn vermutlich gelyncht, wenn die Polizei nicht dazwischen gegangen wäre und ihn verhaftet hätte.

Zunächst gab es kaum nennenswerte politische Reaktionen auf die Ermordung des Thronfolgers, auch Österreich-Ungarn wirkte unentschlossen. Erst nachdem der deutsche Kaiser seine Unterstützung zugesichert hatte, ›Serbien eine Lektion zu erteilen‹, reagierte die Donaumonarchie. Am 23. Juli stellte Österreich-Ungarn Serbien ein Ultimatum, drohte bei Nichtannahme jedoch nicht mit Krieg, sondern lediglich mit dem Abbruch der diplomatischen Beziehungen. Serbien akzeptierte fast alle Bedingungen, jedoch nicht die, dass Österreich-Ungarn mit eigenen Ermittlern in Serbien nach Helfern der Attentäter fahnden dürfe. Dies verstieße gegen die serbische Verfassung und hätte zugleich die Aufgabe der territorialen Integrität bedeutet.

Am 28. Juli 1914, drei Tage nach Ablauf des Ultimatums, erklärte Österreich-Ungarn Serbien den Krieg. Einen Tag darauf mobilisierte Russland seine Streitkräfte. Das Deutsche Reich forderte von Frankreich Neutralität und von Russland, die Streitkräfte zurückzubeordern. Weder Frankreich noch Russland wollten diese Forderungen erfüllen. Daraufhin unterzeichnete Kaiser Wilhelm II. die Kriegserklärung an Russland. Der Erste Weltkrieg war entbrannt.

Die Attentäter und Helfer – insgesamt 25 Männer – wurden verhaftet. Ihnen wurde im Oktober 1914 der Prozess wegen Hochverrats und Meuchelmordes gemacht. Gavrilo Princip wurde zu 20 Jahren Kerker verurteilt und starb 1918 im Gefängnis. Nedeljko Čabrinović und Trifun Grabež wurden zu 20 Jahren Kerker verurteilt und starben ebenfalls wenige Jahre später im Gefängnis an Tuberkulose. Vaso Čabrinović wurde zu 16 Jahren Kerker verurteilt. Er kam nach dem Ersten Weltkrieg frei und wurde zunächst Lehrer, dann Universitätsprofessor und unter Tito Minister für Forstwirtschaft. Miško Jovanović und Danilo Ilić wurden vom Gericht ebenfalls für schuldig befunden. Da sie zum Tatzeitpunkt bereits volljährig waren, wurden sie am 2. Februar 1915 durch Erhängen hingerichtet.

Am dritten Jahrestag des Attentats ließ Österreich-Ungarn zu Ehren des Erzherzogs und seiner Frau bei der Lateiner-Brücke ein zwölf Meter hohes Denkmal aufstellen. Es wurde jedoch zur Zeit des Jugoslawischen Königreiches abgebaut. Übrig blieb bis heute nur eine steinerne Bank, die zum Denkmal gehörte. Im sozialistischen Jugoslawien wurde die Lateiner-Brücke in Princip most umbenannt. An der Stelle, wo Princip gestanden haben soll, als er auf den Thronfolger schoss,

wurden Fußabdrücke in Beton gegossen. Sie wurden jedoch während des Bosnienkrieges zerstört. Heute befindet sich am Ort des Attentats eine Gedenktafel in
bosnischer und englischer Sprache.

Das Automobil und die Uniform Franz Ferdinands sind im Heeresgeschichtlichen
Museum in Wien ausgestellt. Dort wird auch jeweils am Jahrestag des Attentats
das blutgetränkte Hemd des Erzherzogs gezeigt.

Gavrilo Princip

Gavrilo Princip kam am 13. Juli 1894 in dem Dorf Obljaj bei Bosanko Grahovo
im Westen Bosniens als Sohn eines Briefträgers zur Welt. Princip hatte acht Geschwister von denen aber sechs im Kleinkindesalter starben. Damals wurde Bosnien von Österreich-Ungarn verwaltet, deshalb war Princip österreichischer Staatsbürger, der Geburt nach aber bosnischer Serbe.

Princip galt als intelligent und machte in der Schule durch gute Leistungen auf
sich aufmerksam. Nach der Grundschule besuchte er in Tuzla die Handelsschule.

Im Frühjahr 1912 zog er nach Belgrad,
um dort das Gymnasium zu besuchen
und anschließend zu studieren. Er absolvierte mit guten Noten die elfte Klasse und verdiente sich nebenbei seinen
Lebensunterhalt mit Hilfsarbeiten. In
der Zeitung las Princip vom Besuch des
Thronfolgers und entschloss sich zum
Attentat. Princip war ebenso wie Ivo
Andrić Mitglied in der Schüler- und Stu-
dentenbewegung ›Mlada Bosna‹ (Junges
Bosnien), die sich für die Unabhängigkeit
von der k.u.k. Monarchie und einen gemeinsamen südslawischen Staat einsetz-
ten. Nach seiner Verurteilung – nur weil
er noch nicht volljährig war, entging er
der Todesstrafe – zu 20 Jahren schweren
Kerkers wurde Princip in Theresienstadt
in der ›Kleinen Festung‹ inhaftiert. Princip verbrachte die meiste Zeit in Einzel-
haft. Die Zellen waren kalt und feucht,
sein Gesundheitszustand verschlechterte sich zusehends. Am 28. April 1918
starb Princip im Gefängnislazarett an
Knochentuberkulose.

Das Leben des Attentäters wurde 1990
vom österreichischen Regisseur Peter
Patzak unter dem Titel ›Himmel unter
Steinen‹ verfilmt.

Der Attentäter Gavrilo Princip als Häftling

Zwischen den Weltkriegen

Nach dem Ersten Weltkrieg war Sarajevo ausgelaugt und die Bewohner erschöpft. Es fehlte an Nahrungsmitteln und allem anderen Lebensnotwendigen. Die Landbevölkerung hatte während des Krieges in Sarajevo Schutz gesucht, dort aber kaum Erwerbsmöglichkeiten gefunden und war völlig verarmt.

Als Folge der Pariser Vorortverträge 1919/20 erfuhren Mitteleuropa und der Balkanraum eine grundlegende politische Neuordnung. Bosnien und Herzegowina wurde nun ein Teil des neugegründeten Königreiches der Serben, Kroaten und Slowenen. Erstmals lebten alle Südslawen – und einige Minderheiten – gemeinsam in einem Staat. Sarajevo profitierte davon jedoch kaum. Unter den Osmanen und Österreich-Ungarn war Sarajevo das wirtschaftliche, politische und kulturelle Zentrum Bosniens und der Herzegowina gewesen, nun war Belgrad das Machtzentrum des neuen Staates. 1922 verlor Sarajevo per Gesetz seinen Hauptstadtstatus und war nur noch das Verwaltungszentrum für den Bezirk Sarajevo.

Die neuen Machthaber lösten die historischen Grenzen innerhalb des Königreiches auf und teilten das Land in Banschaften ein, um ein Zusammenwachsen zu beschleunigen. Sarajevo wurde Hauptstadt der Drina-Banschaft, die Ostbosnien und Teile Serbiens umfasste. Die Menschen in Sarajevo waren jedoch unzufrieden, da die Stadt stagnierte und es an Geld, Arbeit und ausländischen Investoren fehlte. Die Machthaber in Belgrad interessierten sich nur wenig für Sarajevo. In den 1930er Jahren traf die weltweite Wirtschaftskrise auch Sarajevo und verschärfte die Lage erheblich. Im Vergleich zu Zagreb und Belgrad gewann Sarajevo nur langsam neue Einwohner: 1921 lebten 21 000 Menschen hier, 1941 waren es 78 000.

Belgrad investierte kaum in Sarajevo. Es wurden nur wenige neue Gebäude errichtet, die Infrastruktur notdürftig repariert, aber nicht ausgebaut. Scheinbar planlos entstanden einige Hochhäuser im Stadtzentrum. Eine funktionierende Bauverwaltung gab es ebenso wenig wie eine Stadtplanung oder Baugesetze.

Nach Ende der Weltwirtschaftskrise verbesserte sich die Situation etwas. Fachkräfte in der Stadtverwaltung ließen Gutachten über die Infrastruktur Sarajevos erstellen und arbeiteten gezielt an einer Modernisierung. Zu den wichtigsten Bauten, die zwischen den Weltkriegen entstanden, gehören das Gebäude der heutigen Nationalbank, die Grundschule in Vratnik und Čekaluša, das Freibad in Bendbaša, die katholische Kirche in Marijin Dvor, die orthodoxe Kirche in Novo Sarajevo, die Synagoge und der Bahnhof in Ilidža.

Zweiter Weltkrieg

Am 6. April 1941 griff die deutsche Luftwaffe Jugoslawien an. Hauptsächlich Belgrad war das Ziel, aber die Deutschen bombardierten auch Sarajevo. Den Flugzeugen folgte rasch das Heer; der Angriff kam überraschend, da ohne Kriegserklärung. Widerstand gab es kaum. Die deutschen Bomben richteten in Sarajevo immense Schäden an und trafen unter anderem den Bahnhof, das Hotel ›Zagreb‹, das Gerichtsgebäude, die Hauptpost und die Kaisermoschee. Die Stadtviertel Bjelave und Bistrik mussten besonders große Zerstörungen hin-

nehmen. Bereits am 15. April besetzten die deutschen Truppen Sarajevo.
Bald darauf wurden Bosnien und die
Herzegowina dem neugeschaffenen
›Unabhängigen Staat Kroatien‹ zuge-
schlagen. Italienische und kroatische
Ustaša-Verbände zogen in die bosnische Hauptstadt ein und nutzen Sarajevo als Stützpunkt im Kampf gegen
die Partisaneneinheiten, die sich in den
umliegenden Gebirgen und Wäldern
verschanzt hatten. Die neuen Machthaber verboten jüdische und serbische
Organisationen. Juden, Roma und Serben wurden in Konzentrationslager de-
portiert. Von 12 000 Sarajevoer Juden
überlebten lediglich 4000 den Krieg.

Partisanenuniform

Besonders aus dem Osten Bosniens
und der Herzegowina flüchteten viele Menschen nach Sarajevo, wodurch
sich die Not in der Stadt erheblich verschärfte. 1945 wurden 54 000 Flüchtlinge in Sarajevo gezählt, also ein Viertel der Einwohner. Fast die Hälfte der
Flüchtlinge waren Kinder. In Sarajevo formierte sich nach kurzer Zeit Widerstand, es gab Anschläge gegen deutsche Militäreinrichtungen. So gelang es beispielsweise, 17 deutsche Flugzeuge, die auf dem Rollfeld in Rajlovac standen,
zu zerstören. Befreit wurde Sarajevo allerdings erst, als der Krieg sich bereits
dem Ende zuneigte. Am 5. April standen Einheiten der ›Volksbefreiungsarme‹
vor den Toren Sarajevos, am Tag darauf erreichten die Partisanen das Stadtzentrum. Seitdem wird der 6. April in Sarajevo als Tag der Befreiung gefeiert. Die
Ewige Flame und eine Inschrift an der Fassade des ehemaligen Hotels ›Central‹ erinnern an diesen Tag.

Sarajevo im sozialistischen Jugoslawien

Nach dem Zweiten Weltkrieg wurde Sarajevo die Hauptstadt der sozialistischen
Republik Bosnien-Herzegowina, eine der sechs Republiken des sozialistischen
Jugoslawiens. Die Stadt entwickelte sich rasch, bereits in den 1970er Jahren
konnte sie über 300 000 Einwohner verzeichnen und war damit die viertgrößte
Stadt in Jugoslawien. Zum Bezirk Sarajevo gehörten zehn Gemeinden, darunter
Ilidža, Novo Sarajevo, Ilijaš, Trnovo, Vogošća und Pale. Westlich der Altstadt
entstanden mehrere neue Stadtteile, meist Hochhaussiedlungen. Die Industrialisierung wurde vorangetrieben. So eröffnete zum Beispiel Volkswagen ein Werk;
Bahnhof, Busbahnhof und Flughafen wurden gebaut. Die Schmalspurbahn, die
die Österreicher initiiert hatten, wurde durch eine Normalspurbahn ersetzt. Dadurch war Sarajevo auch mit dem europäischen Eisenbahnnetz direkt verbunden. 1949 bekam die bosnische Hauptstadt ihre erste Fakultät und drei Jahre

darauf ihre erste Universität westeuropäischen Zuschnitts. In den 1980er Jahren lernten bereits 40 000 Studenten an den Hochschulen Sarajevos, darunter fast 1000 ausländische Kommilitonen.

Auch die Kultur spielte eine immer größere Rolle im Leben der Stadt. Bibliotheken, Theater, Museen und Kinos wurden modernisiert oder neueröffnet. Sarajevo bekam ein Ballett- und Opernensemble, und die Philharmoniker machten sich auch im Ausland einen Namen. Künstler wie der in Sarajevo geborene und aufgewachsene Regisseur Emir Kusturica und der Musiker Goran Bregović hatten weltweit Erfolg, ebenso wie die damals in Sarajevo lebenden und arbeitenden Schriftsteller Meša Selimović, Mak Dizdar oder der Literaturnobelpreisträger Ivo Andrić, der in Sarajevo das Gymnasium besucht hatte. Auch Fernseh- und Rundfunkzentren entstanden. Die Verlagshäuser Oslobođenje, Svjetlost und Veselin Masleša produzierten in Sarajevo mehrere Tages- und Wochenzeitungen und außerdem monatlich erscheinende Magazine.

Nach dem Zweiten Weltkrieg kam die Idee auf, die Baščaršija – die Altstadt – abzureißen, um die Hauptverkehrsstraße verlängern und Platz für moderne Gebäude schaffen zu können. Die Befürworter des Abrisses argumentierten, die Läden in der Altstadt seien zu alt und die Brandgefahr sehr hoch, außerdem seien die hygienischen Zustände in dem alten Stadtteil schlecht. Die Baščaršija blieb nicht zuletzt dank eines Gutachtens von Hamdija Kreševljaković – ein bekannter Historiker, der sich zum Schutz der Kulturdenkmäler engagierte – erhalten und wurde restauriert. Seitdem und bis heute ist das alte osmanische Handelsviertel ein Touristenmagnet.

Zu den wichtigsten Nachkriegsbauten gehören die Skenderija, das Sport-, Kunst- und Messezentrum Sarajevos, außerdem das Hotel ›Holiday Inn‹, das Zetra-Sportzentrum, das Koševo-Stadion und das Parlamentsgebäude.

Im Olympia-Museum

Eine der ältesten Straßenbahnen Europas

Die Sarajevoer Straßenbahn gehört zu den ältesten in Europa und war sogar während des Bosnienkrieges zeitweise in Betrieb. Erbaut wurde sie auf Veranlassung der österreichisch-ungarischen Landesverwaltung. Der Geschäftsverkehr zwischen dem Bahnhof und dem drei Kilometer entfernten Stadtzentrum sollte durch die Bahn erleichtert werden. Am Neujahrstag 1885 wurde die Tram feierlich in Betrieb genommen; die Wagen wurden zunächst von Pferden gezogen. Der erste Sarajevoer Straßenbahnfahrer soll der Wiener Johann Hanke gewesen sein. Ebenso wie die bosnische Eisenbahn war die Straßenbahn eine Schmalspurbahn mit einer Spurweite von 760 Millimetern. Erst 1960 wurde die Tram auf die weltweit verbreitete Normalspurweite von 1435 Millimetern umgestellt. Nicht ohne Hintergedanken ließen die Österreicher 1895 die Sarajevoer Straßenbahn elektrifizieren: Sie diente den Habsburgern anderthalb Jahre als Teststrecke für die geplante Straßenbahn in Wien. Damals fuhr die Bahn auf einer Sechs-Kilometer-Rundstrecke durch Sarajevo. 1910 beförderte allein die Linie 3 mehr als 250 000 Fahrgäste und erwirtschaftete fast 10 000 Kronen Gewinn.

Während der Belagerung Sarajevos verlor die Straßenbahn ihren halben Wagenpark, 45 von 90 Straßenbahnzügen wurden von Granaten getroffen oder als Straßenbarrikaden genutzt und brannten aus. Bei Feuerpausen und wenn es Strom gab, fuhr die Straßenbahn auch während des Krieges auf einer provisorischen Kurzstrecke. Zum Schutz der Fahrer vor den Kugeln der Scharfschützen wurden in den Fahrerkabinen 1,5 Zentimeter dicke Blechplatten verschweißt. Die Fahrt war kostenfrei – aber gefährlich. 15 Fahrgäste kamen ums Leben, zahlreiche Fahrer wurden durch Scharfschützen verletzt, einige zu Invaliden. Für ihren gefährlichen Dienst wurden die Fahrer mit Zigaretten entlohnt. Die meisten von ihnen kämpften als Soldaten an der Front und steuerten an ihren freien Tagen die Straßenbahn.

Heute wird die Tram von dem kommunalen Nahverkehrsunternehmen JKP GRAS Sarajevo (Javno Komunalno Preduzeće – Gradski Saobraćaj Sarajevo) betrieben und fährt auf einem 10,7-Kilometer-Ost-West-Rundkurs von der Baščaršija bis nach Ilidža. Zudem gibt es im Stadtteil Marijin dvor eine 400-Meter-Schleife zum Bahnhof. Der Rundkurs wird von sieben Linien bedient. Die Linie 3 befährt die gesamte Strecke, die anderen Linien jeweils Teilstücke. Im Einsatz sind überwiegend Straßenbahnzüge, die in der Tschechoslowakei, Österreich und Deutschland hergestellt wurden und bis Mitte der 2000er Jahre noch in Brünn (Tschechien), Wien und Amsterdam fuhren.

Straßenbahn am rechten Ufer der Miljacka

Die Olympischen Winterspiele in Sarajevo

Vom 8. bis 19. Februar 1984 fanden in Sarajevo die 14. Olympischen Winterspiele statt. Sarajevo hatte sich gegen das favorisierte Sapporo (Japan) und gegen Göteborg (Schweden) durchgesetzt. Das IOC entschied sich vermutlich auch deshalb für das jugoslawische Sarajevo, weil das blockfreie Land während des Kalten Krieges keine politisch motivierten Boykotte fürchten musste. Jugoslawien hoffte, durch das Großereignis den Tourismus im Land anzukurbeln, besonders die Wintersportgebiete sollten bekannter werden. Und tatsächlich präsentierte sich Sarajevo mit seinen freundlichen und hilfsbereiten Menschen als hervorragender Gastgeber. Eine deutsche Zeitung schrieb, dass Besucher aus aller Welt eine pulsierende Stadt zwischen Orient und Okzident erlebten.

Die Sportstätten waren bereits ein Jahr vor den Spielen fertiggestellt und konnten bei Probewettkämpfen ausgiebig getestet werden. Pannen blieben nicht aus. So ließen die Olympiaorganisatoren Fachleute aus der DDR einfliegen, die das Eis der Bobbahn in einen olympiatauglichen Zustand brachten. Bis wenige Tage vor Beginn der Spiele ließ der Schnee auf sich warten, um dann mit aller Macht auf Sarajevo niederzugehen. Schneestürme und Eiseskälte ließen die Wettkampfpläne durcheinander geraten.

Die Kosten für die Spiele beliefen sich auf knapp 150 Millionen Dollar. Davon wurde die Hälfte durch die Vergabe der Fernsehrechte wieder eingenommen. Alleine ABC zahlte für die Übertragungsrechte in den USA 92 Millionen Dollar. Zudem sicherten sich sieben weitere Sender die TV-Rechte. Der Eintrittskartenverkauf spülte zusätzlich eine Million Dollar in die Kasse der Veranstalter, weiteres Geld kam durch den Verkauf von Sonderbriefmarken und durch Spenden jugoslawischer Bürger herein.

Anlässlich der Winterspiele entstanden 20 neue Hotels in Sarajevo und der Umgebung, darunter das ›Holidy Inn‹ und das ›Hotel Igman‹. Straßennetz sowie Strom- und Wassernetz wurden ausgebaut, im Stadtteil Dobrinja 18 Hochhäuser mit 2117 Apartments für die Olympiateilnehmer gebaut. In Mojmilo entstanden Apartments für 1577 Sportler. Erstmals wurden Männer und Frauen im gleichen Olympischen Dorf untergebracht. 1272 Athleten aus 45 Nationen kamen nach Sarajevo, so viele wie bei keinen Olympischen Winterspielen zuvor. Zudem reisten 50 000 Gäste in die bosnische Hauptstadt, und 7400 Journalisten waren akkreditiert. 10 500 Volontäre halfen bei der Durchführung der Spiele. Insgesamt zwei Milliarden Menschen verfolgten die Wettkämpfe an den Fernsehgeräten.

Die Eröffnungsfeier fand vor 55 000 Zuschauern im Koševo-Stadion statt. Eine Milliarde Menschen sah im Fernsehen, wie der damalige jugoslawische Staatspräsident Mika Špiljak die Eröffnungsformel sprach. Alle Wettkampfstätten befanden sich in einem Radius von nur 30 Kilometern. Die Eislaufwettbewerbe wurden in der neu errichteten Zetra-Olympiahalle ausgetragen, das Skispringen auf dem Berg Igman. Die Männer trugen ihre Abfahrts- und Slalomrennen am Berg Bjelašnica, die Frauen am Jahorina aus. Die Langlauf- und Biathlonrennen fanden bei Veliko Polje auf dem Igman statt und die Bob- und Rodelwettbewerbe auf dem Trebević.

Zu den herausragenden Sportlern der Sarajevoer Spiele gehören aus deutscher Sicht die Eiskunstläuferin Katharina Witt, die in der Zetra-Halle ihre erste olympische Goldmedaille gewann, sowie der Skispringer Jens Weißflog und der Bobfahrer Wolfgang Hoppe, die ebenfalls erstmals mit olympischem Gold ausgezeichnet wurden. Das britische Eistanzpaar Jayne Torvill und Christopher Dean erhielt neunmal die Höchstnote 6.0 für ihren künstlerischen Ausdruck – bis heute einmalig – und gewann Gold. Erfolgreichste Athletin war die finnische Langläuferin Marja-Liisa Hämäläinen, die ihre drei Einzelrennen und Bronze mit der Staffel gewann. Den Medaillenspiegel führte am Ende die DDR vor der UDSSR und den USA an. Die Sportstätten wurden auch nach dem

›Wölfchen‹, das Maskottchen der Olympischen Winterspiele

Ende der Spiele genutzt. Jeweils im Dezember wurde auf der Bobbahn der Sarajevo-Cup ausgetragen, außerdem Weltcuprennen im Rodeln. Auf den Olympiapisten im Bjelašica- und Igman-Gebirge fanden regelmäßig Alpin-Wettkämpfe statt.

Olympia-Maskottchen Vučko

Bis heute erfreut sich Vučko, das Maskottchen der Olympischen Winterspiele, großer Beliebtheit. Im Vorfeld der Spiele hatten die fünf größten Tageszeitungen Jugoslawiens aufgerufen, Entwürfe für ein Maskottchen einzureichen. 836 Künstler folgten der Einladung, unter fünf Maskottchen wurden schließlich die Entscheidung getroffen. Am Ende hatte das Wölfchen (Vučko) seine rote Nase vorn. Kecker Blick, roter Schal, geschulterte Ski und vor allem sein Sarajevooooo-Geheul machten Vučko berühmt.

Die Belagerung

Als der jugoslawische Präsident Tito am 4. Mai 1980 starb, schien der Vielvölkerstaat in seiner Trauer vereint. In Titos Jugoslawien galt die Losung ›Brüderlichkeit und Einigkeit‹, nationale Bestrebungen wurden notfalls mit Gewalt unterdrückt. Solange Tito als Integrationsfigur fungierte, die Menschen relativen Wohlstand und Reisefreiheit genossen, funktionierte der sensible Vielvölkerstaat. Schwelende Nationalitätenkonflikte, Schulden in Höhe von 20 Milliarden US-Dollar und die damit einhergehende Wirtschaftskrise brachten Jugoslawien jedoch Anfang der 1980er Jahre ins Wanken. Zahlreiche Ideen, das Land zu reformieren und demokratisieren, fanden im Parlament in Belgrad jedoch nicht die nötige Resonanz. Zudem fiel durch die faktische Auflösung der

Kommunistischen Partei Jugoslawiens eine wichtige Klammer für das Land weg; dafür war in allen Republiken der Nationalismus auf dem Vormarsch. Plötzlich spielte es eine Rolle, welcher Ethnie man angehörte. So sahen sich beispielsweise Serben, die seit Jahrzehnten in Kroatien lebten, dort ebenso angefeindet wie umgekehrt Kroaten in Serbien. Die fünf jugoslawischen Republiken und zwei autonomen Gebiete – Vojvodina und Kosovo – rückten immer weiter voneinander ab. Jugoslawien vor dem Zerfall zu retten, hatte bei den führenden Politikern schon bald keine Priorität mehr, stattdessen begann der Kampf um das Erbe.

Nach den ersten freien Wahlen in den Republiken Slowenien und Kroatien rief auch Bosnien-Herzegowina seine Bürger an die Urnen. Die meisten Stimmen erhielten die ethnischen Parteien der Muslime, Serben und Kroaten. Sie bildeten zunächst eine Regierungskoalition, zerstritten sich aber über die Frage eines Austritts aus Jugoslawien. Im März 1992 riefen bosniakische und kroatische Regierungsvertreter zu einem Referendum über die Unabhängigkeit Bosnien-Herzegowinas auf. Die Serben boykottierten die Wahl. Sie wollten Teil (Rest-) Jugoslawiens bleiben und fürchteten, überstimmt zu werden. Bosniaken und Kroaten votierten zu 99 Prozent für die Unabhängigkeit. Kurz darauf proklamierte der Vorsitzende des bosnischen Staatspräsidiums, Alija Izetbegović, den neuen Staat, der am 7. April 1992 von der Europäischen Gemeinschaft anerkannt wurde. Die bosnischen Serben zogen sich daraufhin aus der Regierung zurück und riefen ihrerseits die Republika Srpska aus. Bereits zuvor waren in verschiedenen Landesteilen Kämpfe ausgebrochen, nun eskalierte der Konflikt. Die Folgen waren verheerend: 100 000 Tote, mindestens ebenso viele Verletzte, zwei Millionen Flüchtlinge und ein wirtschaftlicher Gesamtschaden, den die Weltbank auf 20 Milliarden US-Dollar, die bosnische Regierung sogar auf bis zu 70 Milliarden US-Dollar schätzt. Medienberichte über Gefangenenlager, Massaker wie das in Srebrenica und die Belagerung Sarajevos sorgten für weltweites Entsetzen.

Die Belagerung Sarajevos begann am 5. April 1992 mit der Einnahme des Flughafens durch Soldaten der Jugoslawischen Volksarme. Sie dauerte bis zum 29. Februar 1996, also 1425 Tage, und war damit die längste Blockade einer Stadt im 20. Jahrhundert. Über 10 000 Menschen verloren ihr Leben, die meisten waren Zivilisten, darunter 1600 Kinder. 50 000 Menschen wurden verletzt, viele schwer.

Die Spirale der Gewalt begann, als am 1. März 1992 der bosniakische Soldat Ramiz Delalić auf eine bosnisch-serbische Hochzeitsgesellschaft in der Baščaršija schoss und Nikola Gardović, den Vater des Bräutigams, tötete. Die Bosniaken aber betonen, dass sie die ersten Kriegstoten zu beklagen hätten: Am 5. April 1992 fand in Sarajevo eine Anti-Kriegs-Demonstration statt. Vom Hotel ›Holiday Inn‹, damals das Hauptquartier der Serbisch-Demokratischen Partei von Radovan Karadžić, wurde auf die Demonstranten geschossen. Die Medizinstudentin Suada Dilberović und die kroatische Bosnierin Olga Sučić befanden sich mit anderen Demonstranten auf der Vrbanja-Brücke, als sie von Kugeln tödlich getroffen wurden. Zu Ehren der beiden Frauen trägt die Brücke heute ihre Namen.

Am Tag darauf, nachdem die Europäische Gemeinschaft die Unabhängigkeit Bosnien und Herzegowinas anerkannt hatte, begannen die militärischen Auseinandersetzungen. Die Jugoslawische Volksarme beschoss das Stadtzentrum und brachte den Flughafen in ihre Gewalt. Straßensperren wurden errichtet und die

Berge rund um Sarajevo von bosnisch-serbischer und jugoslawischer Artillerie besetzt. Die bosnische Regierung forderte den Abzug der Jugoslawischen Volksarme. Die zog sich tatsächlich zurück, überließ aber ihre schweren Waffen der bosnisch-serbischen Armee. Sarajevo war nun ständigem Beschuss ausgesetzt. Die Hauptzufahrtswege in die Stadt wurden blockiert, Nahrungsmittel und Medikamente gelangten nicht mehr in die Stadt. Zudem war Sarajevo ohne Strom und Wasser. Die bosnischen Serben drangen zeitweise bis zum Präsidentenpalast im Stadtzentrum vor. Ihre Versuche, Sarajevo ganz einzunehmen, scheiterten jedoch. 1992/93 erlebte die Stadt die schlimmste Zeit der Belagerung. Durchschnittlich 328 Granaten gingen täglich auf Sarajevo nieder, 3777 Granaten allein am 22. Juli 1993. Die Granat- und Mörsereinschläge forderten zahlreiche Tote. Am 27. Mai 1992 kamen beim sogenannten Brotschlangen-Massaker in der Vase-Miskina-Straße, der heutigen Ferhadija, 14 Menschen ums Leben, die vor einer Bäckerei anstanden. Im Juni 1993 tötete eine Mörsergranate in Dobrinja 15 Zuschauer eines Fußballspiels. Einen Monat darauf starben ebenfalls in Dobrinja 12 Menschen, die vor einer Wasserausgabe gewartet hatten. Am 5. Februar 1994 starben beim ersten sogenannten Markale-Massaker 68 Zivilisten – 150 wurden verletzt –, als eine Mörsergranate im Zentrum von Sarajevo explodierte. Der UN-Sicherheitsrat stellte den bosnischen Serben anschließend das Ultimatum, ihre schweren Waffen aus einem 20-Kilometer-Radius um Sarajevo abzuziehen. Beim zweiten Markale-Massaker am 28. August 1995 starben 37 Menschen, 90 wurden verletzt. Als Reaktion darauf griffen Nato-Flugzeuge strategische Ziele der bosnischen Serben an, die inzwischen mehrere, meist überwiegend von Serben bewohnte Stadtteile kontrollierten, zum Beispiel Grbavica und Novo Sarajevo. Krankenhäuser, Medienzentren und Regierungsgebäude wurden gezielt unter Beschuss genommen. Am 25. August 1992 wurde die Nationalbibliothek getroffen und ging in Flammen auf; jahrhundertealte Bücher und Schriften verbrannten.

Von Juni 1992 bis zum 9. Januar 1996 organisierten die Vereinten Nationen eine Luftbrücke in die eingeschlossene Stadt. Die deutsche Bundeswehr beteiligte sich mit insgesamt 1412 Hilfsflügen. Der 1993 angelegte Tunnel von Dobrinja ins moslemisch kontrollierte Butmir war eine weitere wichtige Lebensader für Sarajevo. Durch den Tunnel gelangten Nahrungsmittel, Medikamente und auch Waffen nach Sarajevo. Für die Menschen war der Tunnel die einzige Möglichkeit, die eingeschlossene Stadt zu verlassen. Berüchtigt war die Sniper Alley, die Heckenschützen-Allee (heute Zmaja od Bosna), eine Hauptverkehrsader von Sarajevo. Rund 700 Menschen wurden von Snipern getötet, darunter 250 Zivilisten, von denen 60 Kinder waren. Über 3000 Soldaten und Zivilisten wurden verletzt. Zahlreiche Schilder mit der Aufschrift ›Pazi sniper‹ warnten die Bevölkerung. Schutzwände aus Brettern, Containern, Bussen und Straßenbahnen sollten an einigen Stellen Schutz vor Heckenschützen bieten. Als besonders gefährlich galt die Gegend um das Hotel ›Holiday Inn‹. Heckenschützen gab es auf der bosnisch-serbischen wie auch auf der bosniakischen Seite.

Im Oktober 1995 vereinbarten die bosnischen Kriegsparteien einen Waffenstillstand, der in das Dayton-Abkommen mündete. Im Februar 1996 verließen die bosnisch-serbischen Einheiten ihre Stellungen in und um Sarajevo. Die bosnische Regierung erklärte anschließend die Belagerung für beendet.

Jovan Divjak

ESSAY

Jovan Divjak gilt als Held der Verteidigung Sarajevos. Während des Bosnienkrieges war ›Onkel Jovo‹, wie er bis heute in Sarajevo liebevoll genannt wird, der einzige serbischstämmige General in der von Muslimen dominierten bosnischen Armee. Divjaks Eltern waren Serben aus der Krajina in Westbosnien. Der Vater war beim Militär und an verschiedenen Orten stationiert, die Familie zog deshalb oft um. Jovan Divjak kam am 11. März 1937 in Belgrad zur Welt. Nach seiner Schulzeit entschied er sich wie sein Vater für eine militärische Laufbahn. Divjak studierte an der Militärakademie in Belgrad, später auch in Paris. Nach verschiedenen Stationen in der Jugoslawischen Volksarmee erhielt Divjak 1984 das Kommando für den Abschnitt Sarajevo. Zu Beginn des Bosnienkrieges wurde Divjak stellvertretender Kommandeur der bosnischen Armee und leitete die Verteidigung Sarajevos.

Die serbische Regierung machte Divjak für das Massaker in der Dobrovaljačka-Straße im Mai 1992 mitverantwortlich und erließ einen internationalen Haftbefehl. Damals hatte die Jugoslawische Volksarme (JNA) den späteren bosnischen Präsidenten Alija Izetbegović in ihre Gewalt gebracht. Unter Aufsicht der Vereinten Nationen sollte Izetbegović gegen die eingekesselten Soldaten der JNA und ihren Kommandeur Milutin Kukanjec ausgetauscht werden. Beim Abzug der Jugoslawischen Volksarme wurde die Kolonne, in der sich auch Izetbegović und UNO-General Lewis MacKenzie befanden, von bosniakischen Soldaten beschossen. Die serbische Seite spricht von 42 Toten und 70 Verwundeten. Aufgrund des serbischen Haftbefehls wurde Divjak im März 2011 auf dem Wiener Flughafen festgenommen. Daraufhin demonstrierten in mehreren Städten – darunter Sarajevo, Frankfurt und Wien – mehrere tausend Menschen für die Freilassung Divjaks. Nach vier Tagen in Haft wurde der 74-Jährige gegen 500 000 Euro Kaution auf freien Fuß gesetzt, durfte Österreich aber nicht verlassen. Erst als im Juli die österreichische Staatsanwaltschaft den Auslieferungsantrag Serbiens ablehnte, konnte Divjak ausreisen. Bereits zuvor hatte das Haager Kriegsverbrechertribunal den Fall untersucht, aber keine Schuld Divjaks feststellen können. Eine Videoaufnahme, die von der BBC ausgestrahlt wurde, zeigt auch, wie Divjak die Soldaten auffordert, nicht zu schießen.

Nach dem Bosnienkrieg schied Divjak aus der Armee aus und engagierte sich in verschiedenen Hilfsprojekten. So gehört er zu den Gründern der Organisation ›Bildung baut Bosnien und Herzegowina‹, die Kriegswaisen unterstützt. Außerdem verfasste Divjak zwei Bücher.

Divjak erhielt zahlreiche Auszeichnungen, so ernannten ihn drei französische und zwei italienische Städte zum Ehrenbürger, außerdem verlieh die französische Ehrenlegion Divjak ihre höchste Auszeichnung. Der überzeugte Bosnier lebt seit über 45 Jahren in Sarajevo.

Jovan Divjak

Die Nachkriegszeit

Sarajevo ist zugleich die Hauptstadt von Bosnien und Herzegowinas, der bosniakisch-kroatischen Föderation und des Kantons Sarajevo. Derzeit hat Sarajevo rund 305 000 Einwohner. Das Stadtgebiet umfasst eine Fläche von 141,5 Quadratkilometern und liegt in einem Tal am Fluss Miljacka. Sarajevo setzt sich aus vier Gemeinden zusammen: Centar (Zentrum), Novi Grad (Neustand), Novo Sarajevo (Neu Sarajevo) und Stari Grad (Altstadt).

Nachdem der Vertrag von Dayton unterschrieben und die Belagerung Sarajevos beendet war, begann rasch der Wiederaufbau. In den folgenden Jahren hatte Sarajevo den Ruf, eine große Baustelle und zugleich die am schnellsten wachsende Stadt in Bosnien und Herzegowina zu sein. Zahlreiche moderne Bauwerke entstanden, zum Beispiel das Bosmal City Center, das Avaz Business Center, der Avaz Twist Tower, das Olympische Schwimmbad sowie zahlreiche Einkaufzentren, darunter das BBI Centar und das Alta-Centar.

Im kulturellen Bereich erregten Sarajevoer Filmemacher internationales Aufsehen. Danis Tanović erhielt für seinen Film ›No Man's Land‹ den Oskar für den besten ausländischen Film, Jasmila Žbanić wurde für ihren Film Grbavica 2006 auf der Berlinale mit dem Goldenen Bären ausgezeichnet. Auch als Universitätsstadt blüht Sarajevo wieder auf. Die Zahl der Studierenden hat inzwischen fast das Vorkriegsniveau erreicht.

Die Wirtschaft befindet sich jedoch noch im Aufbau. Das Bruttoinlandsprodukt liegt bis heute unter dem Vorkriegsniveau, die Arbeitslosigkeit bei über 40 Prozent. Ausländische Investoren geben sich bisher zurückhaltend, nicht so der Volkswagenkonzern: Das im Krieg zerstörte Werk wurde wieder aufgebaut. Heute werden dort zwar keine Autos mehr produziert, aber immerhin noch Fahrzeugteile gefertigt.

Sarajevo ist auch als Verkehrsknotenpunkt für die Bahn, den Auto- und Luftverkehr von großer Bedeutung. Der Bahnhof wurde nach dem Krieg ebenso wiederaufgebaut und modernisiert wie der Flughafen, der jährlich 400 000 Passagiere zählt.

Politik und Verwaltung

Die gesetzgebende Gewalt wird vom Stadtrat (Gradsko vijeće) ausgeübt. Er setzt sich aus 28 Ratsmitgliedern zusammen. Stadtoberhaupt ist der Bürgermeister. Er steht der Verwaltung vor und repräsentiert Sarajevo. Sarajevo hat derzeit 29 Partnerstädte, darunter Friedrichshafen (seit 1972), Innsbruck (1980), Magdeburg (1980) und Wolfsburg (1985).

Bei den letzten Wahlen dominierten in Sarajevo zwei Parteien: die SDA (Partei der demokratischen Aktion und die SDP (Sozialdemokratische Partei Bosnien und Herzegowinas). Die SDA definiert sich selbst als Volkspartei der politischen Mitte und tritt mit dem Ziel an, die bosnische Identität und den Gesamtstaat zu stärken. Die Partei wurde seit ihrer Gründung 1990 bis zu seinem Tod 2003 von Alija Izetbegović geprägt, dem ersten Präsidenten Bosniens. Die SDA ist bemüht, sich von ihrem nationalistischen Image zu lösen und sich nicht mehr als musli-

Bürgermeister Ivo Komšić

Annäherung an Sarajevo

mische, sondern multiethnische Partei darzustellen, was ihr aber nur schwer gelingt. Noch immer haben islamische Religionsvertreter großen Einfluss auf die politische Ausrichtung der Partei.

Die Sozialdemokratische Partei Bosniens (SDP) ist eine multiethnische Partei, die sich für einen starken Gesamtstaat einsetzt. Sie hat wirtschaftliche und soziale Reformen zum Schwerpunkt ihrer Politik gemacht. Die SDP ist besonders in den größeren Städten populär. In ihren Reihen sind Bosniaken ebenso vertreten wie bosnische Serben und Kroaten. Sarajevos ehemaliger Bürgermeister, Alija Behmen, ist ebenfalls Mitglied der SDP. Behmen engagiert sich seit vielen Jahren in der Politik. Er war unter anderem von 2000 bis 2003 Premierminister der Föderation; zuvor unterrichtete er als Professor im Fach Ökonomie an der Universität von Sarajevo.

Das Gebiet der Gemeinde Istočno Sarajevo (Ost-Sarajevo) gehört seit dem Bosnienkrieg nicht mehr zum Stadtgebiet, sondern zur Republika Srpska. Sie ist überwiegend ländlich geprägt und umfasst ein Gebiet von 1450 Quadratkilometern. Zu ihr gehören die Orte Istočno Novo Sarajevo, Istočno Ilidža, Istočno Stari Grad, Pale, Trnovo und Sokolac, außerdem das für Wintersportler und Wanderer besonders interessant Gebirge Jahorina.

Wirtschaft

Sarajevo war vor dem Bosnienkrieg das Industrie- und Handelszentrum des Landes und erlebte in kürzester Zeit den Wechsel von der sozialistischen Plan- zur freien Marktwirtschaft. Während des Krieges wurden Betriebe, Industrieanlagen und nahezu die gesamte Infrastruktur zerstört und Sarajevos Wirtschaft um Jahrzehnte zurückgeworfen. Inzwischen hat sie sich etwas erholt, aber die Zahl der Beschäftigten liegt noch immer weit unter Vorkriegsniveau und die Arbeitslosigkeit offiziell bei 40, vermutlich aber bei über 50 Prozent. Unter den Arbeitslosen sind viele junge, gut ausgebildete Leute, die in Bosnien keine Perspektive für sich sehen und deshalb ins Ausland streben.

Derzeit erwirtschaftet der Handel fast die Hälfte des Gesamtumsatzes, gefolgt von Finanzdienstleistern und dem Baugewerbe. Die Industrie ist lediglich mit 15 Prozent, das Verkehrs- und Nachrichtenwesen immerhin mit 14 Prozent an der Wertschöpfung beteiligt. Die meisten Beschäftigten sind im Handel und der Industrie tätig. Neben dem Verkehrs- und Nachrichtenwesen spielen der Tourismus und die Gastronomie als Arbeitgeber eine immer größere Rolle.

Zu den wichtigsten Industriezweigen im Land gehören die Lebensmittel- und Tabakherstellung, die Holz- und Metallverarbeitung und die Produktion von Baumaterialien und Maschinen. Nach dem Krieg hat sich der Bankensektor in Sarajevo etabliert. Mehr als 20 Geschäftsbanken – die meisten in ausländischem Besitz – haben sich in der bosnischen Hauptstadt niedergelassen, ebenso die bosnische Zentralbank. Zu den größten Unternehmen mit Sitz in Sarajevo gehören die BH Telekom, Energopetrol, Bosnalijek (Medikamente), Duhana Sarajevo (Tabak) Sarajevska pivara (Brauerei) und die Verkehrsbetriebe JKP GRAS Sarajevo.

Der Außenhandel weist bis heute eine negative Bilanz auf, es werden sechsmal mehr Waren importiert als exportiert! Importiert werden zum Beispiel Lebensmittel, Getränke, Maschinen, chemische Erzeugnisse, elektronische Geräte und Kraftfahrzeuge. Die meisten Exporte, darunter Lebensmittel, Maschinen, Papier und Möbel, gehen in die Nachbarländer Kroatien und Serbien.

Das Hauptgebäude der Universität

Die wirtschaftliche Zusammenarbeit mit ausländischen Partnern wird vom Staat gefördert und sogar gesetzlich unterstützt. So zahlen ausländische Unternehmen im ersten Jahr keine Einkommenssteuer, im zweiten Jahr ist sie um 70, im dritten Jahr um 30 Prozent verringert. Zudem zahlen ausländische Investoren niedrigere Zölle, genießen diverse Steuervergünstigungen und die gleichen Eigentumsrechte wie Einheimische.

Bildungswesen

Sarajevo hat 46 Grundschulen (Osnovna škola), die wie überall in Bosnien bis einschließlich der achten Klasse besucht werden. Die Schulpflicht ist dann erfüllt. Anschließend kann eine dreijährige Berufsausbildung begonnen oder eine von 30 Höheren Schulen besucht werden, etwa das Gymnasium oder die Mittelschule. Erstere Einrichtung führt zum Abitur, die andere zum Fachabitur.

Die erste Hochschule Sarajevos wurde 1531 von Gazi Husrev Beg gegründet, kurz nachdem er zum Gouverneur von Bosnien ernannt worden war. Gelehrt wurde dort die Sufi-Philosophie. Zudem zeichnete der Beg für die erste Koranschule Sarajevos verantwortlich. Sie machte sich die drei klassischen katholischen Studiendisziplinen zu eigenen: Theologie, Rechtswissenschaften und Philosophie. Die islamischen Hochschulen genossen rasch einen sehr guten Ruf auf dem Balkan. Die erste weltliche Hochschule entstand kurz vor dem Zweiten Weltkrieg. 1940 wurde die Fakultät für Agrar- und Forstwirtschaft gegründet, vier Jahre darauf die Medizinische Fakultät. 1946 kamen die Studiengänge Rechtswissenschaften und Pädagogik sowie 1949 Ingenieurswesen hinzu. Die Universität von Sarajevo wurde offiziell 1949 gegründet. Auch während der Belagerung ging der Lehrbetrieb weiter, wenn auch unter Lebensgefahr. Zahlreiche Hochschulgebäude erlitten Schäden durch Artelleriebeschuss. Nach dem Bosnienkrieg wurden die noch aus sozialistischer Zeit stammenden Universitätsstrukturen grundlegend erneuert. Hilfe leisteten die European University Association, die Europäische Union und zahlreiche internationale Bildungseinrichtungen. Heute studieren in Sarajevo rund 33 000 Studenten an 23 Fakultäten (www.unsa.ba).

Vladimir Prelog: Nobelpreisträger aus Sarajevo

Im Jahr 1975 erhielt Prelog den Nobelpreis für Chemie. Das Nobelkomitee würdigte damit seine Forschung auf dem Gebiet der Stereochemie. Sie beschäftigt sich mit der räumlichen Anordnung der Atome in Molekülen.

Vladimir Prelog wurde am 23. Juli 1906 in Sarajevo geboren, wo er auch den größten Teil seiner Kindheit verbrachte. Er absolvierte in Sarajevo die ersten Grundschulklassen, als Achtjähriger erlebte er das Attentat auf den österreichischen Thronfolger Franz Ferdinand aus nächster Nähe. Noch als Kind zog Prelog mit seinen Eltern nach Osijek und bald darauf nach Zagreb. In der kroatischen Hauptstadt absolvierte er die Mittelschule. Danach studierte er an der Technischen Hochschule in Prag, wo er 1929 promovierte. Anschließend arbeitete er als Assistent an den Universitäten in Prag und Zagreb. Nach dem Einmarsch der deutschen Wehrmacht 1941 verließ Prelog Zagreb und folgte dem Ruf des Chemikers und Nobelpreisträgers Leopold Ruzickas nach Zürich. Prelog wur-

Vladimir Prelog während einer Vorlesung

de Professor für organische Chemie und sieben Jahre darauf Leiter des Instituts für organische Chemie. 1959 erhielt Prelog die Schweizer Staatsbürgerschaft. Ein Jahr nachdem ihm der Nobelpreis verliehen worden war, ging Prelog in den Ruhestand und widmete sich seinen anderen Leidenschaften: dem Fotografieren und Wandern. Der Chemiker war Zeit seines Lebens passionierter Fußgänger.

Prelog starb am 7. Januar 1998 im Alter von 91 Jahren. Die Urne mit seiner Asche wurde auf dem Mirogoj-Friedhof in Zagreb beigesetzt.

Kunst und Kultur

Sarajevo gilt mit seinen zahlreichen Museen, Theatern, Galerien, Kinos und der Oper auch in kultureller Hinsicht als Hauptstadt des Landes. Ganzjährig findet eine Vielzahl kultureller Veranstaltungen statt, darunter Ausstellungen, Konzerte und zahlreiche Festivals (→ S. 177).

Literatur

Sarajevo hat einige der bekanntesten Autoren Jugoslawiens hervorgebracht. Mehrere von ihnen werden im Literaturmuseum (→ S. 170) vorgestellt.

Meša Selimović gehört zu den großen Literaten Bosniens. Er kam 1910 in Tuzla zur Welt, studierte in Belgrad und unterrichtete zunächst an der Schule seiner Geburtsstadt. Seit 1947 lebte er überwiegend in Sarajevo, wo er als Professor an der Pädagogischen Fakultät, künstlerischer Leiter von Bosna-Film, Direktor des Nationaltheaters und Redakteur beim Verlag Svjetlost tätig war. Sein erster Roman ›Die Stillen‹ erschien 1961. Sein bekanntestes Buch ›Der Derwisch und der Tod‹ kam 1966 heraus und wurde in alle Weltsprachen übersetzt. 1994 erschien eine deutsche Neuübersetzung. Selimović wurde mehrfach für den Literaturnobelpreis vorgeschlagen. Er starb 1982 in Belgrad.

Hamza Humo ist eine feste Größe in der bosnischen Literatur. Er lebte von 1895 bis zu seinem Tod 1970 in Sarajevo. Humo veröffentlichte Romane, Erzählungen und Gedichte. Sein bekanntestes Buch, ›Grozdanin kikat‹ (Deutscher Titel ›Trunkener Sommer‹), erschien bereits 1926, ›Die Liebe des Perišić‹ und der Erzählband › Hadžijas Schwert‹ erschienen 1950. Humo war Mitherausgeber der Zeitschrift Novo doba (Neue Zeit), leitete Radio Sarajevo und eine Galerie.

Dževad Karahasan ist seit der Belagerung Sarajevos einer der bekanntesten Autoren Bosniens. Er wurde in Duvno (heute Tomislavgrad) in der Westherzegowina geboren und studierte in Sarajevo Literatur- und Theaterwissenschaften, anschließend arbeitete er als Redakteur bei verschiedenen Literaturzeitschriften. Karahasan, der perfekt Deutsch spricht, hat sich als Erzähler, Dramatiker und Essayist europaweit einen Namen gemacht und wurde mit zahlreichen Preisen ausgezeichnet. Das Buch ›Tagebuch einer Aussiedlung‹ schrieb er in Sarajevo während der Belagerung. Es wurde in über zehn Sprachen übersetzt.

Faruk Šehić gehört zur neuen Generation Sarajevoer Schriftsteller. Er wurde 1970 in Bihać geboren und kämpfte während des Krieges in der bosnisch-herzegowinischen Armee. Šehić veröffentlicht seit 1998 Lyrik, Prosa, Essays und Reportagen. Er schreibt für Internet-Magazine in Sarajevo und Belgrad. Seine Texte wurden ins Deutsche und andere Sprachen übersetzt. Šehić lebt als freier Schriftsteller und Journalist in Sarajevo.

Der Autor **Nenad Velićković** ist bosnischer Serbe und harrte während der Belagerung in Sarajevo aus. Er distanziert sich von jeder Art Nationalismus und nennt die Sprache, in der er schreibt, Jugoslawisch. Velićković hat bisher drei Romane, Erzählungen, Hörspiele und Theaterstücke veröffentlicht.

Mile Stojić, geboren 1955, studierte Slawistik an der Universität von Sarajevo. Anschließend arbeitete er für verschiedene Zeitschriften, bevor er Redakteur bei Oslobođenje wurde. Von 1989 bis zur Belagerung Sarajevos war er Chefredakteur der Kulturzeitschrift ›Odjek‹. Zu Beginn des Bosnienkrieges flüchtete er nach Wien, wo er als Lehrbeauftragter für südslawische Literatur unterrichtete. Stojić lebt heute wieder in Sarajevo. Sein Werk, überwiegend Gedichte und Essays, wurde mit zahlreichen Preisen ausgezeichnet und in über 20 Sprachen übersetzt.

Dževad Karahasan bei einer Preisverleihung in Düsseldorf

Ivo Andrić

Ivo Andrić kam am 9. Oktober 1892 in Travnik zu Welt. Er besuchte die Grundschule in Višegrad und anschließend das Gymnasium in Sarajevo. Der Vater war Amtsdiener, die Mutter arbeitete in einer Teppichfabrik. Die Familie wohnte in Sarajevo in Blickweite zur Altstadt.

Bereits als Schüler am Sarajevoer Gymnasium zeigte Andrić großes Interesse für die Literatur. Sein Lehrer Dr. Tugomir Alaupović förderte Andrićs literarische Begabung. 1911 erschien in einer Sarajevoer Literaturzeitschrift Andrićs erste Veröffentlichung, das Gedicht ›In der Dämmerung‹. Im Sommer 1912 schloss Andrić das Gymnasium ab und studierte anschließend in Zagreb, später in Krakau Philosophie, Slawistik und Geschichte. Schon damals war Andrić oft krank und schwermütig. An der Universität in Krakau galt er als schweigsamer und in sich gekehrter Sonderling aus Sarajevo. Als Gavrilo Princip das Attentat auf den Thronfolger verübte, befand sich Andrić auf einer Reise nach Kroatien. In Split wurde er als ehemaliges Mitglied der Organisation ›Mlade Bosna‹ (Junges Bosnien), der auch Princip angehörte, erkannt und verhaftet. Andrić verbrachte ein Jahr in Gefängnissen in Šibenik (Kroatien) und Maribor (Slowenien), bevor er aufgrund seiner schlechten Gesundheit entlassen wurde. Das Verfahren wurde später eingestellt.

Immer wieder musste sich Andrić aufgrund seiner schwachen Gesundheit ins Krankenhaus begeben. Nach einer überstandenen Lungenentzündung beendete er während der anschließenden Kur seinen ersten Roman ›Ex Ponto‹. Das Buch fand große Beachtung und wurde bald nach seinem Erscheinen ins Tschechische übersetzt. Andrić lebte damals in Zagreb, spielte aber mit dem Gedanken, nach Sarajevo zurückzukehren. Dann folgte er jedoch Alaupović ins Ministerium des neu gegründeten Königreiches der Serben, Kroaten und Slowenen nach Belgrad. Andrić wurde Beamter und machte schnell Karriere. Er wurde ins Generalkonsulat versetzt und bald darauf Vizekonsul in Österreich. Im April 1939 folgte die Ernennung zum jugoslawischen Botschafter in Berlin. Einen Monat, nachdem die deutsche Wehrmacht Jugoslawien überfallen und besetzt hatte, reiste Andrić zurück nach Belgrad. Während des Krieges lebte er in der Wohnung eines Freundes, wo er seine beiden berühmtesten Romane verfasste: ›Die Brücke über die Drina‹ und ›Travniker Chronik‹. Die Manuskripte gab Andrić erst nach dem Krieg zur Veröffentlichung frei. Beide Bücher wurden in zahlreiche Sprachen übersetzt und weltweite Erfolge. Andrić wurde zum stellvertretenden Präsidenten des Jugoslawischen Schriftstellerverbandes ernannt. Er lebte abwechselnd in Belgrad und Sarajevo. Bald darauf erschien sein dritter Roman, ›Das Fräulein‹.

Im Oktober 1961 verkündete die Schwedische Akademie, was schon als Gerücht im Umlauf war: Ivo Andrić erhält den Nobelpreis für Literatur. Bereits im Jahr zuvor war Andrić als aussichtsreicher Kandidat gehandelt worden. Das Nobelkomitee würdigte mit der Auszeichnung »die epische Kraft, mit der Andrić Motive und Schicksale in der Landschaft seiner Heimat gestaltet«. Andrić hatten sich gegen Autoren wie Graham Greene, Tanja Blixen, Robert Frost und John Steinbeck durchgesetzt, die das Nobelkomitee in die engere Auswahl gezogen hatte. Neben Andrić hatte der jugoslawische Schriftstellerverband den kroatischen Autor Miroslav Krleža vorgeschlagen. Zusammen mit seiner Frau reiste der Schriftsteller nach Stockholm, wo er am 10. Dezember 1961 aus der Hand des schwedischen Königs den Preis entgegennahm. Die Hälfte seines Preisgeldes schenkte er der Republik Bosnien-Herzegowina, um damit den Ausbau von Volksbibliotheken voranzutreiben. In den folgenden Jahren erhielt Andrić zahlreiche weitere Auszeichnungen. Zum Beispiel ehrte ihn der jugoslawische Staatspräsident Tito für seine Verdienste um die Literatur, und die Universität von Krakau verlieh ihrem ehemaligen Studenten die Ehrendoktorwürde.

Zu Beginn der 1970er Jahre musste Andrić Einladungen und Ehrungen immer öfter absagen. Sein Gesundheitszustand verschlechterte sich zusehends. Er klagte über Schlaflosigkeit und bezeichnete die Nacht als seinen Feind. Dennoch brach Andrić im Sommer 1974 zu einer Reise in die Herzegowina und nach Sarajevo auf. In der bosnischen Hauptstadt verbrachte Andrić viel Zeit mit Meša Selimović, dem Autor von ›Der Derwisch und der Tod‹. Nach seiner Rückkehr nach Belgrad verschlechterte sich Andrić Gesundheitszustand erneut. Der Schriftsteller begab sich im Dezember ins Krankenhaus und fiel kurz darauf ins Koma, aus dem er nicht mehr erwachte. Am frühen Morgen des 13. März 1975 verstarb Ivo Andrić. Seine letzte Ruhestätte fand der Schriftsteller in einem Urnengrab auf dem Belgrader Heldenfriedhof.

Ivo Andrić, einer der bekanntesten Schriftsteller des Landes

Jasmila Žbanić

Film

Sarajevo hat sich zur Hauptstadt der Filmemacher auf dem Balkan entwickelt. Dazu beigetragen haben die Regisseure Danis Tanović, Jasmila Žbanić und in den 1980er Jahren Emir Kusturica, deren Filme bis heute international erfolgreich sind und mit den begehrtesten Preisen ausgezeichnet wurden, außerdem das Sarajevo Film Festival. Es erlebte seine Premiere während der Belagerung 1995. Der mit einer Retrospektive geehrte Filmemacher Leos Carax kam persönlich in die eingeschlossene Stadt. Damals sahen insgesamt 15 000 Zuschauer 27 Filme aus 15 Ländern. Heute kommen regelmäßig über 100 000 Besucher – Filmfans, Filmschaffende und Journalisten sowie internationale Prominenz. So waren etwa Michael Moore, Morgan Freeman, Wim Wenders, Mickey Rourke, Brad Pitt und Angelina Jolie in Sarajevo zu Gast. Im Wettbewerb konkurrieren ausschließlich Filme aus Albanien, Bosnien und Herzegowina, Bulgarien, Kroatien, Mazedonien, Montenegro, Rumänien, Serbien, Slowenien und Ungarn miteinander. Zudem werden in zahlreichen Sektionen internationale Produktionen, neue bosnische Filme und internationale Kinderfilme gezeigt.

Die Auszeichnung für den besten Film, das ›Herz von Sarajevo‹ (Srce Sarajeva), wird von einem Goldschmied aus der Baščaršija in Handarbeit gefertigt. Zu den bisherigen Preisträgern gehören unter anderen Lars von Trier, Andrea Štaka, Mike Leigh und Danis Tanović.

Die wichtigsten Regisseure:

Danis Tanović kam 1969 im mittelbosnischen Zenica zur Welt. Er studierte zunächst Tiefbau und anschließend Film an der Akademie für Bildende Künste in Sarajevo. Das Studium konnte er jedoch wegen des Bosnienkrieges nicht beenden. Die Belagerung Sarajevos dokumentierte er als Kameramann. Tanović war Mitbegründer des Filmarchivs der Streitkräfte Bosniens. Er emigrierte 1994 nach Belgien und setzte an der Filmschule INSAS in Brüssel sein Studium fort. Seit 1998 besitzt Tanović neben der bosnischen auch die belgische Staatsbür-gerschaft. Der Regisseur lebt heute in Sarajevo und Paris. Sein Erstlingswerk von 2001, ›Ničija zemlja‹ (No Man's Land), wurde mit 42 Preisen ausgezeichnet, darunter in Cannes mit der Goldenen Palme, dem Golden Globe und dem Oscar für den besten fremdsprachigen Film. Tanović ist Mitbegründer der bosnischen Partei ›Naša Stranka‹.

Jasmila Žbanić kam 1974 in Sarajevo zur Welt, wo sie an der Akademie für Darstellende Künste studierte und auch während der Belagerung lebte. Sie emigrierte ein Jahr vor Kriegsende in die USA und arbeitete dort als Puppenspielerin. Zurück in Sarajevo gründete sie 1997 ihre eigene Filmproduktionsfirma. Sie drehte zunächst Dokumentarfilme und Kunstvideos. Eines ihrer Werke wurde auf der Documenta in Kassel gezeigt. Ihr Spielfilmdebüt ›Grbavica‹ (2006, deutscher Verleihtitel ›Esmas Geheimnis‹) war ein internationaler Erfolg und wurde in Berlin mit den Goldenen Bären ausgezeichnet. Mit ihrem zweiten Spielfilm ›Na putu‹ (›Zwischen uns das Paradies‹, 2010) war Žbanić erneut auf der Berlinale im Wettbewerb vertreten, ging aber leer aus. Beim Münchener Filmfest wurde ›Na putu‹ mit dem Bernhard-Wicki-Filmpreis ausgezeichnet.

Emir Kusturica gehört zu den international bekanntesten Regisseuren des früheren Jugoslawiens. Kusturica wurde am 24. November 1954 in Sarajevo geboren. Seine Familie lebte im Stadtviertel Gorica. Dort besuchte er die Schule, und früh erwachte seine Leidenschaft für das Kino. Kusturica studierte an der Prager Filmhochschule. Zu Beginn des Jugoslawienkonflikts kritisierte Kusturica die Politik von Alija Izetbegović und überwarf sich mit den Stadtoberen. Im Alter von 36 Jahren verließ Kusturica Sarajevo. Während des Bosnienkrieges lebte er in Belgrad, Frankreich und den USA, wo er an der Columbia Universität das Fach Regie unterrichtete. In Sarajevo wurde Kusturica zur unerwünschten Person erklärt, Kritiker unterstellten ihm serbischen Nationalismus. 2005 ließ sich der Filmemacher im Kloster Savina, nahe Herceg Novi in Montenegro, serbisch-orthodox taufen. Zu Kusturicas bekanntesten Filmen gehören ›Dom za Vešanje‹ (1989, deutscher Titel ›Zeit der Zigeuner‹), ›Arizona Dream‹ (1993), ›Podzemlje‹ (1995, ›Underground‹) und ›Crna mačka, beli mačor‹ (1998, ›Schwarze Katze, weiße Kater‹). Kusturica wurde für seine Filme mit zahlreichen Preisen ausgezeichnet, darunter mehrfach mit der Goldenen Palme (Cannes), dem Silbernen Bären der Berlinale, dem Goldenen Löwen (Venedig) und dem Golden Globe.

Die Persönlichkeiten auf den Banknoten

Auf dem 10-KM-Schein sind die Schriftsteller Mehmedalija Mak Dizdar und Aleksa Šantić abgebildet. Der 20-KM-Schein zeigt Antun Branko Šimić und Filip Višnjić, der 50-KM-Schein Musa Ćazim Ćatić und Jovan Dučić. Auf der 100-KM-Banknote sind Nikola Šop und Petar Kočić abgebildet.

Mehmedalija Mak Dizdar (1917–1975) ist einer der bedeutendsten Dichter Bosnien und Herzegowinas. Er beschäftigte sich in seinen literarischen Arbeiten immer wieder mit den mittelalterlichen Totenkultsteinen, den Stećci. Er erforschte etwa das Grabfeld in Radimlje und versuchte die Inschriften und Zeichnungen auf den Steinen zu entschlüsseln. Die Gedichtzyklen ›Kameni spavač‹ und ›Modra rijeka‹ machten ihn über die Grenzen des Landes hinaus bekannt. Dizdar kam in Solac zu Welt, arbeitete in Sarajevo als Verlags- und Zeitungsredakteur und Journalist. Er starb in Sarajevo, wo sich auch sein Grab befindet.

Aleksa Šantić (1868–1924) war ein herzegowinisch-serbischer Schriftsteller. Er verbrachte den größten Teil seines Lebens in Mostar, wo er geboren wurde und als Redakteur der Literaturzeitschrift ›Zora‹ arbeitete. Šantić stellte sich gegen die österreichisch-ungarischen Machthaber und unterstützte die Idee, alle Südslawen in einem Staat zu vereinigen. Er verfasste insgesamt sechs Gedichtbände, übersetzte Heinrich Heine und schrieb Liebeslieder im Stil der Sevdalinkas, dem bosniakischen lyrischen Liebeslied. Aleksa Šantić starb 1924 in Mostar.

Antun Branko Šimić (1898–1925) war ein herzegowinisch-kroatischer Dichter, Essayist, Kritiker und Übersetzer. Er kam in einem Dorf in der Herzegowina zur Welt, besuchte zunächst die Schule eines Franziskanerklosters, später die Höhere Schule in Mostar. Dort arbeitete er anschließend als Redakteur für eine Literaturzeitschrift. Šimić starb im Alter von nur 27 Jahren an Tuberkulose. Postum wurde sein gesamtes Prosawerk veröffentlicht.

Filip Višnjić (1767–1834) kam im Norden Bosniens zur Welt. Er war von Geburt an blind und verdiente seinen Lebensunterhalt, indem er epische Gedichte verfasste, die aktuelle Geschehnisse widerspiegelten und die Višnjić, sich selbst auf der Guslar begleitend, vortrug.

Mehmedalija Mak Dizdar auf der Vorderseite des 10-KM-Scheins

Ein Totenkultstein (Stećci) auf der Rückseite des 10-KM-Scheins

Musa Ćazim Ćatić (1878 –1915) schrieb Gedichte, Essays, Kritiken und Über-setzungen. Der Bosniake begann sein Berufsleben als Barbier, später unterrichtete er Türkisch, Arabisch und Persisch an verschiedenen Schulen und Hochschulen. Ćatić starb an Tuberkulose.

Jovan Dučić (1871–1914) war ein bosnisch-serbischer Poet. Er kam in Trebinje in der Herzegowina zur Welt, besuchte die Höhere Schule in Mostar und wurde Lehrer. Gemeinsam mit Aleksa Šantić gründete er das Literaturmagazin ›Zora‹. Als serbischer Patriot geriet Dučić mit den österreichisch-ungarischen Macht-habern in Konflikt und ging deshalb zeitweise nach Genf und Paris. Später war Dučić im diplomatischen Dienst tätig und war Botschafter in Rumänien und ande-ren Ländern. Sein erster Gedichtband erschien 1901. Als Schriftsteller war Dučić bis wenige Jahre vor seinem Tod nahezu unbekannt. Er starb nach seiner Emigrati-on in die Vereinigten Staaten. Im Jahre 2000 wurden seine sterblichen Überreste, wie es sein Wunsch war, in seine Heimatstadt Trebinje überführt und bestattet. Heute ist sein Gesamtwerk in acht Bänden aufgelegt.

Nikola Šop (1904–1982) war ein bosnisch-kroatischer Lyriker. Er kam in Jajce zur Welt und starb in Zagreb. In seiner Lyrik beschäftigte sich Šop oft mit der in-neren Einsamkeit des Menschen. Zu seinen bekanntesten Werken gehören ›Pjesme siromašnog sina‹ (Gedichte eines armen Sohnes) von 1926, ›Isus i moja sjena‹ (Je-sus und mein Schatten) von 1934 oder auch der 1961 erschienene Band ›Astralije‹.

Petar Kočić (1877–1916) wurde in Banja Luka geboren. Bereits auf dem Gym-nasium in Sarajevo trat er als serbischer Nationalist hervor. Er wurde deshalb der Schule verwiesen und beendete das Gymnasium in Belgrad. Kočić studierte in Wien an der Philosophischen Fakultät und arbeitete anschließend als Lehrer und Verlagsangestellter. Noch während seines Studiums begann er zu schreiben. Er war Abgeordneter im bosnischen Parlament und wurde wegen regimekritischer Äußerungen inhaftiert. Kočić starb in einer Nervenheilanstalt in Belgrad. Zu sei-nem bekanntesten Werken gehört die Satire ›Jazavac pred sudom‹ (›Der Dachs vor Gericht‹), die sich gegen die österreichisch-ungarische Verwaltung richtete. Zudem schrieb er Erzählungen, Novellen und Kurzprosa.

MIRZA
DELIBAŠIĆ

Bildende Kunst

Während der osmanischen Herrschaft fand die Bildende Kunst überwiegend Ausdruck in Arabesken und der Kalligraphie. Das änderte sich mit der Machtübernahme durch die Donaumonarchie. Innerhalb kürzester Zeit entwickelte sich in Sarajevo die Bildende Kunst nach westeuropäischem Vorbild. Zur Zeit des Jugoslawischen Königreichs entstand die Künstlergruppe ›Collegium artisticum‹. Sie bestand aus Malern und Bildhauern, die überwiegend in Belgrad, Zagreb und Ljubljana studiert hatten und nach Sarajevo kamen, um zu arbeiten. Seit den 1970er Jahren bildet Sarajevo an der Akademie der Bildenden Künste selbst aus. In zahlreichen Galerien werden die Arbeiten Sarajevoer und internationaler Künstler gezeigt. International angesehen ist die Nationalgalerie. Sie erforscht die Kunstgeschichte Bosnien und Herzegowinas und zeigt in einem Ausstellungsschwerpunkt bosnische Kunst des 20. Jahrhunderts. Kunst findet man aber auch außerhalb von Galerien: in Parks, auf Plätzen und an Straßen. Zu nennen ist beispielsweise die Ars-Aevi-Brücke, ein Geschenk des Architekten Renzo Piano.

Zu den bekanntesten Werken neuerer Zeit gehört das Monument für die während der Belagerung getöteten Kinder, das der Künstler **Mensud Kečo** schuf. Kečo kam 1957 in Foča zur Welt. Er beendete 1980 sein Studium an der Kunstakademie in Sarajevo und arbeitet seitdem als freischaffender Künstler. Kečo war nach dem Bosnienkrieg vier Jahre Präsident der Vereinigung für Feine Künste und arbeitet seit 1996 als Professor an der Kunstakademie. Seine Arbeiten wurden mit zahlreichen Preisen ausgezeichnet.

Der 1940 in Bosanski Petrovac geborene **Mersad Berber** ist seit 1978 ebenfalls Professor an der Kunstakademie. Er machte sich mit experimentellen Collagen, Farbholzschnitten und Kupferdrucken international einen Namen. Berber erhielt 1992 den Kunstpreis der Republik Bosnien-Herzegowina, außerdem Auszeichnungen unter anderem in Brasilien, Indien, Italien und Spanien. Bis zum Beginn des Bosnienkrieges lebte und arbeitete Berber in einer Wohnung mit Atelier unmittelbar im Stadtzentrum. Als Sarajevo unter Beschuss genommen wurde, flüchtete der Künstler nach Zagreb, wo er bis heute überwiegend lebt.

Der Maler **Safet Zec** studierte Kunst in Sarajevo und Belgrad. Er lebte und arbeitete ab 1988 in Sarajevo, bis er 1992 aus der belagerten Stadt nach Udine flüchtete. Seine Arbeiten musste er zurücklassen. 2001 ehrte ihn Sarajevo mit einer Retrospektive. Zu seinen bekanntesten Bildern gehören ›Haus mit Boot‹ und ›San Marco‹. Motive seiner Werke sind oft Bäume, Fassaden, Fenster, Barken und Menschen ohne Gesichter.

Izmar Mujezinović ist Leiter des Lehrstuhls für Malerei an der Kunstakademie in Sarajevo. Der in Osijek (Kroatien) geborene Künstler ist auf verschiedenen Bühnen aktiv. Er arbeitete für Film und Theater als Maler und Grafiker. Für seine Arbeiten erhielt Mujezinović Auszeichnungen in Kroatien, Italien, Wien, Brüssel und Oslo.

Ein Werk des Künstlers Mensud Kečo

Musik

Sarajevo ist das Zentrum der bosnisch-herzegowinischen Musikszene. Die Stadt hat ein Symphonieorchester, eine Oper und ist Veranstaltungsort zahlreicher Musikfestivals. Die bekanntesten Rock- und Popformationen des Landes wurden in der bosnischen Hauptstadt gegründet, darunter Bijelo Dugme, die bis heute erfolgreichste Band auf dem Gebiet des ehemaligen Jugoslawien. Das Musikspektrum reicht vom traditionellen bosnischen Liebeslied, dem Sevdalinka, über Rock und Popmusik, Heavy Metal, Hip Hop und moderner Volksmusik bis hin zur Klassik.

Klassische Musik

Einer der prominentesten Vertreter der klassischen Musik ist der Dirigent, Komponist und Regisseur **Edin Dino Zonić**. Er arbeitete unter anderem mit den Sarajevoer Philharmonikern, dem Dayton Philharmonic Orchestra und dem Miami Valley Philharmonic Orchestra. 2006 bekam Zoni den Golden Karma Award verliehen. Preisträger vor ihm waren neben anderen Paul Newmann, Angelina Jolie und Muhammed Ali. Zonić lernte mit sechs Jahren Klavierspielen, später Fagott und studierte an der Musikakademie in Sarajevo. Der Musiker ist heute offizieller Kulturbotschafter Bosnien und Herzegowinas.

Der Pianist und Komponist **Dr. Igor Karaća** studierte ebenfalls an der Musikakademie und anschließend in den USA Komposition. Er schrieb zwei Filmmusiken und mehrere Symphonien. Neben der klassischen Musik begeistert sich Karaća auch für Rockmusik und Jazz und spielt diverse Tasteninstrumente in verschiedenen Bands.

Der Sarajevoer Komponist und Musiklehrer **Avdo Smailović** ist der Vater von Vedran Smailović, der während der Belagerung als Cellist von Sarajevo bekannt wurde. Seinen Lebensunterhalt verdiente Avdo Smailović zunächst als Musiklehrer, später unterrichtete er an der Musikakademie in Sarajevo.

Der Komponist **Gabrijel Jakšević** stammt ebenfalls aus Sarajevo. Er schrieb über 45 Stücke für Klavier und Orchester.

Der 1956 geborene Cellist **Vedran Smajlović** wurde weltweit während der Belagerung Sarajevos bekannt. Vor dem Bosnienkrieg spielte Smajlović bei den Sarajevoer Philharmonikern, in der Oper und im Nationaltheater, außerdem im Rundfunk-Symphonieorchester der Hauptstadt. Nach dem sogenannten Brotschlangenmassaker spielte Smajlović zu Ehren der Opfer 22 Tage an verschiedenen Orten in Sarajevo Cello. Zu seiner Popularität trug ein weltweit veröffentlichtes Pressefoto bei, das Smajlović im Frack und mit Cello in den Trümmern des ausgebrannten Alten Rathauses zeigt.

Viele Künstler ließen sich von Smajlovićs musikalischen Widerstand gegen die Belagerung inspirieren. David Wilde komponierte das Cello-Stück ›Der Cellist von Sarajevo‹, der Folk-Sänger John McCutcheon schrieb den Song ›In the streets of Sarajevo‹. Die kanadische Autorin Elizabeth Wellburn verfasste gemeinsam mit Smajlović das Kinderbuch ›Echoes from the Squere‹, Steven Galloway, kanadischer Schriftsteller und Lehrer für Kreatives Schreiben, schrieb den Bestseller ›Der Cellist von Sarajevo‹. Allerdings war Smajlović über das Buch alles andere als erfreut. Er sah sich als Romanfigur missbraucht und verlangte eine Entschuldigung von Galloway. Der Autor erklärte jedoch, er habe sich lediglich von der Person Smajlovićs inspirieren lassen und darüber hinaus einen fiktiven Charakter geschaffen.

Smajlović verließ Sarajevo im zweiten Jahr der Belagerung und arbeitete anschließend weltweit an verschiedenen Musikprojekten mit. Heute lebt Smajlović in Warrenpoint, Nordirland, und ist als Komponist, Cellist und Dirigent tätig.

Pop und Rock

Sarajevo hat den Ruf, die Schule der nationalen Rock- und Pop-Musik zu sein. Bands wie Indexi, Plavi Orkestar, Crvena jabuka und Zabranjeno pušenje gingen in die jugoslawische Musikgeschichte ein.

Die Band **Indexi** wurde 1962 in Sarajevo gegründet und nahm bis 1981 zahlreiche Platten auf. Ihr größter Hit, der Song ›Bacila je sve niz rijeku‹, gehört zu den am meisten gecoverten Liedern in Bosnien. Als 2001 der Sänger der Band Davorin Popović starb, löste sich die Band auf.

Plavi Orkestra stammt ebenfalls aus Sarajevo und gehört mit insgesamt acht Millionen verkaufter Alben zu den erfolgreichsten Bands Jugoslawiens. Die 1985 in Sarajevo gegründete Band **Crvena jabuka** wurde gleich zu Beginn von einem schweren Schicksalsschlag heimgesucht. Auf dem Weg zum ersten Konzert der Gruppe verunglückten zwei Bandmitglieder tödlich bei einem Autounfall. Die übrigen Bandmitglieder brauchten lange, bis sie den Schock überwunden hatten, machten dann aber weiter. Bis heute veröffentlichte Crvena jabuka 17 Alben.

Zabranjeno pušenje (Rauchen verboten) wurde 1980 in Sarajevo gegründet. Die Band vermischte Rock, Pop und Punk mit traditioneller jugoslawischer Musik und zählte sich zu der Bewegung der ›Neuen Primitiven‹. 1986 trat Filmregisseur Emir Kusturica als Bassist der Band bei. Mit Beginn des Bosnienkrieges teilte sich die Gruppe. Die bosnisch-serbischen Bandmitglieder gingen nach Belgrad und haben seitdem unter den Namen ›No Smoking Orchestra‹ Erfolg.

Goran Bregović wurde noch zu Lebzeiten eine Musiklegende auf dem Gebiet des ehemaligen Jugoslawien. Er gründete die Band Bijelo Dugme und schrieb die Musik zu mehreren Filmen von Emir Kusturica. Bregović kam am 22. März 1950 in Sarajevo als Sohn eines Kroaten und einer Serbin zur Welt. Er spielte als Kind Violine, besuchte in Sarajevo die Mittelschule für Musik

Goran Bregović

und sollte nach Wunsch der Eltern an der Musikakademie studieren. Bregović konnte jedoch mit einer klassischen Musikausbildung wenig anfangen. Er studierte einige Semester Philosophie, verschrieb sich dann aber ganz der Rockmusik. 1974 gründete er die Band Bijelo Dugme. In seinen Kompositionen vermischte er Rock und Pop mit traditioneller Musik und machte so Bijelo Dugme zur erfolgreichsten Band Jugoslawiens.

International bekannt wurde Bregović in den 1990er Jahren als Komponist der Musik zu den Emir-Kusturica-Filmen ›Zeit der Zigeuner‹, ›Arizona Dream‹ und ›Underground‹. Große Erfolge feierte Bregović auch mit seinem Wedding and Funeral Orchestra, mit dem er unter anderem in Deutschland und Österreich auf Tournee war. Mit seiner Musik ist Bregović auch in Polen, der Türkei und in Griechenland sehr populär. Für den Eurovision Song Contest 2010 komponierte Bregović das Lied ›Ovo je Balkan‹. Der serbische Sänger Milan Stanković belegte damit im Finale aber lediglich den 13. Rang. Goran Bregović lebt heute in Paris und Belgrad.

Bijelo Dugme ist bis heute die erfolgreichste Band auf dem Gebiet des ehemaligen Jugoslawien. Sie veröffentlichte neun Studio- und vier Live-Alben, zudem erschienen zahlreiche Best-of-Kollektionen. 2005 fand die Gruppe für eine Revival-Tournee erneut zusammen. Zu den Konzerten in Sarajevo, Zagreb und Belgrad pilgerten insgesamt 380 000 Fans.

Angefangen hatte alles 35 Jahre zuvor: 1970 gründete Bregović mit einigen Freunden die Band Jutro, die mit dem Song ›Kad bih bio bijelo dugme‹ einen lokalen Hit landete. Aus dem Songtitel wurde 1974 der neue Bandname Bijelo Dugme abgeleitet. Bald darauf unterschrieb die Gruppe einen Plattenvertrag bei Jugoton. Die erste Single war noch kein Hit, fand aber Beachtung, ebenso wie die erste im Oktober 1974 erschienene LP und die anschließende Tournee durch Jugoslawien. Die zweite LP konnte die Band bereits in London mit dem Produzenten Neil Harrison aufnehmen. Mit 200 000 verkauften Exemplaren war sie die bis dahin meistverkaufte Schallplatte in Jugoslawien. Die anschließende Tournee war ausverkauft und führte die Band erstmals auch nach Mazedonien und in das Kosovo. Die jugoslawischen Medien sprachen in Anlehnung an die Beatles von der ›Dugmenija‹. Anschließend ging die Band in den USA auf Tournee, wo sie überwiegend vor jugoslawischen Emigranten auftrat, und spielte einige neue Songs ein. Das dritte Album ›Eto baš hoću‹ wurde allerdings nicht der erwartete Erfolg. Bei der anschließenden Tournee sorgten technische Probleme und schlechter Sound für Kritik.

Im April 1984, nach dem sechsten Studioalbum und der obligatorischen Tournee, verließ Sänger Željko Bebek die Band. Sein Nachfolger war der 1960 in Sarajevo geborene Mladen ›Tifa‹ Vojičić. Er sang jedoch nur auf der LP ›Bijelo Dugme‹ und bei der anschließenden Tournee, bevor er nach Streitigkeiten mit Bregović ausstieg. Alen Islamović sang auf den letzten beiden Studioalben ›Pljuni i zapjevaj moja Jugoslavijo‹ (1986) und ›Ćiribiribela‹ (1988). Die anschließende Tournee sollte zwei Monate dauern, musste aber nach dem Konzert am 15. März im bosnischen Drventa abgebrochen werden, weil Islamović erkrankt war. Die restlichen Konzerte wurden abgesagt. Es dauerte 17 Jahre, bis die Band wieder zusammen fand, wenn auch nur für drei Konzerte.

Kulturelle Einrichtungen

Sarajevo bietet ein vielfältiges Angebot an kulturellen Einrichtungen. Das Nationalmuseum zeigt in einer archäologischen, einer naturkundlichen und einer ethnologischen Abteilung die Entwicklung des Landes seit der Steinzeit. Das Museum hat sich zudem einen Namen in der Forschung gemacht. In Nachbarschaft zum Nationalmuseum befindet sich das Historische Museum; seine Ausstellungsschwerpunkte sind der Zweite Weltkrieg und die Belagerung Sarajevos. Das Ars-Aevi-Museum wurde während des Krieges gegründet. Künstler aus aller Welt stellten dem Museum Exponate zu Verfügung wie zum Beispiel Renzo Piano, der die Ars-Aevi-Brücke entwarf und stiftete. Die Nationalgalerie ist nicht nur in Fachkreisen weit über die Landesgrenzen hinaus bekannt. Ausstellungsschwerpunkt ist die bosnisch-herzegowinische Kunst des 20. Jahrhunderts. Literatur und Bildende Kunst lassen sich im Literatur-Museum erleben, in dem auch die Galerie Mak ansässig ist. Andere bekannte Galerien sind das Collegium artistikum, die Galerie des Künstlers Mersad Berber und die Galerie der Schule für angewandte Kunst.

In der darstellenden Kunst ist das Volkstheater führend. Schauspiel, Ballett, Oper und die Philharmoniker sind hier beheimatet. Zahlreiche berühmte Gastkünstler standen im Theater auf der Bühne. Im Jugendtheater werden Schau- und Puppenspiele, Pantomime und Tanz gezeigt. Das Kamernitheater wurde bereits 1955 gegründet. Das SARTR ist auch als Kriegstheater bekannt, weil es während der Belagerung gegründet wurde.

Sarajevo ist auch reich an Bibliotheken. Die Gazi-Husrev-Beg-Bibliothek wurde bereits vor über 500 Jahren gegründet. Es gibt außerdem die National- und Universitätsbibliothek, das Orientalische Institut, das Historische Archiv, die Bibliothek der Stadt Sarajevo und die Bibliothek für Blinde und Sehbehinderte.

Eine Ausstellung im Bosniakischen Institut

Annäherung an Sarajevo

Kiosk in der Innenstadt

Medien

Sarajevo ist die Medienhauptstadt des Landes. Die wichtigsten Zeitungsverla-
ge, Fernseh- und Radiosender haben hier ihre Redaktionen und Studios – ausgenommen die serbischen Medien, die überwiegend in Banja Luka sitzen, der
Hauptstadt der Republika Srpska. Die bosnischen Printverlage sind inzwischen
alle in privater Hand. Kommerzielle TV- und Radioprogramme haben meist höhere Einschaltquoten als die öffentlich-rechtlichen. Dem staatlichen Rundfunk
wird nachgesagt, er stünde unter dem Einfluss der Politik, weshalb er kein allzu
großes Vertrauen bei den Zuschauern genießt.

Printmedien

Zu den auflagenstärksten Sarajevoer Tageszeitungen gehören ›Oslobođenje‹ (Befreiung) und ›Dnevni Avaz‹ (Tägliche Stimme). ›Oslobođenje‹ wurde am 30. August 1943 von jugoslawischen Partisanen gegründet und erschien zunächst nur
unregelmäßig, später wöchentlich, seit dem 1. Januar 1947 täglich. In den 1970er
Jahren war ›Oslobođenje‹ die auflagenstärkste Tageszeitung in Bosnien-Herzegowina. Auf den Zeitungsseiten wechselten sich die kyrillische und lateinische
Schrift ab. Zu Beginn des Bosnienkrieges wurde das Verlagsgebäude zerstört,
dennoch produzierten die Redakteure auch während der Belagerung täglich eine
Ausgabe. Dabei gab sich die Zeitung anfangs liberal und antinationalistisch und
wurde mit zahlreichen internationalen Preisen ausgezeichnet. Nach dem Bosnienkrieg verlor das Blatt jedoch an Bedeutung. Seit 2006 gehört die Zeitung dem

Getränkekonzern Sarajevska Pivara und der Tabakfabrik Duhana. Die Auflage liegt gegenwärtig bei rund 20 000 Exemplaren. ›Dnevni Avaz‹ ist die populärste Tageszeitung in der Föderation, wo sie einen Marktanteil von 60 Prozent besitzt, während er in der Republika Srpska bei lediglich 18 Prozent liegt. Die Zeitung wurde 1995 von Fahrudia Radončić, einem Journalisten, gegründet. Heute ist Avaz der größte Zeitschriftenverlag in Bosnien und Herzegowina. Zum Verlagsimperium gehören auch der Avaz Twist Tower, mit 172 Metern, das höchste Gebäude im Land und das Avaz Business Center. Kritiker werfen der Zeitung oft eine pro-bosniakische Einstellung, Populismus und geringe journalistische Qualität vor. Außerdem entstehen in Sarajevo die kroatisch orientierte Tageszeitung ›Hrvatska Riječ‹ und das pro-muslimische Blatt ›Ljiljan‹ sowie ›Jutarnji list‹.

Zu den wichtigsten Wochenzeitschriften mit Redaktionssitz in Sarajevo gehören ›BH Dani‹ und ›Slobodna Bosna‹. Das unabhängige Nachrichtenmagazin ›BH Dani‹ (Bosnisch-Herzegowinische Tage) wurde am 3. September 1992 gegründet, wenige Monate nach Ausbruch des Krieges in Bosnien, und erscheint heute in einer Auflage von 25 000 Exemplaren. Das Magazin gilt als muslimkritisch und ist bekannt dafür, Korruption – besonders in der Föderation, aber auch landesweit – aufzudecken und die Vetternwirtschaft innerhalb der islamischen Gemeinschaft anzuprangern.

›Slobodna Bosna‹ (Freies Bosnien) gilt als investigatives Nachrichtenmagazin. Das unabhängige Wochenblatt schreckt nicht davor zurück, mächtige und einflussreiche Politiker kritisch unter die Lupe zu nehmen und Korruption offentlich zu machen. Das wird nicht immer hingenommen: Chefredakteur Senad Avdić wurde 1999 zu einer zweimonatigen Gefängnisstrafe verurteilt. Er soll sich der Verleumdung schuldig gemacht haben.

Fernseh- und Radiosender

Der öffentlich-rechtliche Fernsehsender BHT (www.bhrt.ba) ist aus RTV Sarajevo, eins von acht Sendezentren des ehemaligen Jugoslawien, hervorgegangen. Als einziger Sender Bosniens ist BHT Mitglied in der European Broadcasting Union. Die privaten Sender sind auch in Bosnien auf dem Vormarsch und nehmen dem öffentlich-rechtlichen Fernsehen zunehmend Marktanteile und Werbekunden ab. Die höchsten Einschaltquoten bei den Privaten haben die Sender OBN (www.obn.ba), PINK BH (www.pink.co.ba) und NTV Hayat (www.hayat.ba). OBN ist landesweit zu empfangen und strahlt Spielfilme und ein Bildungsprogramm aus. Pink BH sendet seit 2003 in Bosnien, zuvor bereits in Serbien. Der Sender betreibt Redaktionen in Sarajevo und Banja Luka. NTV Hayat sendet ebenfalls landesweit und ist über Satellit sogar weltweit zu empfangen. Der 1991 gegründete Sender bietet überwiegend ein Unterhaltsprogramm und gilt als sehr finanzstark.

Der meistgehörte Radiosender ist das öffentlich-rechtliche BH Radio1 (www.pbsbih.ba) mit einem Marktanteil von 90 Prozent. Der Sender ist bekannt dafür, sich um Qualitätsjournalismus zu bemühen. Beliebtester Privatsender ist Radio Stari Grad (www.rsg.ba), der aus Sarajevo landesweit sendet und einen Marktanteil von acht Prozent erreicht.

Der TV-Sender Al Dschasira Balkan

Am 11. November 2011 um 18 Uhr ging Al Dschasira Balkan auf Sendung. Der Ableger des arabischen Senders Al Jazeera tritt als regionaler Nachrichtenkanal für den Westbalkan an und will höchsten journalistischen Ansprüchen genügen. Das Sendezentrum befindet sich in Sarajevo. Zudem unterhält Al Dschasira Balkan Studios in Belgrad, Zagreb und Skopje sowie Korrespondenten in zahlreichen Städten des ehemaligen Jugoslawien, etwa in Mostar und Podgorica.

Der Kanal sendete anfangs sechs Stunden Nachrichten, Reportagen und Features in einer Sprache, die von den Mitarbeitern augenzwinkernd Al-Dschasira-Sprache und auch BHS-Sprache genannt wird: Bosnisch, Kroatisch und Serbisch. Die übrige Sendezeit wurde mit Beiträgen in englischer Sprache gefüllt. Der Kanal erreicht über Satellit und Kabel ein Einzugsgebiet von 20 Millionen Menschen.

Al Jazeera hatte im Frühjahr 2010 den bosnischen TV-Sender NTV-Studio 99 für 1,2 Millionen Euro erworben und anschließend 15 Millionen Euro in ein Sendezentrum investiert sowie 150 Techniker und Journalisten rekrutiert. Die meisten Journalisten waren zuvor bei TV Sendern in der Region beschäftigt, etwa B 92 (Serbien), TV Nova (Kroatien) und BHT (Bosnien). Mehrere Monate wurden die Mitarbeiter in journalistischer Ethik und objektiver Berichterstattung geschult. Erster Programmdirektor wurde der erfahrene Journalist Goran Milić. Der Kroate war vor dem Krieg Chef des jugoslawischen Senders Yutel und arbeitete zuletzt für das staatliche kroatische Fernsehen.

Für seinen Geldgeber, den Emir von Katar, dient Al Dschasira Balkan wohl als Sprungbrett nach Westeuropa. Befürchtungen, der arabische Sender könnte islamische Propaganda verbreiten, haben sich nicht bestätigt. Die Verantwortlichen betonen, mit ihrem Sender alle Menschen im ehemaligen Jugoslawien, unabhängig von Volkszugehörigkeit und Religion, ansprechen zu wollen.

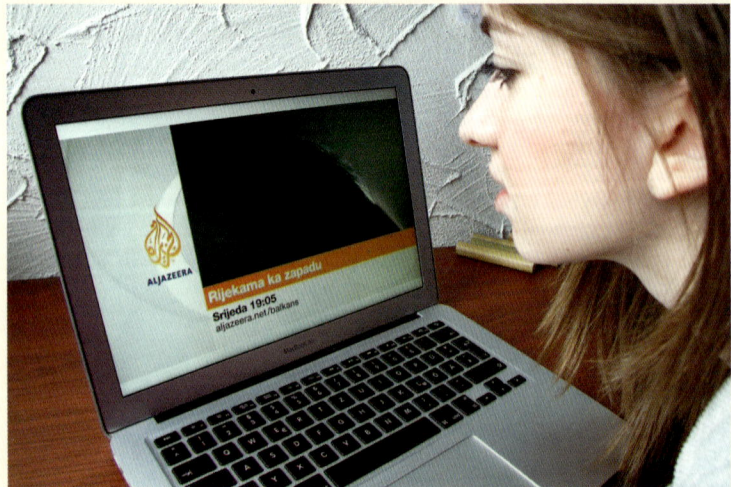

Die Startseite des Senders Al Dschasira Balkan

Sport

Den Sarajli – so nennt man die Einwohner Sarajevos – wird nachgesagt, dass sich ihre Sportbegeisterung in Grenzen hält. Das Zuschauerinteresse, selbst bei internationalen Wettkämpfen, ist relativ gering. Sogar die bosnische Fußballnationalmannschaft weicht oft ins kleinere Stadion nach Zenica aus, um nicht im 60 000 Zuschauer fassenden Koševo-Stadion vor spärlich besetzten Rängen spielen zu müssen. Der Sport entfacht in Sarajevo nicht die grenzenlose Begeisterung wie in vielen anderen Städten, spielt aber dennoch eine wichtige Rolle, und das nicht erst, seitdem 1984 hier die Olympischen Winterspiele ausgetragen wurden. Nach dem Bosnienkrieg bewarb sich Sarajevo erneut als Austragungsort, wurde diesmal jedoch nicht berücksichtigt. Während des Bosnienkrieges wurden alle Sportstätten in Sarajevo stark beschädigt, viele völlig zerstört. Inzwischen wurden Hallen und Stadien wieder rekonstruiert. Zu den bekanntesten Sportstätten gehört das Koševo-Stadion, in dem die 14. Olympischen Winterspiele eröffnet wurden.

Wie fast überall in Europa ist Fußball auch in Sarajevo die beliebteste Sportart, gefolgt von Basketball und Handball. Andere Sportarten werden meist auf Breitensportebene ausgeübt; dazu gehören Volleyball, Tennis, Judo, Schwimmen, Wasserball, Skisport, Leichtathletik und Sportklettern. Sehr beliebt ist zudem Schach. Der ›Chess Club Bosna‹ trägt jedes Jahr internationale Meisterschaften aus und hat einige sehr gute Spieler hervorgebracht.

Die wichtigsten Sportstätten

Im Grbavica-Stadion im gleichnamigen Stadtteil trägt der Fußballverein FK Željezničar seine Heimspiele aus, darunter waren auch UEFA-Pokal-Begegnungen. Das Stadion war während der Belagerung vermint und wurde mehrfach von Granaten getroffen. Die Schäden sind aber mittlerweile beseitigt.

In der Zetra-Olympia-Halle fanden die olympischen Eislaufwettbewerbe statt. Gleich zu Beginn der Belagerung ging die Halle nach Beschuss in Flammen auf. Heute finden in dem wiederaufgebauten Sportkomplex Basket- und Volleyballspiele sowie natürlich Eislaufwettbewerbe statt. Die Olympia-Schwimmhalle mit ihren modernen Wettkampfbecken wurde nach dem Krieg errichtet. Dort trainieren Sarajevos Schwimmer und Wasserballer.

Fußball

Fußball wird seit Beginn der österreichisch-ungarischen Herrschaft in Sarajevo gespielt. Zunächst begeisterten sich die Kinder für diesen Sport, als Bolzplatz musste der Schulhof des Gymnasiums herhalten. Einer der ersten Fußballvereine in Sarajevo war der Club Osman. Zunächst spielten jedoch nur die privilegierten Kinder der Oberschicht Fußball, erst später entdeckten die Arbeiterkinder den Sport für sich. 1921 gründeten Eisenbahner den Verein FK Željezničar, der bis heute einer der beliebtesten und traditionsreichsten Clubs in Bosnien ist. Zu seinen größten Erfolgen gehören der Gewinn der jugoslawischen Meisterschaft 1972, der Sieg im jugoslawischen Pokalwettbewerb 1979 und das Erreichen des UEFA-Pokal-Halbfinales 1985.

Der FK Sarajevo wurde nach dem Zweiten Weltkrieg als ›Torpedo Sarajevo‹ gegründet, aber 1949 in FK (Futbalski Klub) umbenannt. Gilt der FK Željezničar als der Club der Arbeiter, so hat der FK Sarajevo das Image der Verein der Wohlhabenden zu sein. Der Club wurde zweimal jugoslawischer Meister und gewann nach dem Krieg mehrfach die bosnisch-herzegowinische Meisterschaft. Das Lokalderby zwischen den Fußballerstligisten FK Sarajevo und FK Željezničar ist noch heute Tage vor dem Anpfiff das bestimmende Gesprächsthema.

Der FK Olimpik Sarajevo wurde 1993, also während des Bosnienkrieges, gegründet. In der ersten Nachkriegssaison spielte der Club in der Premijer Liga Bosniens, stieg aber sofort ab. Anschließend entwickelte sich das Team zur Fahrstuhlmannschaft, dem Aufstieg folgte meist der Abstieg. Die Heimspielstätte ›Otoka‹ erfüllt nach einer 2,5 Millionen Euro teuren Modernisierung die UEFA-Standards. Der Vereinsname erinnert an die Olympischen Winterspiele in Sarajevo. Das Team wird von den Fans deshalb auch Vukovi (Wölfe) genannt – nach dem Olympia-Maskottchen Vučko (Wölfchen).

Der FK Slavija Sarajevo ist im Stadtteil Lukavica beheimatet. Der Verein wurde 1908 gegründet, aber nach dem Zweiten Weltkrieg aufgrund seiner serbisch-nationalen Ausrichtung verboten. 1993 wurde der Verein von Arbeitern aus dem serbischen Teil Sarajevos erneut ins Leben gerufen. Das Team spielte zunächst in der Ersten Liga der Republika Srpska, heute in der Premijer Liga Bosniens.

Basketball

Nach Fußball ist Basketball die beliebteste Sportart. Aushängeschild ist der 1951 gegründete Basketballclub KK Bosna. Der Verein spielte zunächst mit einem Team, das überwiegend aus Studenten bestand, in der Stadt-Liga und gewann sogar 1955 den Sarajevo-Cup. Nach einigen Jahren in der Liga der Republik Bosnien-Herzegowina folgte der Aufstieg in die erste jugoslawische Liga. Der Verein konnte mehrere nationale Titel und Pokalerfolge erringen. Heute spielt der Club in der nationalen Liga und mit Teams aus dem ehemaligen Jugoslawien in der Adriatic Basketball Association.

Handball

RK Bosna und RK Željezničar sind die beiden bekanntesten Handballvereine Sarajevos. Beide Clubs wurden nach dem Zweiten Weltkrieg gegründet und gewannen jeweils einmal die jugoslawische Meisterschaft. RK Željezničar stand 1978 im Finale des EHF-Europapokals der Landesmeister, unterlag aber gegen den VFL Gummersbach. Nach dem Bosnienkrieg wurde RK Bosna eines der erfolgreichsten Teams der Bosnien-Herzegowina-Liga, während RK Željezničar noch nicht an alte Erfolge anknüpfen konnte.

Küche

So wie das Stadtbild Sarajevos ist auch die Küche von den verschiedenen Mächten beeinflusst, die über die Jahrhunderte in der Stadt herrschten. Deren Spezialitäten wurden jedoch nicht unverändert übernommen, sondern dem lokalen Geschmack angepasst und mit anderen Küchen vermischt. Daraus entwickelte sich das, was heute als bosnisch-orientalische Küche bekannt ist. Bereits im Mittelalter brachten Kaufleute aus Dalmatien und Venedig typische Gerichte der adriatischen Küche mit nach Sarajevo. Größeren Einfluss hatte jedoch die orientalische Küche, die sich während der über 400 Jahre währenden osmanischen Herrschaft in Bosnien etablierte. Hinzu kamen die Einflüsse der österreichisch-ungarischen, der serbischen und der kroatischen Küche.

Eine typische Fleischplatte für zwei Personen

Wer nach Sarajevo kommt, kann selbstverständlich auch in edlen Restaurants speisen. Die meisten Besucher suchen jedoch nicht den Luxus, sondern zieht es, angelockt von süßen und deftigen Gerüchen, in die Baščaršija. Aber Vorsicht: Wer es gewohnt ist, Kalorien zu zählen und auf Fleisch verzichtet, kann zwar auch in Sarajevo satt werden, gehört aber zu einer Minderheit und würde einen Gutteil, von dem, was die Baščaršija ausmacht, verpassen: die zahlreichen Konditoreien, Burek- und Pita-Läden sowie Čevabdžinicas, wo die sicherlich bekannteste Speise Sarajevos, die Ćevapi, auf dem Grill brutzeln. Die kleinen Fleischröllchen werden in Portionen von fünf und zehn Ćevapi im Fladenbrot, dem ›Somun‹, mit Zwiebeln serviert. Wer es stilecht mag, bestellt Jogurt dazu.

Burek, die Hackfleischpita, gibt es oft in Bäckereien. Besser schmecken sie jedoch in der Burekdžinica, wo sie oft ›ispod sača‹, im Sač unter glühenden Kohlen, gebacken werden. Pita gibt es mit verschiedenen Füllungen. Die gängigsten sind Spinat, Kartoffeln und Käse. Andere typische bosnische Gerichte sind ›Sarma‹, Hackfleisch in Sauerkraut- oder Weinblättern gewickelt, und ›Bosanski lonac‹, ein Eintopf aus Lamm- und Rindfleisch und zahlreichen Gemüsesorten.

Für den anschließenden Kaffee und etwas Süßes bietet sich der Besuch der Slatko ćoše, der Süßen Ecke, in der Baščaršija an. Die bosnischen Süßspeisen wurden überwiegend von den Osmanen ins Land gebracht und sind vor allem

Bosnischer Kaffee

eins: sehr süß. Zudem wird das Gebäck oft noch mit Sirup übergossen – etwa Baklava, das aus mehreren Schichten Blätterteig und einer Walnussfüllung besteht. Ebenfalls türkischen Ursprungs ist Tufahija, gekochter Apfel mit Nussfüllung, garniert mit etwas Sahne und einer Kirsche. Kadafeif hat ebenfalls eine Nussfüllung, die allerdings von dünn geraspelten Teigfäden ummantelt wird. Sehr beliebt sind auch Tulumbe, süßes, in Sirup schwimmendes Gebäck, dass zuvor in der Pfanne mit reichlich Öl gebacken wurde.

Rezepte

Bosnischer Eintopf
Zutaten: 300 g Hackfleisch, 500 g Sauerkraut, 1/2 Tasse Reis, 1 Tasse Wasser, 1 TL Öl, 2 Knoblauchzehen, 1 große Zwiebel, außerdem Salz, Pfeffer, Majoran und ein Lorbeerblatt.
Zubereitung: Hackfleisch, kleingehackte Zwiebel und Knoblauchzehen in Öl anrösten, Sauerkraut und Lorbeerblatt unterrühren und fast gar dünsten. Nach Geschmack salzen und pfeffern. Reis und Wasser dazugeben und dünsten, bis auch der Reis gar ist. Abschließend mit Majoran verfeinern.

Ćevapčići
Zutaten: 250 g Rinderhackfleisch, 250 g Lammhackfleisch, 3 Knoblauchzehen, 1 Gemüsezwiebel, 1 TL Olivenöl, Salz, Pfeffer und ein Fladenbrot.
Zubereitung: Die kleingehackten Knoblauchzehen, das Olivenöl, Salz und Pfeffer dem Hackfleisch untermengen. Eine Stunde abgedeckt im Kühlschrank stehen lassen, anschließend etwa fünf Zentimeter lange und daumendicke Röllchen formen und in der Pfanne, besser noch auf dem Grill braten, dabei mehrfach wenden. Das Fladenbrot vierteln, die Ćevapčići hineingeben und zusammen mit den klein gehackten Gemüsezwiebeln servieren.

Bosnische Pita
Zutaten: 500 g Mehl, 1 EL Öl, 1 gestrichener TL Salz und 300 ml Wasser. Für die Füllung: 500 g Rindergehacktes, 3 Zwiebeln, 1 EL Öl, 2 große geraspelte Kartoffeln, 1/2 Tasse Wasser, Salz und Pfeffer.
Zubereitung: Mehl, Öl, Salz und Wasser mit den Händen zu einem Teig verkneten. Einen Teigballen formen, abdecken und 45 Minuten ruhen lassen. Alle Zutaten für die Füllung miteinander vermischen. Darauf achten, dass die Masse nicht zu weich, aber auch nicht zu hart ist. Den Teigballen dreiteilen, die Stücke jeweils mit einem Nudelholz fast durchsichtig ausrollen. Den Teig mit Öl besprenkeln. Am unteren Teigende einen etwa zwei Zentimeter breiten Füllungsstrang auftragen, einklappen und luftig aufrollen. Den gefüllten Strang mit dem Messer abtrennen und in zwei bis drei gleichgroße Stücke schneiden, zu Schnecken aufrollen und auf ein geöltes Backblech legen. Im Ofen bei 220 Grad backen. Die Pita kann nach Belieben auch mit Kartoffelwürfeln, Spinat oder Käse gefüllt werden.

Bosnische Sarma
Zutaten: 500 g Hackfleisch, 1 Brötchen, 1 Ei, 50 g Reis, 1 Glas Sauerkraut, 1 Päckchen Tomatenpüree, 2 Zwiebeln, 1 Knoblauchzehe, 1 Becher Schmand sowie Salz, Pfeffer und etwas Wasser.
Zubereitung: Hackfleisch, das eingeweichte Brötchen, Ei, Reis, eine kleingehackte Zwiebel, Knoblauch, Salz, Pfeffer und Paprika miteinander vermengen. Die Sauer-krautblätter mit gut einem Esslöffel Hackfleischmasse füllen, aufrollen und mit einem Faden verknoten. Anschließend die zweite kleingehackte Zwiebel in etwas Öl glasig schwitzen und mit Tomatenpüree und Wasser ablöschen. Darin

die Krautwickel bei mittlerer Temperatur etwa eine Stunde kochen. Vor dem Servieren die Sarma mit etwas Schmand verfeinern.

Baklava

Zutaten: 25 Yufkablätter, 600 g Walnüsse, 500 g Butter, 1 kg Weizenmehl, 3 Eier. Für den Sirup: 2 kg Zucker, 1250 ml Wasser, 2 Zitronen.

Zubereitung: Walnüsse kleinhacken und mahlen. Mehl, Butter und Eier zu einem Teig verrühren. Backblech einfetten und mit Yufkablättern auslegen. Die Blätter mit zerlassener Butter bestreichen, anschließend im Wechsel jeweils eine dünne Teigschicht, Yufkablätter, Walnussmasse, Yufkablätter, Teig, Walnussmasse und Yufkablätter auftragen. Dann die Baklava nach Belieben in Streifen oder Rauten schneiden und im vorgeheizten Backofen bei 180 Grad 30 Minuten goldbraun backen. Für den Sirup den Zucker ins Wasser geben und einige Minuten kochen. Anschließend mit Zitrone abschmecken. Die gebackene Baklava mit Zitronenscheiben bedecken und den Sirup darübergießen. Mehrere Stunden auskühlen und durchziehen lassen.

Bosanske hurmašice

Zutaten: 250 g Butter, 250 g Mehl, 100 ml Schmand, 1 Eigelb, 1 TL Backpulver. Für den Sirup: 375 g Zucker, 200 ml Wasser, 3 Päckchen Vanillezucker, 1 EL Zitrone.

Zubereitung. Zunächst die Butter schaumig rühren, dann Mehl, Schmand, Eigelb und Backpulver zugeben und zu einem glatten Teig verrühren. Mit dem Spritzbeutel etwa fünf Zentimeter lange, daumendicke Stücke auf das eingefettete Backblech verteilen. Ofen auf 230 Grad vorheizen. Die Hurmašice 17 bis 20 Minuten goldgelb backen, anschließend abkühlen lassen und in der Zwischenzeit den Sirup herstellen: Wasser, Zucker, Vanillezucker und Zitrone aufkochen. Über die noch warmen Hurmašice geben und abkühlen lassen.

Tulumbe

Zutaten: 400 g Mehl, 1 Päckchen Backpulver, 1 Tasse Öl, 500 ml Wasser, 5 Eier. Für den Sirup: 1,5 l Wasser, 750 g Zucker, 1 Päckchen Vanillezucker, 1 Zitrone, 1 Liter Öl.

Zubereitung: Die Tasse Öl mit dem halben Liter Wasser mischen und aufkochen. Das Mehl sieben und mit dem Backpulver vermengen, anschließend in das Öl-Wasser-Gemisch unterrühren, bis eine weiche Masse entstanden ist, die vollkommen auskühlen muss. Die fünf Eier dazugeben und mit der Hand oder einem Rührgerät einen glatten Teig kneten. Mit einer Gebäckspritze und einer Sternform mit zwei Zentimeter Durchmesser etwa acht Zentimeter lange Tulumbe formen. Einen Liter Öl in einer Pfanne oder Friteuse erhitzen und die Teiglinge hineingeben. Nach wenigen Minuten wenden und herausnehmen, wenn sie goldbraun gebacken sind. Für den Sirup die 750 g Zucker zusammen mit dem Vanillezucker und den 1,5 l Wasser aufkochen. Die Zitrone in Scheiben schneiden, in den Sirup geben und durchziehen lassen. Den Sirup über die Tulumbe gießen und etwa 50 Minuten durchziehen lassen. *Alle Rezepte sind für vier Personen.*

Wo ich auch hingehe
von dir träume ich
all meine Wege führen mich zu dir
voller Sehnsucht warte ich auf deine Lichter
Sarajevo, meine Liebe

Kemal Monteno, ›Sarajevo, meine Liebe‹

Brusa Bezistan in der Altstadt

STADTSPAZIERGÄNGE

Orientierung

Sarajevo gehört mit seinen gut 300 000 Einwohnern und seiner Fläche von rund 141,5 Quadratkilometern zu den kleineren Hauptstädten Europas. Für Besucher hat das Vorteile: Die meisten Sehenswürdigkeiten können bequem zu Fuß erreicht werden, und die Orientierung ist einfach. Sarajevo erstreckt sich von Ost nach West und gliedert sich in vier Gemeinden: Stari Grad (Altstadt), Centar, Novo Sarajevo (Neu-Sarajevo) und Novi Grad (Neustadt). Reich an Sehenswürdigkeiten sind insbesondere Stari Grad mit der Baščaršija und Centar. Das Herz Sarajevos ist die Altstadt. Sie ist kleinflächig und mühelos zu Fuß zu entdecken. Auch die Sehenswürdigkeiten außerhalb der Baščaršija sind meist nicht weiter als drei Kilometer entfernt, etwa das Franziskanerkloster in Bistrik, das Nationalmuseum bei Marijin dvor oder die Bastion Žuta tabija im Stadtteil Kovači. Wer dennoch lieber fahren möchte, erreicht viele Sehenswürdigkeiten mit der Straßenbahn. Auch hier ist die Orientierung leicht: Das Straßenbahnnetz erstreckt sich ebenfalls von Ost nach West, von der Baščaršija bis nach Ilidža. Die Linie 3 fährt die gesamte Strecke, andere Linien jeweils nur Teilstücke (s. hintere Umschlagklappe).

Der schöne Pavillon im Park At Mejdan

Parks

Sarajevo ist von zahlreichen kleineren und größeren Parks, Grünflächen und Spazierwegen durchzogen. Die Sarajevoer treffen sich dort gern zu einem Plausch, spielen Schach und beobachten das Treiben. Besonders beliebt sind der sogenannte **Große Park** und **Kleine Park**, die sich nahe dem BBI-Shopping-Center und dem Präsidentenpalast erstrecken. Asphaltierte Spazierwege führen an alten muslimischen Gräbern vorbei, zahlreiche Bäume spenden Schatten. Unterhalb des Großen Parks befindet sich die Skulptur des Bild-

hauers Mensud Kečo für die während der Belagerung getöteten Kinder Sarajevos (→ S. 101).

Der Park **At Mejdan** liegt nahe der Altstadt am linken Miljacka-Ufer. Früher befand sich an gleicher Stelle ein Sklavenmarkt, später eine Pferderennbahn. Während der österreichisch-ungarischen Herrschaft bekam der Park gleich vier Musikpavillons, die jedoch im Zweiten Weltkrieg zerstört wurden. 2004 wurde immerhin ein Pavillon wiederaufgebaut. Für Kinder mag der Spielplatz mit seiner kleinen Eisenbahn besonders interessant sein (→ S. 112).

Betanija ist der größte Park Sarajevos. Er befindet sich nordwestlich des Stadtzentrums, oberhalb des Koševo-Stadions und ist bei Sportlern, Spaziergängern und Ausflüglern gleichermaßen beliebt (→ S. 129).

Vilsonovo Šetalište (Wilson-Spazierweg) ist ein rund vier Kilometer langer Spazierweg entlang der Miljacka. Er führt unter anderem an der Ars-Aevi-Brücke und am Historischen Museum vorbei. Der asphaltierte Weg ist bei Spaziergängern ebenso beliebt wie bei Joggern, Radfahrern und Inlineskatern (→ S. 139).

Der Park **Vrelo Bosne** gehört zu den beliebtesten Ausflugszielen der Sarajevoer. Um die Bosnaquelle wurden Spazierwege und Teiche angelegt. Es gibt Restaurants und Spielplätze (→ S. 189).

Baščaršija und Umgebung

Die Baščaršija hat sich ihr Aussehen aus osmanischer Zeit weitgehend bewahren können; in direkter Nachbarschaft erstreckt sich das Sarajevo aus der österreichisch-ungarischen Zeit.

Baščaršija

Die Baščaršija ist das älteste Viertel Sarajevos und Anziehungspunkt für Besucher aus aller Welt; fast alle Sarajevo-Besucher zieht es zunächst hierher. Die Baščaršija entstand Mitte des 15. Jahrhunderts als Handelsplatz für Handwerker aus den umliegenden Dörfern. Den Grundstein für das Viertel legte Isa Beg Isaković, als er einen Marktplatz, eine Gaststätte und ein Geschäft errichten ließ. Isaković gilt unter anderem deshalb als Gründer von Sarajevo. Die meisten Sarajevoer lebten damals am linken Ufer der Miljacka, nahe der Kaisermoschee. Deshalb ließ Isa Beg Isaković eine Brücke über den Fluss bauen. So konnten die Menschen zum Handelsplatz gelangen und ihre Geschäfte tätigen. Der Begriff Baščaršija hat seinen Ursprung im türkischen Wort ›baš‹ für Haupt und ›čaršija‹ für Handels-platz oder Stadtviertel.

Die Baščaršija entwickelte sich rasch und wurde während der osmanischen Herrschaft zu einem der wichtigsten Handelszentren in der Region mit drei Bezistanen (überdachte Märkte), von denen zwei bis heute erhalten sind, sowie 12 000 Handwerksbetrieben und Läden. Ihre erste Blütezeit erlebte die Baščaršija Ende des 16. Jahrhunderts. Bis dahin hatten sich 80 verschiedene Handwerke angesiedelt, die größtenteils in Zünften organisiert waren. Jedes Handwerk hatte seine Straße oder Gasse. So gab es beispielsweise die Gasse der Sattler, die der Kunstschmiede, die der Kesselmacher oder auch die der Goldschmiede. Im 17. Jahrhundert hatten die Handwerker aus der Baščaršija enge

In der Gasse der Goldschmiede

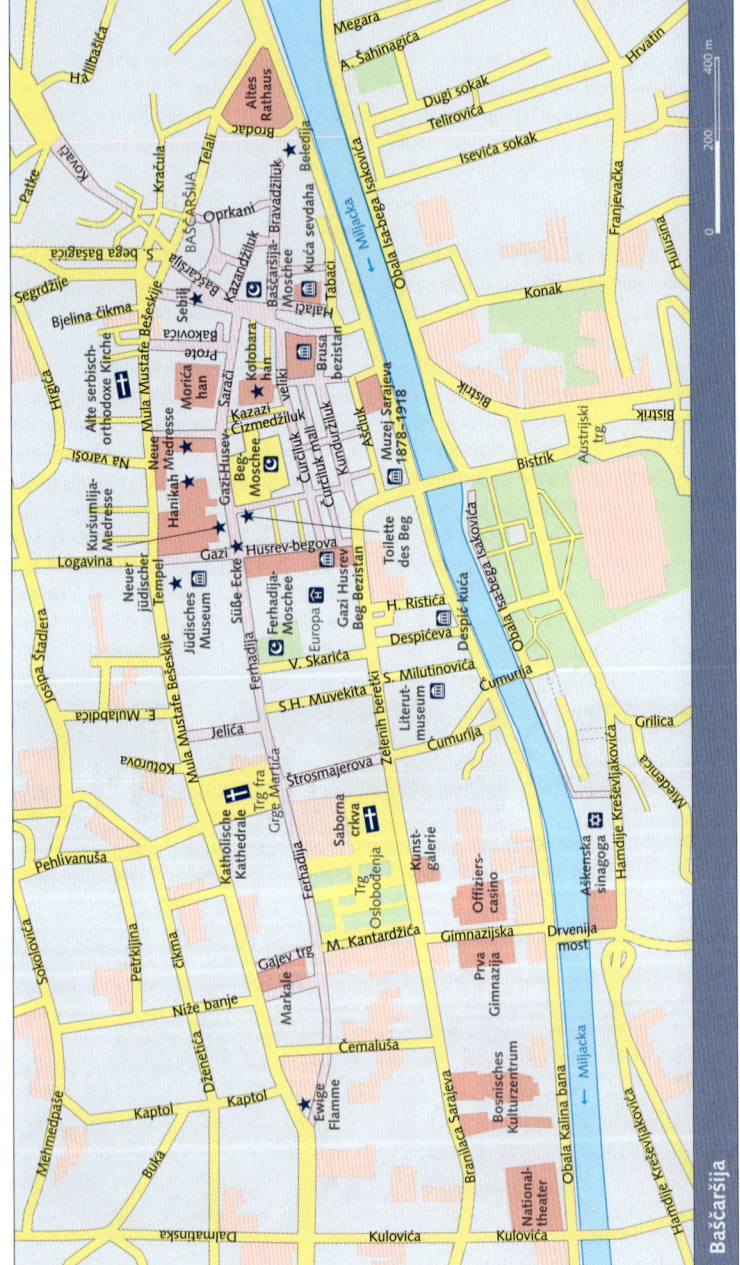

Geschäftsverbindungen zu Kaufleuten in Dubrovnik, Istanbul, Venedig, Split, Ancona und Triest. Exportiert wurden überwiegend Leder Wachs, Messer, Säbel und Kochgeschirr. Importiert wurden vor allem Olivenöl, Tabak, Kaffee, Reis, Baumwolle, Glas und Textilien.

Der florierende Handelsplatz zog immer mehr Menschen nach Sarajevo. Deshalb wurden öffentliche Einrichtungen wie Moscheen, Karawansereien (Han) und Bäder (Hamam) errichtet. An den Hängen um die Bašćaršija entstanden neue Siedlungen, die sich rasch zu Stadtvierteln entwickelten.

Das Alte Rathaus wird derzeit restauriert

Die Bašćaršija musste aber auch mehrere Schicksalsschläge hinnehmen. So wurde sie Opfer eines Erdbebens und ging insgesamt dreimal in Flammen auf, etwa als Eugen von Savoyen Sarajevo niederbrennen ließ. Das Feuer ließ nur den Teil der Altstadt unbeschadet, der heute noch erhalten ist. Zuvor hatte die Bašćaršija eine mehr als doppelt so große Fläche umfasst.

■ **Altes Rathaus**

Ein guter Ausgangspunkt für die Besichtigung der Bašćaršija ist das Alte Rathaus (Gradska Vijećnica). Es liegt zwar etwas außerhalb des alten Viertels, gehört aber sicherlich zu den prächtigsten und bekanntesten Bauwerken Sarajevos. Die Habsburger ließen das Gebäude drei Jahre nach ihrer Machtübernahme errichten, hofften damit die Sympathien der Bevölkerung zu gewinnen, erreichten aber zunächst das Gegenteil. Denn um Platz für das Rathaus zu schaffen, ließen sie die sogenannte kleine Čaršija abreißen – und sorgten damit für Entrüstung. Der Architekt Karl Paržik wurde beauftragt, die Pläne für das Bauwerk zu erstellen. Sein Entwurf fand jedoch nur bedingt Zustimmung, und der damalige österreichisch-ungarische Finanz-minister

in Sarajevo, Benjamin von Kállaj, verlangte von Paržik Änderungen. Der Architekt weigerte sich jedoch und wurde daraufhin durch Alexander Wittek ersetzt. Der Österreicher reiste eigens zweimal nach Kairo, um die islamische Architektur vor Ort zu studieren. Anschließend ließ er ein Rathaus im pseudomaurischen Stil erbauen, übersah aber, dass es architektonisch nicht ins Umfeld passte.

Die Bauarbeiten begannen im Winter 1892 und dauerten zwei Jahre. Die Kosten beliefen sich auf über eine Million österreichische Kronen. Nach der Fertigstellung, im November 1894, bezog auf Veranlassung des damaligen österreichisch-ungarischen Landesgouverneurs Johann Appel sogleich die Stadtverwaltung das Gebäude.

Im Juni 1914 brach der österreichische Thronfolger Franz Ferdinand vom Rathaus zu einer Fahrt durch Sarajevo auf. Das letzte Foto des lebenden Erzherzogs zeigt, wie Franz Ferdinand gemeinsam mit seiner Frau das Rathaus verlässt. Kurz darauf wurde das Thronfolgerpaar vom serbischen Studenten Gavrilo Princip mit Pistolenschüssen tödlich verletzt. Das Attentat löste den Ersten Weltkrieg aus. Nach dem Zweiten Weltkrieg beherbergte das Rathaus die National- und Universitätsbibliothek, bis es in der Nacht vom 25. auf den 26. August 1992 nach serbischem Granatbeschuss in Flammen aufging. Dabei verbrannte nahezu der gesamte Bibliotheksbestand, darunter jahrhundertealte Dokumente, Schriften und Bücher.

Nach dem Ende des Bosnienkriegs dauerte es über ein Jahrzehnt, bis die Restaurierung begann. Ermöglicht wurde sie mit Finanzhilfe aus über einem Dutzend Ländern. Größter Geldgeber war Österreich, aber auch die Länder des ehemaligen Jugoslawien unterstützten die Rekonstruktion.

■ Beledija

Unmittelbar neben dem Rathaus befindet sich die Beledija, ein ehemaliges Gefängnis. Der rechteckige Bau mit seinen massiven Wänden und kleinen Fenstern wurde 1895 nach Plänen des Architekten Karl Paržik erbaut. Heute ist die Beledija ein Geschäfts- und Wohnhaus.

■ Bravadžiluk

Westlich der Beledija führt die Bravadžiluk-Gasse in die Baščaršija. Die Straße hieß zu Beginn der osmanischen Herrschaft Handan čaršija, nach den

Schmieden, die dort ihrem Handwerk nachgingen. Im 16. Jahrhundert ließen sich jedoch immer mehr Schlosser (braver) in der Straße nieder, die seitdem Bravadžiluk genannt wird. Nach dem Bosnienkrieg wurde die Gasse von Grund auf saniert. Die Arbeiten dauerten genau 75 Tage, dabei wurde die komplette Infrastruktur erneuert. Die Schlosser hatten schon Jahre zuvor ihre Handwerksbetriebe aufgegeben oder waren in andere Viertel gezogen. Die meisten Läden standen leer, bis dort die ersten Restaurants eröffneten. Seitdem hat sich Bravadžiluk von einer Handwerks- in eine Gourmetgasse gewandelt. Heute reiht sich dort ein Restaurant an das nächste. Angeboten werden Burek, Ćevapčići und andere traditionelle bosnische Spezialitäten.

■ Kuća sevdaha

Am westlichen Ende der Bravadžiluk lohnt ein Abstecher in die Halači-Straße. Dort befindet sich die Kuća sevdaha, ein einzigartiges **Museum**, das sich dem traditionellen bosnischen Liebeslied widmet, der Sevdalinka. Diese Art des lyrischen Liedes wurde überwiegend in von Muslimen bewohnten Regionen Bosniens entwickelt und ist bekannt für seine leidenschaftlichen Texte und gefühlvollen Melodien. Typische Instrumente sind Saz, Akkordeon, Geige, Gitarre und Tambourin. Die Sevdalinka kam mit den Osmanen nach Bosnien und ist von der Musik der Sinti und Roma beeinflusst. Charakteristisch sind lange gedehnte Töne und die sogenannte Zigeunertonleiter. Sie geben dem Lied einen melancholischen Charakter. Das Museum zeigt unter anderem typische Musikinstrumente, Schallplatten und Notenblätter. Außerdem werden einige der bekanntesten Interpreten wie Safet Isović, Ismet Alajbegović und Nada Mamula vorgestellt. Nach dem Besuch der

Karte S. 76

▲ *Am Eingang zur Bravadžiluk*

Mode aus der k.u.k. Zeit im Museum Brusa bezistan

Ausstellung lockt das Museumscafé mit seinem großen Wintergarten.

Das Museum ist im ehemaligen Dubrovniker Magazin (Daire) untergebracht, das der Kaufmann Hadži Ibrahim 1776 aus massivem Stein errichten ließ. Bis dahin waren die Lager meist aus Holz und gingen bei den in der Baščaršija häufig ausbrechenden Bränden – nicht selten mitsamt der wertvollen Waren – in Flammen auf. Das Dubrovniker Magazin war eines von neun Lagern, die Ibrahim betrieb. Seinen Namen hatte es von den Dubrovniker Steinmetzen, die es erbauten. Das Wort ›Daire‹ stammt aus dem Türkischen und bedeutet Kreis. Die Magazine waren kreisförmig mit einem ebenfalls kreisförmigen und geschlossenen Innenhof angelegt.

■ Baščaršija-Moschee

Die Baščaršija-Moschee (Baščaršija džamija) wurde 1528 erbaut und hieß ursprünglich nach ihrem Stifter, dem Hodscha Durak, Hadži Durak džamija. Da die Moschee am Hauptplatz der Baščaršija steht, hat sich mittlerweile aber die Bezeichnung Baščaršija džamija durchgesetzt.

Im Laufe der Jahrhunderte änderte die Moschee mehrfach ihr Aussehen, so auch 1697, als Eugen von Savoyen Sarajevo überfiel und dabei größtenteils zerstörte. Die Baščaršija-Moschee wurde stark beschädigt, aber anschließend weitgehend rekonstruiert. Die Vorhalle mit ihren drei kleinen Kuppeln erneuerte man allerdings erst nach dem Zweiten Weltkrieg. Da sich die Moschee im Stadtzentrum befindet, muss sie ohne eigenen Friedhof auskommen. Die Inschrift über dem Eingang erinnert an die Restaurierungen in den Jahren 1866/67.

■ Brusa bezistan

Schräg gegenüber der Baščaršija-Moschee, am unteren Ende des Marktplatzes, befindet sich der Brusa bezistan.

Der Großwesir Rustem Paša Opuković ließ das orientalische Warenhaus 1551 errichten. Es ist 29,5 Meter lang, 20,5 Meter breit und mit sechs großen und zwei kleinen Kuppeln überdacht. Neben den Geschäftsräumen im Inneren hatte der Bezistan weitere Läden an seinen Außenmauern. Es wird angenommen, dass der berühmte Sandal bezistan in Konstantinopel als architektonisches Vorbild diente. Im Brusa bezistan wurde ausschließlich Seide, Baumwolle und Leinen verkauft, die Opuković selbst in der türkischen Stadt Brusa produzieren ließ. Rustem Paša Opuković war der erste Großwesir in Bosnien und gilt neben Mehmet Paša Sokolović als der bedeutendste. Zudem war der kroatischstämmige Opuković Schwiegersohn von Suljeman dem Prächtigen, was seiner Karriere im Osmanischen Reich sehr förderlich war. Rustem Paša machte sich nicht nur als Heerführer und Diplomat einen Namen, sondern war auch als Historiker eine anerkannte Autorität. Sein Buch ›Die Geschichte des Osmanischen Reiches bis 1560‹ galt als Standardwerk. Das Brusa bezistan wurde in den 1970er Jahren grundlegend restauriert. Anschließend waren dort Souvenirshops untergebracht. Heute beherbergt der Bezistan ein **Museum**. Gezeigt wird die Entwicklung der Stadt von der Prähistorie über Antike, Mittelalter, osmanische und Habsburger Periode bis zum Ersten Weltkrieg. Zu den spektakulärsten Exponaten gehört die Miniaturnachbildung der Baščaršija, wie sie bis zum Beginn der österreichisch-ungarischen Verwaltung aussah. Zu sehen sind auch Beispiele osmanischer Kunst, darunter Schmuck und Kalligrafiearbeiten, außerdem typische Kleidung aus osmanischer und österreichisch-ungarischer Zeit sowie Werkzeuge, Münzen, Gefäße aus der Prähistorie und der Antike. Regelmäßig finden auch Sonderausstellungen statt, etwa zu den beiden traditionsreichsten Sarajevoer Fußballklubs Željezničar und FK.

■ Kazandžiluk

Die Gasse Kazandžiluk, die Gasse der Kupferschmiede, gehört zu den bekanntesten Handwerksstraßen in Sarajevo und ist die einzige, die bis heute ihre ursprüngliche Funktion und ihr historisches Aussehen weitgehend erhalten konnte. Seit rund 500 Jahren ist dort das Klopfen der Kupferschmiede zu hören. Sie stellen insgesamt bis zu 70 verschiedene Produkte aus Kupfer und Zink her, darunter Schüsseln, Kannen, Schmuck und die bei Touristen besonders beliebten Džezva (Kaffeekännchen).

Dazu werden Kupfer, Zinn, Blei und Ammoniumchlorid (Salmiak) geschmolzen, in vorbereitete Formen gegossen und anschließend kunstvoll verziert. Die erste Kupferschmiede wurde bereits 1481 erwähnt, anschließend wuchs ihre Zahl stetig. Anfang des 16. Jahrhunderts gründeten die Kupferschmiede sogar ihre eigene Zunft. Heute ist Kazandžiluk vor allem eine Touristenattraktion. Die Arbeiten der Kupfer-

Karte S. 76

▲   *In der Gasse der Kupferschmiede*

schmiede sind inzwischen in erster Linie als Souvenirs gefragt, weniger als Gebrauchsgegenstände.

■ Sebilj

Im Jahr 1660 hatte Sarajevo 300 öffentliche Brunnen, gegen Ende der osmanischen Herrschaft immerhin noch 156. Fast alle waren von wohlhabenden Bürgern gestiftet worden und meist aus Stein mit Verzierungen und einer Inschrift. Oft befanden sich die Brunnen unter schattigen Bäumen oder nahe einer Moschee wie etwa bis heute an der Außenmauer bei der Gazi-Husrev-Beg-Moschee.

Gegenwärtig gibt es nur noch eine Handvoll öffentlicher Brunnen in Sarajevo. Der bekannteste und mittlerweile das Wahrzeichen Sarajevos ist der Sebilj auf dem alten Marktplatz in der Baščaršija. Bereits 1753 hatte der bosnische Landesverwalter Hadži Mehmed Paša Kukavica etwa zehn Meter weiter südlich des heutigen Standortes einen Brunnen bauen lassen; der fiel jedoch einem Feuer zum Opfer. Der heutige Brunnen entstand 1891 nach Plänen des kroatisch-österreichischen Architekten Alexander Wittek im pseudomaurischen Stil. Witteks Entwurf orientierte sich an den Sebiljs aus dem 16. Jahrhundert. Damals war es üblich, dass ein Beamter Flaschen und Kanister mit Wasser füllte und ausgab.

Der Sebilj wurde im Laufe seiner Geschichte viele Male erneuert, so etwa 1981 und erneut 1984 anlässlich der Olympischen Winterspiele in Sarajevo. Zuletzt wurde der Brunnen 2006 restauriert. Seitdem sieht er wieder so aus, wie Wittek ihn einst entworfen hat. Der Sebilj wird von zahlreichen Straßencafés, Souvenirläden und Čevabdžinicas eingerahmt und dient bis heute den Besuchern Sarajevos als Orientierungsund – ebenso wie den Einheimischen – als Treffpunkt.

Der Sebilj, das Wahrzeichen Sarajevos

■ Sarači-Straße

Unterhalb des Brunnens zweigt nach Westen die Sarači-Straße ab. Sie entstand in der ersten Hälfte des 16. Jahrhunderts und ist eine der ältesten und am stärksten frequentierten Straßen in der Baščaršija. Benannt wurde die Straße nach den Sattlern (Sarači), die dort ihrem Handwerk nachgingen und sehr angesehen waren. Heute beherbergen die kleinen Läden Boutiquen, Kioske, Souvenirshops und die Touristen-Information. An der Straße liegen auch einige der interessantesten Sehenswürdigkeiten Sarajevos.

■ Kolobara han

Über einen schmalen Durchgang auf der südlichen Seite der Sarači-Straße erreicht man Kolobara han, die erste Karawanserei der Stadt. Isa Beg Isaković, der als Gründer Sarajevos gilt, ließ sie 1462 erbauen. Die Unterkunft für Kaufleute hatte 40 Zimmer und bot bis zu 200 Menschen und 35 Pferden Platz. Der Sohn des Stifters, Mehmed Ćelebija Isabegović, ließ an der östlichen Außenmauer einen Basar errichten, der jedoch

Stadttouren

Die alte serbisch-orthodoxe Kirche

heute nicht mehr erhalten ist. Anfang des 19. Jahrhunderts zog die französische Handelskammer in das Gebäude. Im Laufe seiner Geschichte brannte Kolobara han mehrfach ab, wurde aber immer wieder aufgebaut, bis 1937 ein Großbrand den Bau bis auf die Außenmauern zerstörte. Heute befindet sich dort, wo einst die Karawanserei war, ein Café.

■ Morića han

Gegenüber Kolobara han, auf der anderen Seite der Sarači-Straße, findet sich eine weitere ehemalige Karawanserei: Morića han. Das Gebäude wurde Ende des 16. Jahrhunderts als Herberge für Kaufleute erbaut und mit Geld aus der Stiftung des Gazi Husrev Beg finanziert. Morića han ist die letzte noch erhaltene Karawanserei in Bosnien und Herzegowina. Ihr ursprüngliches Erscheinungsbild hat sich bis heute nur wenig verändert. Der Innenhof ist mit Steinen ausgelegt und war von Ställen und Magazinen umgeben. Im ersten Stockwerk befanden sich die Gästezimmer. Außerdem gab es eine

Säulenhalle, einen Pferdemarkt und zahlreiche Geschäfte im Gebäudekomplex. Für damalige Verhältnisse war die Herberge sehr großzügig ausgestattet und verfügte mit 44,5 mal 38,5 Meter Grundfläche über beachtliche Ausmaße. Sie hatte Platz für 300 Gäste und 70 Pferde. Neben Einzelzimmern gab es auch einen großen Aufenthaltsraum.

Ihren Namen erhielt die Karawanserei erst 1809 nach ihrem damaligen Betreiber Mustafa Morić. Zweimal diente die Herberge Aufständischen als geheimer Treffpunkt: das erste Mal, um einen Aufstand gegen die Türken zu planen, das zweite Mal, um gegen die österreichisch-ungarischen Besatzer aufzubegehren. Heute sind in Morića han ein Restaurant und mehrere Geschäfte untergebracht.

■ Alte serbisch-orthodoxe Kirche

Es lohnt sich, vom Morića han einen kleinen Abstecher in nördliche Richtung zu unternehmen, zur Alten serbisch-orthodoxen Kirche (Stara pravoslavna crkva).

Karte S. 76 ▲

Die Geschichte der Kirche, sogar das Jahr ihrer Erbauung, liegen bis heute im Dunkeln. Zum ersten Mal erwähnt wird sie in einem Gerichtsprotokoll aus dem Jahr 1539. Historiker vermuten, dass sie sehr viel früher auf dem Fundament einer Basilika aus dem 5. Jahrhundert erbaut wurde: Bereits 1485 lebten über 100 christliche Familien unweit des heutigen Kirchenstandortes. Daher ist es wahrscheinlich, dass es damals christliche Sakralbauten gab, und möglicherweise gehörte die serbisch-orthodoxe Kirche dazu. Ein weiteres Indiz ist die Architektur der Kirche, die vergleichbar mit der Bauweise orthodoxer Kirchen des 12. bis 14. Jahrhunderts ist. Dazu passt, zumindest in zeitlicher Hinsicht, die Behauptung, ein Bruder des berühmten serbischen Feldherrn Marko Kraljević (1371–1395) habe die Kirche erbaut.

Im Inneren der Kirche fällt die von steinernen Säulen getragene **Galerie** sogleich ins Auge. Früher war sie allein den Frauen vorbehalten. Ein Holzgitter, das mušepi, sollte sie während des Gottesdienstes vor den Blicken der Männer schützen. Es wird angenommen, dass die Geschlechtertrennung während der osmanischen Herrschaft unter dem Einfluss des Islam eingeführt wurde. Der **Kirchenboden** weist eine Besonderheit auf: Er liegt unter Bodenniveau. Der Grund kann bis heute nur vermutet werden. So ist es möglich, dass sich der Boden um das Gotteshaus angehoben hat wie an anderen Stellen nahe der Kirche auch. Möglicherweise wurde die Kirche in die Erde gebaut, um sie besser vor Angreifern zu schützen. Es gibt auch die Vermutung, dass sich das Gotteshaus im Laufe der Jahrhunderte abgesenkt hat. Die Stara pravoslavna crkva fiel wiederholt Bränden zum Opfer, wurde aber immer wieder erneuert. Ihr heutiges Aussehen erhielt die Kirche jedoch erst im 18. Jahrhundert. Der vier-

eckige **Glockenturm** wurde erst Mitte des 20. Jahrhunderts angebaut. Bis dahin hatte das Gotteshaus einen barocken Turm.

Die Kirche besitzt eine Sammlung wertvoller **Ikonen** aus dem 16. bis 18. Jahrhundert, darunter Werke des berühmten Ikonen-Malers Maksim Tujković.

In den ehemaligen Lagerräumen der Kirche, dem roten Magazin, wurde 1889 ein **Museum** eingerichtet. Ausgestellt sind neben Ikonen auch Gemälde, Bücher, Handschriften, Gold- und Kupferschmiedearbeiten und die Reliquien der heiligen Tekla, der Kirchenpatronin. Zum Kirchenkomplex gehört auch das Gebäude, in dem früher eine der ersten Schulen der Balkanhalbinsel untergebracht war.

■ Gazi-Husrev-Beg-Moschee

Die Gazi-Husrev-Beg-Moschee (Gazi Husrev-begova džamija) gehort zu den wichtigsten Beispielen osmanischer Architektur und Baukunst in Sarajevo und ist von weiteren bedeutenden islamischen Bauwerken umgeben. Die Begova džamija, wie sie im Volksmund genannt wird, wurde 1531 nach einjähriger Bauzeit fertiggestellt. Die im frühen klassizisti-

Der Brunnen im Hof der Moschee

schen Stil errichtete Kuppelmoschee war lange Zeit das größte islamische Gotteshaus in Bosnien und der Herzegowina. Ihr Namensgeber Gazi Husrev Beg, ein Neffe des Sultans Bayezid II., stiftete die Moschee wie auch zahlreiche andere Bauwerke in Sarajevo. Entworfen wurde die Moschee von dem Perser Adžem Esir Ali, der neben Mimar Hajrudin zu den bekanntesten osmanischen Architekten gehörte. Esir Ali lebte bis zu seinem Tod 1538 in Konstantinopel. Die Begova džamija soll der Architekt selbst nie gesehen haben. Errichtet wurde das Gotteshaus von Baumeistern aus Dubrovnik. Der Gebetsraum der Moschee hat einen quadratischen Grundriss mit einer Seitenlänge von 13 Metern und wird von einer Kuppel, die einen Radius von 13 Metern aufweist, überdacht. Ihr Scheitelpunkt befindet sich 26 Meter über dem Erdboden, entspricht also zweimal dem Radius der Kuppel. Der Gebetsraum ist mit kostbaren Teppichen ausgelegt und wird an drei Seiten von kleineren, mit jeweils einer Halbkuppel überdachten Räumen flankiert. Die Wände sind, wie auch das Hauptportal, mit Koransprüchen und Arabesken verziert. Die Vorhalle ist in fünf Travéen unterteilt, die jeweils von einer kleinen Kuppel überdacht und von insgesamt vier Marmorsäulen gestützt werden.

Das 47 Meter hohe **Minarett** gehört zu den höchsten in Bosnien. Es ist abends beleuchtet und bietet dann einen besonders schönen Anblick. Im Hof der Moschee, vor dem Hauptzugang, befindet sich der **Šedrevan**, der Brunnen für die rituelle Waschung vor dem Gebet. Er bietet zwölf Gläubigen zugleich Platz. Östlich der Moschee befindet sich in der größeren der beiden **Türben** das Grab von Gazi Husrev Beg, in der kleineren Türbe fand sein Verwalter, Gazi Murat Beg, seine letzte Ruhe. Die beiden Mau-

soleen wurden Mitte des 16. Jahrhunderts erbaut, haben einen achteckigen Grundriss und ein Kuppeldach.

■ Gazi Husrev Beg

Gazi Husrev Beg war Gouverneur der osmanischen Provinz Bosnien und galt als brillanter Militärstratege und Politiker und außerdem als Erbauer Sarajevos. Gazi Husrev Beg kam 1480 in Serras in Griechenland zur Welt, wo sein Vater, ein Moslem aus Trebinje, Statthalter war. Seine Mutter war die Tochter des Sultan Bayezid II. Gazi Husrev Begs Vater starb bereits 1486 in der Schlacht gegen den ägyptischen Sultan Kaitbaja bei Adene, seine Mutter wenige Jahre darauf. Dennoch machte Husrev Beg schnell Karriere beim osmanischen Militär. Als Befehlshaber eroberte er in nur drei Jahren die Festungen von Knin, Skradin und Ostrovica. Als Anerkennung für Husrev Begs militärische Erfolge ernannte ihn Sultan Suleiman I. 1521 zum Gouverneur von Bosnien und verlieh ihm den Titel Gazi (Held). Anschließend setzte Gazi Husrev Beg seine Eroberungsfeldzüge fort. 1525 nahm er die Königsstadt Jajce ein, anschließend Banja Luka und zahlreiche weitere befestigte Städte.

Auffällige Details am Portal der Kuršumlija medresa

Neben seinen militärischen Erfolgen lag Gazi Husrev Beg die Entwicklung Bosniens, besonders Sarajevos, am Herzen. Er ließ zahlreiche Bauwerke errichten. Zu den bekanntesten gehören in Sarajevo die Gazi-Husrev-Beg-Moschee, der Uhrturm, die Bibliothek, die Medresse, eine islamische Hochschule und türkische Bäder. Gazi Husrev Beg starb 1541 im Kampf gegen aufständische Adlige in Montenegro. Seine Eingeweide sollen in einem Dorf nahe dem Schlachtfeld begraben worden sein, das seitdem Drobnjak genannt wird (Drob bedeutet Darm). Sein Leichnam wurde nach Sarajevo überführt und in der größeren der beiden Türben im Hof der Gazi-Husrev-Beg-Moschee beigesetzt.

Die Hanikah

Kuršumlija medresa

Während der osmanischen Herrschaft gab es in Sarajevo neben rund 70 Islamischen Grundschulen (Mekteb) auch zwölf islamisch-juristische Hochschulen, die Medressen. Die bekannteste und architektonisch interessanteste ist die Gazi-Huzrev-Beg-Medresa. Gestiftet wurde die Hochschule vom Namensgeber, der sie seiner Mutter Sultanine Seldžuk widmete. Deshalb wird die Medresse auch Seldžukija oder Seljukija genannt. Aufgrund ihres Dachs aus Blei hat sich im Volk jedoch der Name Kuršumlija medresa – abgeleitet vom türkischen Wort Kuršum für Blei – durchgesetzt.

Die Medresse wurde 1537 errichtet und verfügt über vergleichsweise bescheidene Ausmaße. Blickfang ist das große mit Stalaktiten verzierte **Portal** sowie das heute überdachte **Atrium** mit einem Brunnen in seiner Mitte und der ebenfalls überdachten Vorhalle. Das Gebäude besitzt zwölf Studierräume. Jeder Raum ist mit einem Kamin und Rauchfang ausgestattet und von einer Kuppel überdacht. Zudem gibt es einen Vortragssaal (Dershana).

Die Kuršumlija medresa gehörte zu ihrer Zeit zu den islamischen Hochschulen mit dem höchsten Ansehen. Der Rang einer Hochschule war damals in erster Linie vom Lehrplan, der vom Stifter festgelegt wurde, und vom Ansehen der Lehrenden abhängig. Unterrichtet wurden neben Theologie auch Philosophie und Jura. Für viele gilt die Kuršumlija medresa als Vorläufer der Universität von Sarajevo. Heute wird die Medresse für Veranstaltungen, Ausstellungen und Buchmessen genutzt.

Hanikah

Die Hanikah befindet sich gleich neben der Kuršumlija medresa. Das Gebäude entstand 1531, ebenfalls auf Veranlassung von Gazi Husrev Beg, also im gleichen Jahr wie die Beg-Moschee. Bis zum Beginn des Zweiten Weltkriegs wurden dort Sufi-Gelehrte und Derwische ausgebildet.

Der rechteckige Bau ist mit 14 Zimmern ausgestattet. Das **Atrium** mit seinem Brunnen wird von zwei Säulengängen flankiert und ist mit einem Glasdach versehen, das sich öffnen lässt. Die Hanikah wurde im Laufe der Jahrhun-

derte mehrfach beschädigt, 1931 sogar eingerissen, als Sarajevo eine moderne islamische Hochschule bekam. 1998 wurde das Gebäude mit Hilfe der ursprünglichen Baupläne rekonstruiert. Heute wird die Hanikah überwiegend für Ausstellungen genutzt.

■ Neue Medresse
Die Neue Medresse befindet sich östlich der Hanikah. Das zweistöckige Gebäude wurde 1887 nach Plänen des Architekten Karl Paržik im pseudomaurischen Stil erbaut. Das **Atrium** verfügt über einen Brunnen und ist wie das Atrium der Hanikah mit einem Glasdach ausgestattet. Anfangs beherbergte das Gebäude die islamische Hochschule, die jedoch 1935 ihre Arbeit einstellen musste. Nach dem Zweiten Weltkrieg waren dort die Juristische Fakultät und das Museum von Sarajevo untergebracht. Seit dem Ende des Bosnienkrieges wird das Gebäude erneut von der islamischen Hochschule genutzt.

■ Uhrturm
Der Uhrturm (Sahat Kula) erhebt sich einige Meter westlich der Gazi-Huzrev-Beg-Moschee. Er gehört zu den höchsten in Bosnien, obwohl er nicht ganz so weit in den Himmel ragt wie das Minarett der benachbarten Moschee. Es wird angenommen, dass der Uhrturm im 17. Jahrhundert erbaut wurde. Jedenfalls erwähnt der damals sehr bekannte Reiseschriftsteller Katib Ćelebija den Turm in einem seiner aus dieser Zeit stammenden Bücher. Finanziert wurde der Bau mit Geld aus der Nachlassstiftung des Gazi Huzrev Beg.
Die Uhr zeigte die sogenannte ›à la turca‹ (›nach türkischer Art‹) an. Das bedeutet, dass bei Sonnenuntergang die Zeiger genau auf 12 Uhr standen. Aufgrund der ungleichen Tageslängen musste die Uhr kontinuierlich nachjustiert werden. Dafür war der Muvakkit zuständig, ein Beamter, der mit astronomischen Instrumenten den Verlauf der Sonne maß und danach die Uhr stellte. Er hatte seinen Sitz in der Muvekithana am Fuße des Uhrturms. Der obere Teil des Turmes wurde 1844 umgebaut und bekam eine neue Uhr. Die hatten die beiden Bosnier Hasimaga Glado und Mahaga Hadžikapetanović von einer Reise aus London mitgebracht.
Zwischen Beg-Moschee und Uhrturm in der Mudželiti-Veliki-Straße hatte Gazi Huzrev Beg eine Armenküche einrichten lassen, die Huzrev Begova imare. Hier erhielten Bedürftige kostenlos eine warme Mahlzeit, ebenso wie die Beamten des Begs. Zum Komplex gehörten auch die Musafirhana, eine Unterkunft für Reisende, die dort bis zu drei Tage kostenfrei wohnen durften, und die öffentliche Toilette des Beg.

■ Die öffentliche Toilette des Beg
Im gleichen Jahr wie die Gazi-Husrev-Beg-Moschee öffnete auch das erste öffentliche WC in Sarajevo seine Tür – damals eine Sensation. Der Toilettenbau wurde von Gazi Husrev Beg finanziert und gehörte europaweit zu den ersten öffentlichen Bedürfnisanstalten mit Wasserspülung. Das Wasser soll über eine sieben Kilometer lange Leitung ins Gebäude transportiert worden sein. Die Toilette wurde während des Bosnienkrieges nahezu völlig zerstört, inzwischen aber erneuert. Wäre nicht das Hinweisschild am Eingang, der Besucher würde vermutlich nicht ahnen, dass der Ursprung des heute modernen WCs fast 500 Jahre zurückliegt.

Uhrturm und Minarett der Gazi-Husrev-Beg-Moschee

Stadttouren

■ Süße Ecke

Weniger Meter westlich der Moschee weiß die Süße Ecke (Slatko Ćoše) zu verführen. Mehrere Cafés und Konditoreien sind hier ansässig, und die süßen bosnischen Spezialitäten sind bei Touristen wie Einheimischen gleichermaßen beliebt. Gebäck wie Baklava, Tulumbe, Kadaif und Tufahija kamen mit den Osmanen nach Sarajevo. Sie sind meist mit Zuckersirup übergossen, sehr süß und kalorienreich. Die Cafés an der Süßen Ecken sind inzwischen wieder ganz auf Touristen eingestellt und vom Vormittag bis zum späten Abend sehr gut besucht. Während der warmen Jahreszeit muss man nicht selten auf einen freien Platz warten. Die Süße Ecke gilt auch als Punkt, wo der Osten auf den Westen trifft. Hier geht die von den Osmanen initiierte Altstadt Sarajevos mit ihren kleinen Läden und Handwerksbetrieben in die von den Habsburgern errichtete und westeuropäisch anmutende Ferhadija über.

■ Gazi Husrev Beg Bezistan

Während der osmanischen Herrschaft gab es drei orientalische Warenhäuser (bezistan) in Sarajevo, erhalten geblieben sind zwei. Der dritte Bezistan wurde in der ersten Hälfte des 16. Jahrhunderts auf Veranlassung von Mehmed Beg erbaut, dem Sohn des sogenannten Gründers von Sarajevo, Isa Beg Isaković. Als Eugen von Savoyen 1697 Sarajevo überfiel und niederbrennen ließ, büßte der Bezistan seine Kuppel ein und erhielt anschließend lediglich ein gewöhnliches Dach. 1842 wurde das Warenhaus nicht mehr benötigt, eingerissen und abgetragen.

Besser erging es den beiden anderen Markthallen; beide werden bis heute genutzt. Der Gazi Husrev Beg Bezistan wurde ebenfalls in der ersten Hälfte des 16. Jahrhunderts errichtet. Bei den Bauarbeiten waren Handwerker aus Dubrovnik maßgeblich beteiligt. Das genaue Jahr seiner Entstehung ist heute nicht mehr bekannt, wohl aber, dass der Bezistan bereits 1555 in offiziellen Dokumenten erwähnt wurde. Das Warenhaus ist 19,5 Meter breit und 105 Meter lang und wird deshalb auch Dugi bezistan (langer Bezistan) genannt. Rund 25 Geschäfte bieten heute dort ihre Waren und Dienste an, darunter ein Reisebüro, zahlreiche Souvenirshops, Boutiquen, Uhr-macher und Goldschmiede. Vorsicht ist allerdings beim Betreten geboten: Die Treppenstufen hinab zum Bezistan sind spiegelglatt.

■ Alter jüdischer Tempel

Ende des 15. Jahrhunderts vertrieben die spanischen Könige die Juden aus ihrem Machtbereich. Schutz und eine neue Heimat fanden die Flüchtlinge in vielen Ländern Europas, darunter auch in Bosnien. Die Bosnier und auch die osmanischen Machthaber nahmen die Juden vorbehaltlos auf. Ein großer Teil der sephardischen Juden ließ sich daraufhin in Sarajevo nieder und baute 1581 den Alten Tempel, der auch El Cal Grandi und El Cal Vježa genannt wird. Das Geld für den Bau stiftete Rumelian Siljabuš Paša, dem es ein Anliegen war, für die Juden

Der frühere Neue jüdische Tempel

Karte S. 76

Sarajevos einen Betraum zu schaffen. Der Alte Tempel war daher lange Zeit auch als Siljavuš Paša Daire bekannt.

Der Tempel hat zwei Stockwerke. Die obere Etage war den Frauen vorbehalten, die untere den Männern. Unter den islamisch-osmanischen Machthabern war die Trennung von Männern und Frauen Voraussetzung, um Gottesdienste abhalten zu dürfen.

Der Alte Tempel brannte zweimal nieder, erstmals bei der Eroberung Sarajevos 1697 durch Eugen von Savoyen und ein weiteres Mal 1788. Der Tempel wurde zu Beginn des 19. Jahrhunderts wieder aufgebaut und erfuhr 1909 eine grundlegende Sanierung. Die Steinfassade und das Dach wurden erneuert und das Gebäude elektrifiziert. Nach dem Zweiten Weltkrieg erfuhr der Alte Tempel eine erneute Restaurierung. Heute sind dort ein Teil der Museumssammlung von Sarajevo und das Jüdische Museum untergebracht. Das **Jüdische Museum** zeigt die Kultur und den Alltag der Sarajevoer Juden vom 16. Jahrhundert bis in die Gegenwart. Ausgestellt sind Fotos, Dokumente, die teilweise in hebräischer Sprache abgefasst sind, sowie Gemälde und alte jüdische Grabsteine, aber auch Fotos, die das Leiden der Juden während des Zweiten Weltkriegs zeigen.

■ Neuer jüdischer Tempel (Il Kal Mueva)

Zu Beginn des 19. Jahrhunderts wuchs die Gemeinde der Sarajevoer Juden stetig. Der Alte Tempel wurde zu klein für die immer größer werdende Zahl Gläubiger. Deshalb ließ die Gemeinde 1820 neben dem Alten Tempel den größeren Neuen Tempel (El Cal Nuevi) bauen. Die meisten Sarajevoer Juden ließen sich in der Umgebung dieser beiden Synagogen nieder. So entwickelte sich ein jüdisches Viertel mit den beiden Synagogen als Mit-

telpunkt, das bis zum Zweiten Weltkrieg bestand. Viele Juden flohen nach Israel, der Großteil der Verbliebenen wurde von den Nationalsozialisten in Konzentrationslager verschleppt und umgebracht. Heute beherbergt der Tempel eine **Galerie**, die Werke jüdischer Künstler zeigt.

Entlang der Ferhadija

An der Ferhadija endet die osmanisch geprägte Baščaršija, beginnt das von österreichisch-ungarischer Architektur dominierte modernere Sarajevo. An der Ferhadija befinden sich Banken, Reisebüros und eine Filiale der Post, und mit ihren Boutiquen, Parfümerien, Schuhläden und Straßencafés ist sie die beliebteste Einkaufs- und Bummelmeile der Stadt; zu allen Tageszeiten flanieren die Menschen hier dicht gedrängt. An der Ferhadija befinden sich gleichzeitig einige der wichtigsten Sehenswürdigkeiten Sarajevos, etwa die Ferhadija-Moschee, die Markthalle, die Kathedrale und die Ewige Flamme.

■ Ferhadija-Moschee

Die Ferhadija-Moschee (Ferhadija džamija) ist während der Sommermonate leicht zu übersehen, wird sie doch von dichten Bäumen und den Tischen, Stühlen und Sonnenschirmen mehrerer Stra-

In der Ferhadija

Stadttouren

ßencafés verdeckt. Erbauen ließ sie ihr Namensgeber, der bosnische Verwalter der Sandžak-Region: Ferhad Beg Vuković-Desisalić. Die Architektur der Moschee entspricht der klassischen, im 16. Jahrhundert üblichen Bauweise. Die Moschee wurde im Laufe ihrer Geschichte mehrfach beschädigt, etwa 1917, als die bleigedeckte Kuppel geraubt wurde, Regenwasser ins Innere drang und große Schäden verursachte. Den sehenswerten **Ornamenten** aus dem 16. und 18. Jahrhundert am Mihrab, der Gebetsnische, konnte das Wasser jedoch nichts anhaben. Der **Moscheengarten** beherbergt einen kleinen muslimischen Friedhof. Dort liegen überwiegend Janitscharen, verdiente Elitesoldaten des Sultans. Während des Bosnienkrieges musste die Moschee mehrere Granateinschläge hinnehmen. Die Schäden sind jedoch inzwischen behoben.

■ Katholische Kathedrale

Etwas weiter westlich – noch an der Ferhadija, aber offiziell auf dem Trg fra Grge Martića – erhebt sich die katholische Herz-Jesu-Kathedrale (Katedrala Srca Isusova). Im Jahr 1881 wurde das Erzbistum Vrhbosna gegründet, zu dem auch Sarajevo gehörte. Josip Štadler, der erste Erzbischof, initiierte den Bau der Kathedrale. Der Grundstein wurde am 25. August 1884 gelegt, eingeweiht wurde das Gotteshaus fünf Jahre später. Die dreischiffige Kirche bietet 1200 Menschen Platz. Dem Architekten Josip Vancaš soll Nôtre Dame als Vorbild gedient haben. Die Kathedrale ist überwiegend im neugotischen Stil gehalten, weist aber auch Elemente der Romanik auf. Ihre Fassade besteht aus gelbem Sand- und rötlichem Kalkstein. Das Eingangsportal wird von zwei Glockentürmen flankiert. In dem einen Turm befindet sich eine große, in dem anderen Turm hängen fünf kleine Glocken. Die Rosette über dem Portal ist mit bemaltem Glas verziert. Die steinerne Jesus-Skulptur schuf der Wiener Bildhauer Friedrich Christoph Hausmann. Das Relief im Portal hat den Titel ›Heilige Dreieinigkeit‹ und wurde, nach einem Entwurf von Alexander Maximilian Seitz, von den Zagreber Bildhauern Dragan Morak und Ivan Novotny gefertigt. Die Gläser in den Kirchenfenstern entwarf Architekt Vancaš selbst. Das Innere der Kathedrale bemalten Josip Volini, Ivan Betizz sowie der Künstler Alexander Maximilian Seitz und sein Sohn Ludovic. Allerdings überstanden die Kirchenmalereien nicht die Zeit, große Teile fielen der Renovierung 1987 bis 1989 zum Opfer. Der Maler Ante Martinović hatte zuvor jedoch die Wandmalereien auf Tüchern im Originalmaßstab kopiert. Nach dem Ende der Renovierung wurden die Tücher in der Kathedrale angebracht.

Papst Johannes Paul II. besuchte erstmals 1997 Sarajevo und feierte dabei in der Kathedrale eine Messe. Außerdem betete er am Grab Josip Štadlers, der in der Kathedrale begraben liegt.

■ Josip Štadler

Josip Štadler war der erste Erzbischof des Erzbistums Vrhbosna. In der katholischen Bevölkerung Bosniens war er als ›Vater der Armen‹ bekannt. Štadler kam am 24. Januar 1843 im kroatischen Slavonski Brod als Kind einer Handwerkerfamilie zur Welt. Als er elf Jahre alt war, starben seine Eltern kurz nacheinander. Er und seine Geschwister kamen als Vollwaisen zu verschiedenen Familien in Slavonski Brod. Štadler besuchte

◀ Karte S. 76

Die Kathedrale mit ihren markanten Doppeltürmen

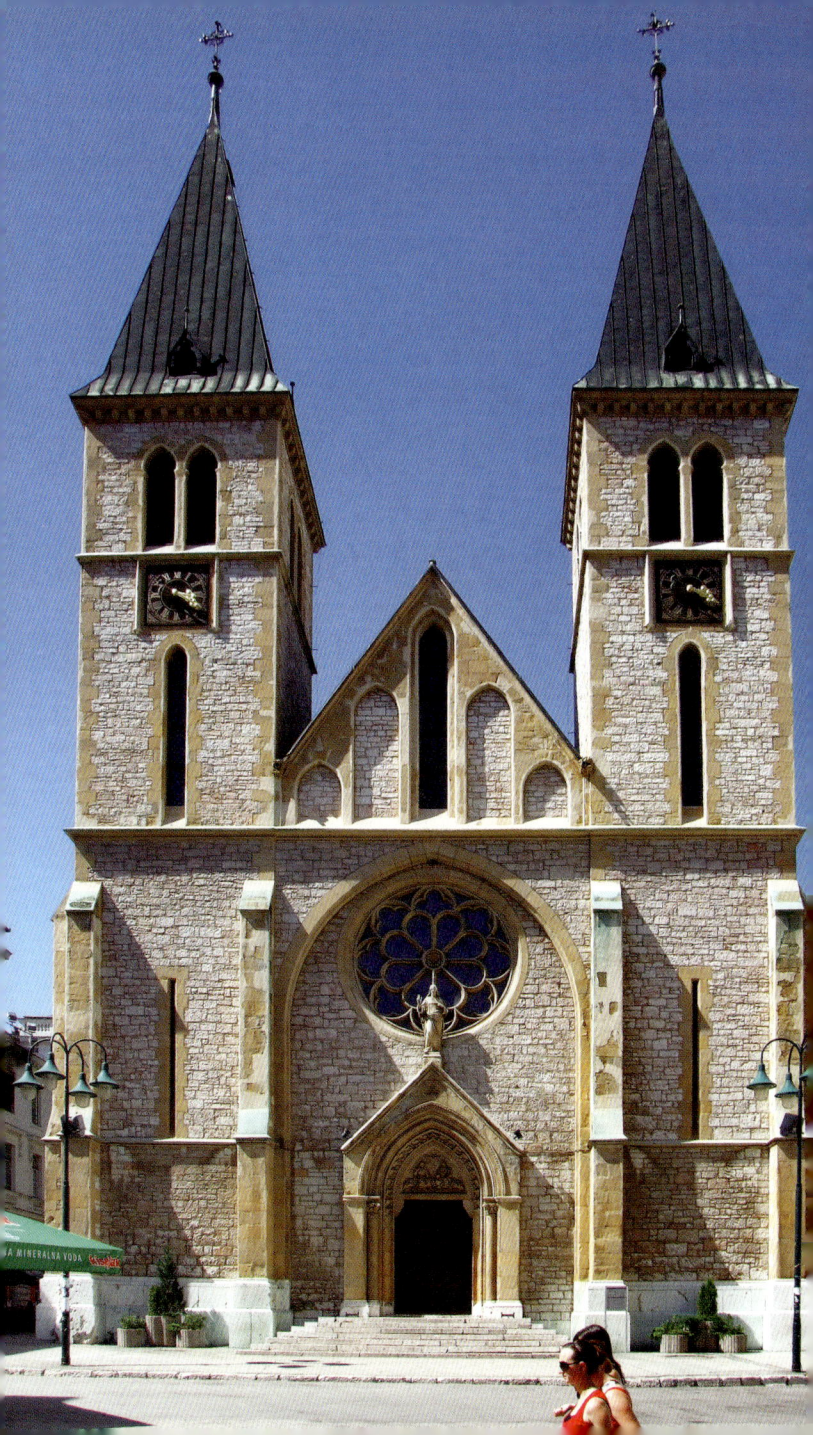

die Grundschule in seiner Geburtsstadt, später die Schule des erzbischöflichen Weisenhauses in Požega und anschließend das Gymnasium in Zagreb. Als Priesterkandidat durfte Štadler in Rom studieren. Dort erlangte er die Doktortitel in Philosophie und Theologie. 1869 wurde Štadler in Rom zum Priester geweiht. Anschließend unterrichtete er als Lehrer am Gymnasium, später als Professor an der katholisch-theologischen Fakultät in Zagreb.

Papst Leo XIII. ernannte Štadler 1881 zum Erzbischof des Erzbistums Vrhbosna. Štadler engagierte sich fortan besonders in sozialen Belangen. Er ließ in Sarajevo Heime für Obdachlose, alte Menschen und Waisenkinder einrichten und veranlasste den Bau der katholischen Kathedrale, des Priesterseminars und der Kirche der heiligen Kyrill und Methodius. In Travnik entstand durch Štadlers Initiative das Gymnasium. Zudem ließ er im Erzbistum mehrere Kirchen und Frauenklöster bauen.

Štadler starb 1918 im Alter von 75 Jahren. Sein Grab befindet sich in der katholischen Kathedrale von Sarajevo.

■ Strossmayer-Straße

Die Strossmayer-Straße (Štrosmajerova ul.) verläuft unterhalb der Kathedrale. Sie wirkt nahezu ganzjährig wie ein einziges großes Freiluftcafé. Die verschiedenen Cafés sind nur durch die Farbe ihrer Sitzbezüge und Sonnenschirme voneinander zu unterscheiden. Die Straße mit ihren Gebäuden entstand während der österreichisch-ungarischen Herrschaft und wurde von den Architekten Karl Paržik und Josip Vancaš entworfen. Paržik war für die Gebäude auf der westlichen Straßenseite zuständig, während Vancaš die gegenüberliegende Seite entwarf. Die Straße wurde zunächst nach dem österreichisch-ungarischen Thronfolger

Rudolph, dem Sohn von Kaiser Franz Joseph I., benannt. Der Kronprinz hatte gemeinsam mit seiner Frau Stephanie Sarajevo 1888 besucht. Seit 1919 trägt die Straße den Namen des früheren kroatischen Bischoffs von Đakovo, Bosnien und Syrmien, Josip Juraj Strossmayer.

■ Markthalle

Wie der aus dem Deutschen hervorgegangene Name der Markthalle – Markale – bereits erahnen lässt, entstand die Einrichtung während der österreichisch-ungarischen Herrschaft. Der erste Entwurf für den Bau stammte noch von Josip Vancaš, letztendlich war aber August Butsch der ausführende Architekt. Die Bauarbeiten begannen 1893. Zwei Jahre später wurde die ›Markthalle für Sarajevo‹, wie sie damals offiziell hieß, eingeweiht. Der Bau im Neorenaissance-Stil gilt als ein weiteres Monument der österreichisch-ungarischen Zeit. Im Laufe ihrer Geschichte musste die Markthalle einige Veränderungen hinnehmen. So besaß das Gebäude früher Seiteneingänge, und zum Haupteingang führten links und rechts Treppenstufen, während die Treppe heute nach vorne offen ist. Nach dem Ende des Bosnienkrieges bekam die Markthalle wieder ihre ursprüngliche Farbe.

■ Trg Oslobođenja

Der Trg Oslobođenja (Platz der Befreiung) ist weniger ein Platz als vielmehr ein kleiner Park mit Bänken und Bronzebüsten berühmter bosnischer Schriftsteller, darunter Ivo Andrić, und einem großen Schachspiel, das rege genutzt wird. Auf dem Platz erhebt sich die **neue serbisch-orthodoxe Kirche**. Diese dreischiffige Basilika wurde 1869 erbaut, als sich die osmanische Herrschaft bereits dem Ende entgegenneigte. Einen Teil der Baukosten spendeten der türkische Sultan Abdul Azis und sein Stellvertreter

Die Markthalle

in Bosnien, der Wesir Šerif Topal Osman Paša. Viele sahen diese Unterstützung als Versuch, an Sympathien im Volk zu gewinnen, um den osmanischen Machtverlust aufzuhalten. Finanziert wurde der Kirchenbau aber auch vom russischen Zar, darüber hinaus spendeten orthodoxe Russen Möbel und Kirchengegenstände. Der mazedonische Architekt Andrija Damjanov erbaute die Kirche in einer Mischung aus Barock und russisch-byzantinischem Stil mit fünf neubyzantinischen Kuppeln auf Tambouren. Die Ikonen im Kircheninneren stammen von russischen Künstlern aus einem Kloster in der Nähe von Sankt Petersburg. Der Kirchturm wurde erst 1872 angebaut, vier Jahre nach Errichtung des Kirchenschiffs.

Die Kirche ist der Heiligen Jungfrau gewidmet. Sie wurde während der Belagerung Sarajevos zwar beschädigt, inzwischen aber mit Unterstützung griechischer Geldgeber grundlegend renoviert.

Entlang der Zelenih beretki

Die Zelenih beretki verläuft parallel südlich zur Ferhadija und weist ebenso wie diese eine Reihe von Sehenswürdigkeiten auf.

■ Offizierscasino

Das Offizierscasino (Dom Armije) wurde 1881 nach Plänen des Architekten Karl Paržik erbaut. Zuvor hatte sich an gleicher Stelle ein kleiner Friedhof befunden. Zum Casino gehörte ein großer Garten, der bis an das Ufer der Miljacka reichte; er musste 1912 dem Gebäude der österreichisch-ungarischen Bank weichen. Ende des 19. und Anfang des 20. Jahrhunderts war das Casino der Mittelpunkt des gehobenen sozialen und kulturellen Lebens in Sarajevo. Es hatte einen Herrenclub, außerdem wurden Ausstellungen gezeigt, Konferenzen abgehalten, Feste gefeiert, und das Militärorchester gab dort regelmäßig Konzerte. Im Laufe der Jahrzehnte nutzten die Offiziere der verschiedenen Machthaber das Casino: die österreichisch-ungarischen, die des jugoslawischen Königreichs, im Zweiten Weltkrieg die deutschen und italienischen, anschließend die jugoslawischen unter Tito und derzeit die bosnischen Offiziere. Die große Halle hat bis heute nichts von ihrem ursprünglichen Charme verloren. Sofort fallen das Fischgrätenparkett, die Kronleuchter und die großflächigen Gemälde ins Auge.

■ Kunstgalerie

Die Kunstgalerie von Bosnien und Herzegowina (Umjetnička galerija) wurde 1930 als Abteilung des Landesmuseums gegründet und war die erste ihrer Art in Bosnien und der Herzegowina. Damals wurde sie von den Künstlern Đoko Mazalić und Rudolf Zaplata geleitet. Bis heute gilt die Galerie als wichtigster und bekanntester Ausstellungsraum des Landes. Der Schwerpunkt liegt bei der Kunst des 20. Jahrhunderts. Außerdem widmet sich die Einrichtung der Erforschung der Kunstgeschichte Bosniens. 1946 spaltete sich die Kunstga-lerie vom Landesmuseum ab. Die erste Ausstellung wurde 1959 organisiert. Damals besaß die Galerie rund 2000 Exponate, heute sind es knapp 6000, darunter befinden sich Sammlungen mit Werken bosnisch und herzegowinischer und ex-jugoslawischer Künstler, aus der österreichisch-ungarischen Zeit sowie internationale zeitgenössische Kunst, außerdem Ikonen, Fotografien und Grafiken sowie eine Sammlung mit Werken des Schweizer Künstlers Ferdinand Hodler. Selbst während der Belagerung Sarajevos gab es zwei ständige Ausstellungen mit Bildern und Skulpturen, auch wenn das Gebäude mehrfach von Granaten getroffen wurde. Nach dem Bosnienkrieg wurde es dank Schweizer Finanzhilfe vollständig saniert.

Der Bau, in dem die Kunstgalerie untergebracht ist, wurde 1912 nach Plänen des Architekten Josip Vancaš für die wohlhabenden Geschäftsleute Jošua und Marica Salom erbaut. Architektonisch interessant ist die Fassade mit ihrem Balkon, der an der vorderen abgerundeten Ecke über dem Eingang platziert wurde.

■ Literaturmuseum

Das Museum der Literatur und darstellenden Kunst liegt etwas versteckt: an der Sime Milutinovića 7. Bereits 1955 hatte der Schriftsteller Razija Handžić die Idee, ein Museum für die bosnisch-herzegowinische Literatur einzurichten. Es sollte aber noch sechs Jahre vergehen, bis das Literaturmuseum eröffnet werden konnte. 16 Jahre später wurde es um die Abteilung Darstellende Künste erweitert. 1991 öffnete die Galerie ›Mak‹ im Parterre des Museums. Sie galt während der Belagerung Sarajevos als Treffpunkt Sarajevoer Künstler.

Das Museum residiert in dem Wohnhaus der orthodoxen Familie Skarić, das Mitte des 19. Jahrhunderts errichtet wurde. Das Haus gehörte später der bekannten Sarajevoer Familie Despić und wurde über die Jahrzehnte immer wieder umgebaut und modernisiert.

Das Literaturmuseum

Karte S. 76

Das Museum verfügt über 80 verschiedene Sammlungen mit insgesamt 20 000 Objekten. Ausgestellt sind unter anderem Manuskripte, Briefe, Fotografien, Regiebücher, Magazine und auch Gemälde. Besonders interessant sind die Sammlungen zu bosnisch-herzegowinischen Schriftstellern wie Ivo Andrić, Petar Kočić, Branko Ćopić, Meša Selimović, Mak Dizdar und Hamza Humo.

■ Hotel Europa

Das ›Europa‹ gehört zu den traditionsreichsten Hotels in Sarajevo. Viele bekannte Persönlichkeiten waren dort zu Gast, darunter Literaturnobelpreisträger Ivo Andrić und zahlreiche internationale Filmstars, die das Film-Festival besuchten: unter anderem Wim Wenders, John Travolta, Morgan Freeman oder auch Angelina Jolie und Brad Pitt.
Das Hotel wurde 1882 auf Veranlassung des Sarajevoer Kaufmanns und Politikers Gligorije Jevtanović errichtet. Zuvor hatte an gleicher Stelle eine einfache, von Gazi Husrev Beg gestiftete Unterkunft für Reisende bestanden, die jedoch 1879 bei einem Brand zerstört wurde. Während der Belagerung Sarajevos musste das Hotel mehrere Granateinschläge hinnehmen und brannte aus. Das Gebäude ist inzwischen aber restauriert und gehört seitdem wieder zu den wenigen Fünf-Sterne-Häusern in Sarajevo.

■ Museum Sarajevo 1878–1918

Die Zelenih beretki verläuft östlich des Hotel ›Europa‹ an der rückwärtigen Seite des Gazi Husrev Beg Bezistan und einer Postfiliale vorbei, beschreibt eine Kurve und erreicht schließlich die Stelle, an der Gavrilo Princip den österreichischen Thronfolger Franz Ferdinand erschoss. Dort, an der Ecke Obala Kulina Bana und Zelenih beretki, befindet sich heute das Museum Sarajevo 1878–1918.

Am Ort, an dem Franz Ferdinand ermordet wurde, ist heute das Sarajevo-Museum

Bis zum Ersten Weltkrieg existierte hier das Café ›Croatia‹, in dem Gavrilo Princip vor dem Attentat einen Kaffee trank. Als die Autokolonne mit dem Thronfolger nahte, trat er vor das Café und feuerte kurz darauf die tödlichen Schüsse ab. Im sozialistischen Jugoslawien waren dort, wo Princip gestanden haben soll, Fußabdrücke in den Boden und eine Gedenktafel in die Hauswand eingelassen. Beides wurde während des Bosnienkrieges herausgerissen und zerstört.
Das Museum wurde zur Erinnerung an das Attentat eröffnet. Dennoch beschäftigt sich die ständige Ausstellung nicht ausschließlich mit der Ermordung des Thronfolgers. Gezeigt wird auch das Alltagsleben in Sarajevo nach der österreichisch-ungarischen Machtübernahme bis zum Ersten Weltkrieg. Auch die Veränderungen, die die Habsburger Herrschaft mit sich brachte, werden thematisiert, etwa die Industrialisierung und die Einführung der Elektrizität. Zu sehen ist aber auch, wie die Sarajevoer die europäische Mode der damaligen Zeit mit der traditionellen bosnischen Kleidung kombinierten. In dem kleinen, einräumigen Museum befindet sich ein Großteil der Ausstellungsobjekte in Glasvitrinen. Zu den bekanntesten Exponaten gehört eine lebensgroße Nachbildung des Thronfolgerpaares.

Entlang der Maršala Tita

Die Maršala Tita (Marschall-Tito-Straße), im Volksmund meist Titova genannt, gehört zu den belebtesten Straßen Sarajevos. Tagsüber herrscht dichter Autoverkehr, abends flanieren Menschenmassen auf dem Boulevard, an Geschäften und Cafés vorbei, Richtung Ferhadija. Die Titova nimmt an der Ewigen Flamme ihren Anfang und zieht sich von hier nach Westen; zahlreiche Sehenswürdigkeiten und andere wichtige Gebäude finden sich an ihr.

Von der Ewigen Flamme zur Nationalbank

Vor dem ehemaligen Grand Hotel, an der Ecke Ferhadija und Maršala Tita, brennt seit dem 6. April 1946 die **Ewi-**

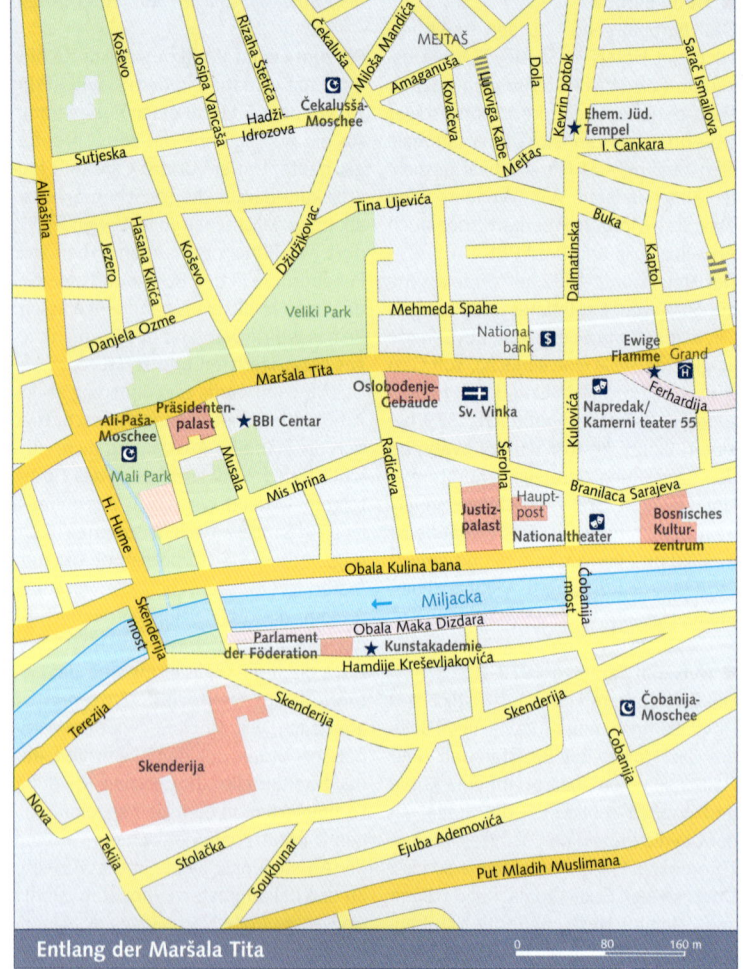

ge **Flamme**. Sie erinnert an die Befreiung Sarajevos im Zweiten Weltkrieg. Die Flamme lodert inmitten eines schwarzen Marmorrings, auf dem ein künstlicher grüner Kranz liegt. Die Inschrift an der Hauswand thematisiert den Dank Sarajevos ›für den Mut und das gemeinsam verflossene Blut bosnisch-herzegowinischer, kroatischer, montenegrinischer und serbischer Brigaden, der berühmten Jugoslawischen Armee‹ für die Befreiung der Republik Bosnien und Herzegowina im Zweiten Weltkrieg.

Bis zum Beginn der Belagerung Sarajevos im Jahr 1992 brannte die Flamme nahezu ununterbrochen. Als das Gas knapp wurde und zeitweise ganz ausblieb, erlosch das Feuer, was viele als Symbol für den wieder erstarkten Nationalismus in Bosnien sahen. Heute wird bei der Ewigen Flamme zu den Jahrestagen wieder aller antifaschistischen Kämpfer unabhängig von Religion und Nationalität gedacht.

Die Flamme widersteht inzwischen auch Windstärken von bis zu 140 Stundenkilometern und bis zu zwölf Liter Regen pro Stunde. Unabhängig von ihrer Funktion als Denkmal war und ist die Ewige Flamme für Besucher wie Einheimische bis heute ein beliebter Treffpunkt.

Die Ewige Flamme erinnert an die Befreiung Sarajevos im Zweiten Weltkrieg

Stadttouren

■ Ehemaliges Hotel Grand

Das Hotel Grand war bei seiner Einweihung nach dem 1882 eröffneten Hotel ›Europa‹ das zweite große Hotel in Sarajevo. Im Auftrag des wohlhabenden Kaufmanns Danijel Salom wurde es innerhalb von zwei Jahren im Stil der Neorenaissance erbaut. Die Bosnische Hypotheken-Vereinigung erwarb 1896 das Gebäude, später war es im Besitz der Zemaljska Banka. Nach dem Zweiten Weltkrieg hatte eine Buchhaltungsservice-Firma dort ihre Büros. Heute dient das Gebäude dem Institut zur Überwachung von Bartransaktionen und dem Finanzamt als Bürohaus.

Nach dem Bankgebäude führt der Weg an einigen kleineren Geschäften und Boutiquen vorbei.

■ Napredak-Gebäude

Das Gebäude der kroatischen Kultur-Vereinigung ›Napredak (Hrvatskog Kulturno Društvo ›Napredak‹) wurde 1913 nach Plänen des Zagreber Architekten Dioniz Sukno erbaut und besaß den ersten Fahrstuhl Sarajevos. Die beiden Skulpturen über dem Haupteingang stammen vom Bildhauer Robert Frangaš Mihanović und heißen ›Prosvjeta‹ und ›Snaga‹ (Bildung und Stärke).

Im Parterre eröffnete 1913 das Kino ›Imperijal‹ als zweites Kino in Sarajevo seine Tore. Zunächst wurden Stummfilme gezeigt, die meist mit Orchestermusik untermalt wurden. Seit Jahren ist das

Kino nicht in Betrieb, der Eingang mit Plakaten zugeklebt. Nur der nach wie vor vorhandene Imperijal-Schriftzug über dem Eingang lässt hoffen, dass das Kino eines Tages wiederbelebt wird.

Links neben dem Eingang zum Kino führt ein Durchgang zum ›Kamerni teater 55‹, rechts befindet sich das Café ›Imperijal‹.

■ Hrvatsko Kulturno Društvo Napredak

Die kroatische Kultur-Vereinigung ›Napredak‹ wurde am 14. Juli 1902 in Mostar gegründet. Ziel war die Unterstützung von Schülern der höheren Schulen und Studenten in Bosnien und Herzegowina. Am 11. November 1902 wurde zudem die ›Kroatische Vereinigung für Bildung von Kindern in Handwerk und Handel‹ gegründet. Beide Organisationen schlossen sich 1907 unter dem Namen ›Napredak‹ zusammen.

In den ersten 25 Jahren ihres Wirkens wurden über 6000 Schüler und Studenten unterstützt, darunter auch die späteren Nobelpreisträger Ivo Andrić und Vladimir Prelog. Die Vereinigung brachte bis 1947 einen Kalender heraus und ab 1921 die Monatsschrift ›Napredak‹. 1923 wurde die Napredak Union gegründet, ein Bank- und Versicherungsunternehmen. Bis zum Zweiten Weltkrieg wies die Vereinigung 20 000 Mitglieder auf. Im sozialistischen Jugoslawien war sie jedoch verboten. Als Jugoslawien zerfiel, wurde ›Napredak‹ im Juni 1990 erneut ins Leben gerufen. Heute soll die Vereinigung wieder so mitgliederstark sein wie vor dem Zweiten Weltkrieg.

■ Kamerni teater 55

Die Bühne wurde 1955 als ›Malo pozorište‹ (Kleines Theater) ins Leben gerufen und spielte überwiegend experimentelle und weniger bekannte Dramen. Mehrere Generationen junger Bühnenschauspieler erhielten dort ihre Ausbildung. Zudem machte sich das Theater als Veranstalter von Festivals experimenteller Bühnenkunst einen Namen. Nach dem Bosnienkrieg wurde diese Tradition erfolgreich wiederbelebt. Das jährlich stattfindende Theaterfestival MESS gehört zu den bekanntesten und wichtigsten des Landes.

■ Salomova Palata

Unmittelbar neben dem Napredak-Gebäude steht der sogenannte Salom-Palast (Salomova Palata), ein bekanntes Geschäftshaus. Die Kaufleute Ješna und Mojce Salom ließen es 1912 vom Architekten Rudolf Tönnies erbauen. Interessant sind die acht Skulpturen an der Fassade zur Straße hin. Sie symbolisieren die Menschen Bosnien und Herzegowinas mit ihren verschiedenen Religionen und Gebräuchen.

Karte S. 96

▲ *Die Nationalbank, Fassadendetail*

Im Parterre befindet sich die bekannte Buchhandlung ›Svjetlost‹ und daneben das gleichnamige Schreibwarengeschäft mit großem Sortiment, darunter auch Souvenirs. In den Stockwerken darüber befinden sich Wohnungen und Büros.

■ **Nationalbank**

Das mächtige Gebäude der Nationalbank (Narodna Banka) auf der nördlichen Straßenseite ist nicht zu übersehen. Der monumentale Bau entstand 1931 im Auftrag der Mortgage Bank. Der Architekt Milan Zlaković mischte den frühen Renaissancestil mit klassischen Elementen. Der Haupteingang wird von zwei Bronzestaturen des Bildhauers Vladimir Zagorodnjuk flankiert. Seit dem Ende des Bosnienkrieges residiert die Nationalbank Bosnien und Herzegowinas in dem Gebäude.

Mejtaš

Es bietet sich an, von der Nationalbank aus einen Abstecher in den Stadtteil Mejtaš zu unternehmen, zum ehemaligen jüdischen Tempel und zur Čekaluša-Moschee.

■ **Jüdischer Tempel**

Die Dalmatinska führt den Berg hinauf und direkt auf den ehemaligen jüdischen Tempel zu, der sich an einer Straßenkreuzung befindet. Nur noch der Davidstern an der Fassade lässt erahnen, dass das Gebäude einst ein jüdischer Tempel war. Zudem befanden sich einst mehrere Wohnungen im Haus, die vor dem Zweiten Weltkrieg von wohlhabenden jüdischen Familien bewohnt wurden.

■ **Čekaluša-Moschee**

Etwas weiter westlich vom jüdischen Tempel, etwa dort wo die Mejtaš in die Čekaluša-Straße übergeht, steht die Čekaluša-Moschee (Džamija Čekaluša).

Sie wurde Ende des 16. Jahrhunderts im Auftrag von Kalin Hajji Balija erbaut. Ihren Namen erhielt die Moschee nach ihrem Standort in der Čekaluša-Straße. Die Moschee verfügt über ein steinernes Minarett und ist im Inneren mit Ornamenten und zwei Kronleuchtern ausgestattet. Neben der Moschee befindet sich ein kleiner moslemischer Friedhof, der teilweise zerstört wurde, als man die umliegenden Wohnblöcke baute.

Die Čekaluša-Straße hieß im sozialistischen Jugoslawien Nemanjina, nach Stefan Nemanja aus der gleichnamigen serbischen Dynastie. Damals trugen viele Straßen in Sarajevo die Namen serbischer oder kroatischer Fürsten und Könige. Nach der Eigenstaatlichkeit Bosnien und Herzegowinas erhielten die Straßen wieder ihren ursprünglichen Namen.

Folgt man der Čekaluša weiter den Berg hinauf, ist bald die Medizinische Fakultät und weiter nördlich an der Bolnička das Städtische Klinik-Zentrum erreicht.

Zwischen Nationalbank und Ali-Paša-Moschee

Erzbischof Josip Štadler kaufte für die katholische Kirche im Jahr 1882 das Grundstück im Stadtzentrum an der heutigen Maršala Tita und ließ im Jahr darauf die **Kirche des heiligen Vincent** (Sv. Vinka), ein Kloster und eine Schule errichten. Fortan lebten und unterrichteten die Barmherzigen Schwestern des heiligen Vincent dort. Die Schwestern waren 1871 auf Einladung des apostolischen Vikars Pascal Vuičića aus Zagreb nach Sarajevo gekommen. Die Schule, an der sie zunächst unterrichtet hatten, brannte jedoch ab. Pfarrer Grge Martić ließ die Schule zwar wieder aufbauen, konnte aber mit dem Neubau Bischof Štadler nicht zufriedenstellen, der daraufhin den Schwestern eine neue Wirkungsstätte verschaffte.

Stadttouren

Das frühere Oslobođenje-Verlagsgebäude

■ Ehemaliges Oslobođenje-Verlagsgebäude

Etwas westlich der Kirche des heiligen Vincent, kurz bevor sich die Straßenschlucht öffnet, befindet sich das ehemalige Oslobođenje-Verlagsgebäude. Es wurde 1956 als Verwaltungsgebäude von ›Šipad‹ erbaut, einer Firma der Holzindustrie. Die Pläne entwarf der Architekt Tihomir Ivanović. Bis in die 1980er Jahre hatte der Verlag Oslobođenje in einem Teil des Gebäudes seine Verwaltungs- und Geschäftsräume. Die Tageszeitung ›Oslobođenje‹ (Befreiung) gehörte zu den wichtigsten Blättern im ehemaligen Jugoslawien. Auch während der Belagerung Sarajevos produzierte die Redaktion jeden Tag unter widrigsten Umständen eine zweiseitige Ausgabe, die kostenlos in der Stadt ausgehängt wurde. In dieser Zeit wurden die Zeitungsmacher mit zahlreichen internationalen Preisen ausgezeichnet.

Nach dem Krieg versiegte das weltweite Interesse schlagartig. Heute ist ›Oslobođenje‹ nur noch eine von mehreren Tageszeitungen, die in Sarajevo produziert werden. Der Verlag gibt neben der Tageszeitung mehrere Zeitschriften und Magazine heraus.

Einige Schritte weiter ist das **Café Park** zu finden. Früher galt das Café als Treffpunkt für Sarajevos Prominenz, Kulturschaffende und Journalisten sollen dort bei einem Kaffee Beziehungen gepflegt haben. Die Zeiten scheinen jedoch vorbei. Heute ist dort tagsüber gemischtes Publikum anzutreffen, während abends junge Leute in den Zwanzigern in der Überzahl sind.

Auf der schräg gegenüberliegenden Straßenseite ist das neue, hochmoderne **BBI Centar** nicht zu übersehen. Das Einkaufszentrum ist vollklimatisiert und beherbergt neben zahlreichen Boutiquen auch Cafés und Restaurants.

Karte S. 96

■ Veliki und Mali Park

Der Veliki Park (Großer Park) hat den Ruf, der Lieblingspark der Sarajevoer zu sein, die hier gern über die asphaltierten Wege spazieren und sich auch nicht an den leichten Steigungen stören. Ende des 16. Jahrhunderts kaufte Muslihudin Čekrekčija ein Grundstück von der Größe des heutigen Parks, um dort einen muslimischen Friedhof anlegen zu lassen. Später schenkte er den Friedhof der Stadt, verfügte aber, nach seinem Tod dort in einem namenlosen Grab ohne Stein beerdigt werden zu wollen. 1885 wandelte die Stadt den Friedhof in einen Park um. Dabei blieben die islamischen **Gräber** mit ihren Grabsteinen erhalten.

Im unteren Bereich des Parks, nahe der Straße, wurde am 9. Mai 2009 das **Denkmal** für die während der Belagerung getöteten Kinder eingeweiht; mehr als 1300 Kinder kamen von 1992 bis 1995 in Sarajevo ums Leben. Die Glasskulptur symbolisiert eine Mutter, die versucht, ihr Kind zu schützen. Das Denkmal schuf der bekannte Sarajevoer Bildhauer Mensud Kečo. Es besteht überwiegend aus Glas und Bronze. Dabei wurden für den bronzenen Ring ausschließlich Munitions- und Granathülsen verarbeitet, die auf die Stadt abgefeuert worden waren. Die Fußspuren stammen von Freunden der getöteten Kinder.

Der Mali Park (Kleiner Park) schließt sich an den Veliki Park an. Er wurde 1886 auf dem Gelände zweier ehemaliger islamischer Friedhöfe angelegt, dem Šehitluci- und dem Kemal-Begovo-Friedhof. Im Park befinden sich die **Büsten** einiger bekannter bosnischer Schriftsteller, darunter Hamza Humo und Petar Kočić.

Stadttouren

Das Denkmal für die während der Belagerung getöteten Kinder

Nirvana (Nina) Željković

Nirvana (Nina) Željković war zwölf Jahre alt, als ein Granatsplitter sie tödlich verletzte. Sie war das letzte getötete Kind im belagerten Sarajevo: Drei Tage später begann die NATO mit Luftangriffen gegen serbische Stellungen, die sich in den Bergen rund um die Stadt befanden. Bald darauf beendete das Abkommen von Dayton den Krieg. 2005 reiste der Journalist Peter Münch in die bosnische Hauptstadt, um eine Reportage über die Nachwirkungen des Krieges zu schreiben. Er entdeckte an der Ecke Tepebašina und Odobašina die Gedenktafel für Nina Željković und begab sich auf Spurensuche. Er sprach mit Ninas Familie, den Freunden und konnte Ninas Tagebuch lesen. Daraus entstand sein Buch ›Der Duft des Lindenbaums‹. Nina lebte mit ihren Eltern Hike und Zemka, ihrer Schwester Belma und ihrem Hund Ziko im Stadtteil Gorica. Drei Monate vor ihrem Tod begann Nina Tagebuch zu schreiben. Ihre Gedanken, Berichte und Erlebnisse richtete sie an Vili, eine erfundene Person. Nina schrieb über den Schulunterricht, der nur dann stattfinden konnte, wenn der Beschuss es zuließ. Sie erzählte von ihren Freunden, von ihrer großen Leidenschaft, dem Tanzen, von den Wettbewerben, an denen sie teilnahm und die sie meist gewann, und von Dino, ihrer ersten Liebe. Ihren letzten Eintrag verfasste sie am 26. August 1995. Am Tag darauf spielte sie gemeinsam mit 20 anderen Kindern in der Tepebašina, als ein langgezogener Pfeifton die Kinder erstarren ließ. Kurz darauf schlug die erste Granate ein. Wie durch ein Wunder wurde niemand verletzt. Die Kinder flüchteten die Straße hinauf in Richtung ihrer Schule, als die zweite Granate explodierte. Ein Splitter zerriss Ninas Halsschlagader. Sie fiel zu Boden und verlor das Bewusstsein. Ein Nachbar brachte die Zwölfjährige ins Krankenhaus. Die Ärzte versuchten, was im Krieg möglich war – vergebens. Nina starb am 2. September. Kurz darauf verließ die Familie Željković Sarajevo durch den Tunnel beim Flughafen und flüchtete nach Amerika. In St. Louis fanden die Eltern Arbeit, die Mutter als Verkäuferin, der Vater als Lkw-Fahrer. Ninas Schwester Belma besuchte die Schule und machte ihren Abschluss mit Auszeichnung. Sie heiratete in den USA einen Bosnier und bekam zwei Kinder. Heute lebt die Familie wieder in Sarajevo, jedoch in einem anderen Stadtteil.

Die schwarze Gedenktafel wurde von Nedim Tabaković angebracht, einem Kaffeehausbesitzer. Er kannte Nina nicht persönlich, kam aber jeden Tag an der Stelle vorbei, wo Ninas Freunde Blumen, Briefe mit Gedichten und ein Foto abgelegt hatten. Als die Erinnerungen an Nina mit der Zeit verwitterten, beschloss Tabaković, die schwarze Marmortafel anzubringen. Sie trägt die Inschrift:

Liebe Nina / durch diese Straße bist du zur Schule gegangen, / und aus dieser Straße bist du weggegangen in die ewige Ruhe. / Du wirst in unseren Gedanken weiterleben.

Gedenktafel für Nina Željković

Der Präsidentenpalast

■ Präsidentenpalast

Nach der österreichisch-ungarischen Machtübernahme fehlte in Sarajevo ein Gebäude für die zentralen Staatsorgane und Militärs sowie ein sicherer Platz für das Archiv. Bis dahin waren die meisten Gebäude in der bosnischen Hauptstadt überwiegend aus Holz errichtet worden. Immer wieder kam es zu verheerenden Bränden, etwa 1879, als große Teile der Altstadt in Flammen aufgingen. Der österreichisch-ungarische Minister Benjamin Kallay schrieb wiederholt die Landesregierung an und unterstrich die Notwendigkeit eines neuen repräsentativen Gebäudes. Bis dahin waren die österreichisch-ungarischen Behörden nur provisorisch untergebracht. Der Neubau sollte dem abhelfen und zudem Eindruck beim Volk machen.

Der Architekt Josip Vancaš erstellte drei Entwürfe mit jeweils einer anderen Stilrichtung: italienische Gotik, späte italienische Renaissance und frühe Florentiner Renaissance. Die österreichisch-ungarischen Auftraggeber entschieden sich für letztere Variante, da sie die geringsten Baukosten versprach, aber das Gebäude dennoch würdevoll erscheinen ließ. Die Haupttreppe, die Büros der Offiziere und die Konferenz-räume wurden mit Dekorationen und Verzierungen ausgestattet, alle anderen Räume dagegen hatten in erster Linie funktional sein. Für seine Arbeit erhielt Vancaš 16 000 Forint Honorar, die in monatlichen Raten zu jeweils 500 Forint ausgezahlt wurden. Die Baukosten wurden mit 320 000 Forint veranschlagt.

Als Baumaterial dienten Steine aus einem nahen Steinbruch und Holz aus den umliegenden Wäldern. Dennoch stiegen die Baukosten auf rund 400 000 Forint, da die Arbeitskräfte teurer als gedacht waren. Damals, zu Beginn der österreichisch-ungarischen Herrschaft, wurde in Sarajevo viel gebaut, Arbeiter waren deshalb rar.

Nach zweijähriger Bauzeit wurde der Bau 1886 zwei Monate vor dem anvisierten Datum fertiggestellt. Das Gebäude ist 70 Meter lang und 65 Meter breit

Klassische Schönheit: die Ali-Paša-Moschee

und bot Offizieren und Verwaltungspersonal Wohnungen, außerdem Platz für zahlreiche Verwaltungsabteilungen, darunter das Forst- und Katasteramt, Aufsichtsbehörden und Wirtschaftsprüfer. 1911 erhielt der Präsidentenpalast seine dritte Etage, da weitere Verwaltungsbüros benötigt wurden. Insgesamt hat das Gebäude 3082 Quadratmeter und 203 Zimmer. Heute wird der Präsidentenpalast vom dreiköpfigen Staatspräsidium genutzt.

Die Titova beschreibt westlich des Präsidentenpalastes eine leichte Kurve und endet bei der großen Kreuzung. Genau hier befindet sich links die Ali-Paša-Moschee.

■ Ali-Paša-Moschee

Die Ali-Paša-Moschee (Ali Paša džamija) gehört zu den schönsten Moscheen in Bosnien und Herzegowina. Gestiftet wurde der Sakralbau von Hadim Ali Paša, dem ehemaligen Provinzverwalter von Budim. Ali Paša starb 1557. In seinem Testament hatte er verfügt, dass neben seinem Grab eine Moschee errichtet

werden solle. Noch zu Lebzeiten ließ Ali Paša eine Brücke, die Ali Paša most, über die Miljacka bauen. Die Brücke wurde jedoch im Laufe der Zeit stark beschädigt und Ende des 19. Jahrhunderts zerstört. Die Ali-Paša-Moschee wurde drei Jahre nach dem Tod ihres Stifters aus gehauenen Steinquadern im sogenannten klassischen Istanbuler Stil erbaut. Eine große Kuppel überdacht den Gebetsraum, während drei kleine Kuppeln die Vorhalle schmücken. Das Minarett ist mit Stalaktiten verziert. Im **Garten** der Moschee befindet sich der **Friedhof** mit der Türbe Ali Pašas sowie den Gräbern von Avdo Sumbul und Behdžet Mutevelić, die als Kämpfer gegen die österreich-ungarische Okkupation berühmt wurden.

Während der Belagerung Sarajevos wurde die Moschee stark in Mitleidenschaft gezogen, den größten Schaden nahm der Gebetsraum. Sie wurde 2004 restauriert und gehört mittlerweile zu den nationalen Denkmälern Bosnien und Herzegowinas.

Karte S. 96 ▲

Entlang der Miljacka

Über die Miljacka schwingen sich mehrere Brücken mit langer Geschichte. Zudem befinden sich zahlreiche interessante Gebäude am Fluss: neben verschiedenen Botschaften etwa die Synagoge und die ehemalige evangelische Kirche, in der heute die Kunstakademie untergebracht ist. Sehenswert sind auch der Justizpalast, das Gebäude der Hauptpost und das Nationaltheater.

Skenderija

Die Skenderija ist das größte Sport-, Kultur- und Shoppingcenter in Sarajevo. Während der Olympischen Winterspiele 1984 wurden in der Skenderija die Eishockey- und Eiskunstlaufwettbewerbe ausgetragen, außerdem befand sich dort das internationale Pressezentrum. Eröffnet wurde die Skenderija am 29. November 1969 mit der Premiere des in Jugoslawien berühmten Films ›Die Schlacht an der Neretva‹ (Bitka na neretvi). Die Architekten Živorad Janković,

Halid Muhasilović und Slavoljub Malkin wurden für ihren Entwurf mit mehreren Preisen ausgezeichnet. Der Name Skenderija ist von Skender Paša abgeleitet, der 1499 an gleicher Stelle einen Markt und eine Karawanserei errichten ließ. Sein Sohn Mustafa Beg Skenderpašić veranlasste 1518 den Bau der ersten Kuppelmoschee in Bosnien.

Seit seiner Eröffnung fanden in der Skenderija zahlreiche kulturelle und sportliche Großereignisse statt, darunter Nationale und Weltmeisterschaften, etwa im Tischtennis und Basketball, sowie Volleyballspiele auf europäischer Ebene. Anlässlich der Olympischen Winterspiele wurde die Skenderija ausgebaut und renoviert.

Neben der großen Sporthalle und der unterirdischen Shoppingstraße ist das Dom mladih (Haus der Jugend) der bekannteste Teil der Skenderija. Vor dem Bosnienkrieg war die kleine Halle der modernste Jugendclub in Jugoslawien.

Stadttouren

Die Miljacka am östlichen Altstadtrand

Viele nationale Sänger und Bands spielten hier ihre ersten Konzerte, bevor sie im ganzen Land berühmt wurden. Während der Belagerung Sarajevos brannte das Dom mladih aus. Das Hauptgebäude überstand den Beschuss mit vergleichsweise geringen Schäden. Nach dem Krieg stand die Skenderija lange Zeit leer. Erst 1999 beschloss die Stadtverwaltung, dass Sarajevo wieder eine Ausstellungs- und Konzerthalle bekommen solle. Mithilfe zahlreicher privater Geldgeber wurde die Skenderija von 2000 bis 2006 grundlegend renoviert und saniert. Seitdem strömen jährlich wieder bis zu 500 000 Besucher zu Messen, Seminaren, Konzerten und Ausstellungen.

Zwischen Skenderija und Čobanija-Brücke

In einem kleinen Park gegenüber der Skenderija, am rechten Miljacka-Ufer, steht die **Büste von Vladimir Perić**, genannt Valter. Perić organisierte während des Zweiten Weltkrieges in Sarajevo den Partisanenwiderstand. Er galt als besonders mutig, tapfer und intelligent und war bereits zu Lebzeiten eine Legende. Perić kam 1919 in Prijepolje (Serbien)

zur Welt. Er studierte an der Handelsakademie und arbeitete ab 1940 in einer Bank in Sarajevo. Zu dieser Zeit trat Perić der Kommunistischen Partei bei. Als die deutsche Wehrmacht Jugoslawien überfiel, schloss sich Perić den Partisanen an. Er wurde Kommandeur des Zinica-Batallions, später der 6. Ost-Bosnien-Brigade. 1943 erhielt er den Auftrag, das Untergrundnetz der Partisanen in Sarajevo neu zu formieren. Die deutschen Besatzer versuchten mehrfach vergebens, Perić habhaft zu werden. Am Tag der Befreiung Sarajevos, am 6. April 1945, wurde Perić beim Versuch getötet, das einzige Kraftwerk der bosnischen Hauptstadt vor der Sprengung zu schützen. Am 24. Juli 1953 erklärte ihn Staatspräsident Tito postum zum Nationalhelden. Perićs Grab befindet sich im Vraca-Gedenkpark. Außerhalb Jugoslawiens wurde Perić durch den 1972 gedrehten jugoslawisch-deutschen Spielfilm ›Valter brani Sarajevo‹ (Walter verteidigt Sarajevo) bekannt. Der Film mit Bata Živojinović in der Hauptrolle wurde überwiegend in Sarajevo gedreht und erzählt von Perićs Wirken während des Zweiten Weltkriegs. Der Film war auf dem Balkan sehr populär, er hatte in China sogar ein Millionenpublikum und genießt dort bis heute Kultstatus.

■ Skenderija most

Die Skenderija-Brücke führt vor dem Dom mladih über die Miljacka und ist nicht mit der breiteren Autobrücke gleich daneben zu verwechseln. Im 15. Jahrhundert ließ Skender Paša eine Holzbrücke über die Miljacka bauen, um die von ihm gestifteten Bauwerke auf beiden Ufern des Flusses miteinander zu verbinden. 1883 wurde die Holzbrücke durch eine Eisenbrücke ersetzt, die jedoch stromaufwärts der alten Brücke errichtet wurde. Es kursiert das Gerücht, die Eisenbrücke sei

Die Skenderija

Karte S. 96

*Früher eine Kirche, heute die Kunst-
akademie*

im Pariser Büro von Gustav Eiffel, dem
Konstrukteur des Eiffelturms, entworfen
wurde. Dokumente, die diese Theorie belegen können, soll es aber nicht geben.
Die Skenderija-Brücke wurde während
des Bosnienkrieges beschädigt, 2004
aber saniert.

■ Ehemalige evangelische Kirche
(Kunstakademie)

Folgt man am linken Ufer der Miljacka
der Promenade Obala Maka Dizdara
(benannt nach Mak Dizdar, einem der
bedeutendsten Dichter Bosniens) in östliche Richtung, passiert man zunächst das
Gebäude der **griechischen Botschaft** und
das **Parlament der Föderation.**
Wiederum einige Schritte weiter befindet sich die ehemalige evangelische
Kirche und heutige Kunstakademie. Im
19. Jahrhundert lebten nur wenige Protestanten in Sarajevo. Mit der Machtübernahme Österreich-Ungarns wuchs
die evangelische Gemeinde jedoch stetig und entwickelte den Wunsch nach
einem eigenen Gotteshaus. 1898 war
es soweit: Die Gemeinde ließ am linken
Miljacka-Ufer die Hauptkirche errichten
und zehn Jahre darauf um zwei Seitenflü-

gel erweiterten, die fortan von der Gemeindeverwaltung genutzt wurden. Der
Kirchenkomplex wurde nach Plänen des
Architekten Karl Paržik im römisch-byzan-
tinischen Stil erbaut und gehört zu den
eindrucksvollsten Bauwerken Sarajevos.
Nach dem Abzug Österreich-Ungarns
verließen die meisten Protestanten nach
und nach die bosnische Hauptstadt. Die
Kirche stand bald leer und verkam, bis
sich 1981 die Stadt Sarajevo ihrer an-
nahm, sie restaurierte und in dem Gebäude die Kunstakademie ansiedelte.
Östlich der Kunstakademie befinden
sich zwei weitere **Botschaften**: die serbische und die iranische. Bei der Čobanija-
Brücke befindet sich das bekannte **Restaurant Dva Ribara** (Zwei Fischer). Heute
ist sein Glanz allerdings ebenso wie seine Fassade etwas verblasst. Zur jugoslawischen Zeit galt das Restaurant als
Treffpunkt für Schauspieler, Musiker und
Schriftsteller.

Zwischen Čobanija-Brücke und
Ćumurija-Brücke

Die **Čobanija-Brücke** (Čobanija most)
ist eine Eisenbrücke. Glaubt man einer
Legende, hat ein Hirte eigenhändig aus

Die Čobanija-Brücke

Stadttouren

Holz den Vorläufer der heutigen Brücke gebaut. Wahrscheinlicher ist jedoch, dass Čoban Hasan Duke Vojvoda diesen Bau veranlasste. 1604 ließ Scheich Kaimija die Brücke reparieren. Fortan wurde sie im Volk nach dem Scheich Šejhanija most (Šejtanija-Brücke) genannt. 1886 wurde die Holzbrücke durch eine Eisenbrücke ersetzt, die jedoch kurz nach ihrer Fertigstellung bereits wieder einstürzte. Zwei Jahre darauf ließ man das Bauwerk wieder aufbauen. Während der Belagerung Sarajevos wurde die Ćobanija most schwer beschädigt, aber mit amerikanischen Geldern im Jahr 2000 saniert und danach für den Autoverkehr freigegeben.

■ Čobanija-Moschee

Etwa 100 Meter südlich der Brücke, an der Čobanija-Straße, befindet sich die Čobanija-Moschee (Čobanija džamija). Erbaut wurde sie im 16. Jahrhundert, und zeitgleich entstand links neben der Moschee eine islamische Schule (Mekteb). Später kam ein neues Schulgebäude hinter der Moschee hinzu, während in das alte Gebäude mehrere Geschäfte einzogen. Bekannt ist die Čobanija džamija für ihr hohes steinernes Minarett, an dem eine Steintafel mit einer türkischen Inschrift angebracht ist. Die Moschee wurde nach dem Bosnienkrieg renoviert und 2007 zum Nationalen Denkmal erklärt.

■ Justizpalast

Der Justizpalast befindet sich auf dem rechten Miljacka-Ufer unmittelbar neben der Hauptpost. Erbaut wurde er in zwei Phasen. Der südliche Komplex entstand zwischen 1912 und 1914, der nördliche 1918. Den Grundriss gestalteten die beiden preisgekrönten österreichischen Architekten Hans Glaser und Alfred Kraup. Die Pläne für das übrige Gebäude stammen von Karl Paržik. Heute beherbergt der Justizpalast das Rektorat der Universität von Sarajevo, die Juristische Fakultät und Büros der Justiz.

■ Hauptpost

Das Gebäude der Hauptpost (Glavna Pošta) entstand 1913 und gehört zu den schönsten Bauten aus österreichisch-ungarischer Zeit in Sarajevo. Dem Architekten Josip Vancaš diente das Gebäude der Postsparkasse in Wien als Vorbild für seine Entwürfe. Der Bau in Sarajevo besticht durch seine großzügigen Räume. Besonders beeindruckend ist die 40 mal 15 Meter große Schalterhalle mit ihrem Glasdach und den goldfarbenen Messingschaltern, Kronleuchtern und Uhren. Damals wie heute gehört die Post in Sarajevo zu den größten und prächtigsten Postämtern in Europa. Mit Beginn der Belagerung Sarajevos wurde das Postgebäude unter Beschuss genommen und brannte am 2. Mai 1992 völlig aus. Mit finanzieller Hilfe Österreichs wurde das Gebäude 2001 restauriert.

Im prächtigen Foyer der Hauptpost

Karte S. 76

■ Josip Vancaš

Josip Vancaš (1859–1932) entwarf während der österreichisch-ungarischen Herrschaft zahlreiche Sarajevoer Bauwerke und prägt so bis heute das Stadtbild. Vancaš kam am 22. März 1859 im ungarischen Sopron zur Welt. Von 1876 bis 1881 studierte er an der Technischen Universität in Wien. Anschließend arbeitete er zunächst als Zeichner im Büro der Wiener Architekten Fellner, Helmer und Schmidt, wo er zum Beispiel die Entwürfe für das Zagreber Nationaltheater zu Papier brachte. Auf Einladung der bosnischen Regierung kam Vancaš 1883 nach Sarajevo. Die Stadt erlebte nach der Besetzung durch die Habsburger einen Bauboom und benötigte dringend Architekten. Vancaš nutzte die Gunst der Stunde und schuf Bauwerke in schneller Folge. Von 1883 bis 1921 entwarf er 102 Wohnhäuser, 70 Kirchen, zwölf Schulen, zehn Banken und ebenso viele Villen und staatliche Gebäude sowie sechs Hotels. Dabei studierte er die nationale Bauweise Bosniens, ließ sie in seine Entwürfe einfließen und kreierte so den sogenannten Bosnischen Stil. Zudem engagierte er sich für den Schutz der Kulturdenkmäler im Land und legte dem bosnischen Parlament eine entsprechende Resolution vor. Zu Vancaš bekanntesten Arbeiten gehören die katholische Kathedrale, die Hauptpost und des ehemalige Grand Hotel, aber auch der katholische Friedhof im Stadtteil Koševo und die östliche Seite der Strossmayer-Straße. Vancaš zog 1921 nach Zagreb, wo er elf Jahre später starb. In Sarajevo trägt eine Straße den Namen des Architekten.

■ Nationaltheater

Das Nationaltheater ganz in der Nähe der Hauptpost wurde nach Plänen des Architekten Karl Paržik 1898 nach einjähriger Bauzeit im Neurenaissancestil fertiggestellt. Der Bau beherbergte zu-

Das Nationaltheater

nächst einen Herrenclub, bevor er am 2. Januar 1899 mit dem Stück ›Medea‹ von Franz Grillparzer seine Premiere als Theater erlebte. Die ersten Aufführungen wurden ausschließlich von reisenden Theatertruppen dargeboten, erst im November 1921 wurde das Nationaltheater mit festem Ensemble gegründet. Durch die feierliche Eröffnungszeremonie führte der damals in Jugoslawien sehr bekannte Humorist Branislav Nušić. Am 9. November 1942 begann die Sarajevoer Oper ihre Aktivitäten. Nach dem Zweiten Weltkrieg wurde das Gebäude nach Plänen des Architekten Bogdan Stojkov ausgebaut.1949 bekam das Theater ein eigenes Ballett, das zu Titos Geburtstag am 25. Mai 1950 seine erste Aufführung zeigte. Bis heute erlebte das Haus weit über 1300 Theater- Opern- und Ballettpremieren sowie zahlreiche Gastspiele von Ensembles aus der ganzen Welt. Zu den bekanntesten Künstlern, die auf der Bühne des Nationaltheaters standen, gehören Luciano Pavarotti, José Carreras und der Violinist und Dirigent Yehudi Menuhin. Jedes Jahr im Juli werden im Nationaltheater die Wettbewerbsbeiträge des Filmfestivals von Sarajevo gezeigt. Dann

Stadttouren

geben sich auch nationale und internationale Stars und Filmschaffende auf dem roten Teppich die Ehre.

■ Bosnisches Kulturzentrum

Das heutige Bosnische Kulturzentrum entstand als jüdischer Tempel Il Kal grandi. Das Gebäude wurde 1930 nach vierjähriger Bauzeit fertiggestellt. Der Zagreber Architekt Rudolf Lubinski entwarf einen Tempel im pseudomaurischen Stil. Der Gebetsraum war mit einer elliptischen Kupferkuppel überdacht. Ein neun Meter breites Bogenportal führte ins Atrium, das von Arkaden in Hufeisenform gesäumt wurde. Darüber befand sich die Galerie, die den Frauen vorbehalten war. Im Erdgeschoss gab es ein Zimmer für den Rabbi, die Schatzkammer, ein Hochzeitssaal und Umkleideräume. Im ersten und zweiten Stock waren die Bibliothek, das Archiv, Konferenzräume und Wohnungen untergebracht. Die Wände waren zum Teil mit buntem Marmor verkleidet.

Heute erinnert nur noch wenig an einen jüdischen Tempel; die einst von der jüdischen Gemeinde genutzten Räume sind nicht mehr auszumachen: Während des Zweiten Weltkriegs wurde das Gebäude nahezu vollständig zerstört und die wertvolle Kupferkuppel geraubt. Der Wiederaufbau war erst 1965 beendet, anschließend zog die ›Djuro-Djaković-Arbeiter-Universität‹ in das Gebäude.

Der jüdische Architekt Ivan Strauss scheiterte mit seiner Idee, dem Bauwerk seine ursprüngliche Funktion zurückzugeben. Die sozialistische Regierung legte Strauss damals unüberwindbare Hindernisse in den Weg. Heute ist die jüdische Gemeinde Sarajevos zu klein, um mit einem ähnlichen Ansinnen Erfolg haben zu können.

■ Drvenija most

Die Drvenija most wurde 1898, während der österreichisch-ungarischen Herrschaft, erbaut. Auf der Brücke und in ihrer Umgebung erlebten zahlreiche Sarajevoer Jugendliche ihre erste Liebe. Denn die Brücke verband das Mädchengymnasium auf dem linken mit dem Gymnasium für Jungen auf dem rechten Miljacka-Ufer. Zudem waren zwei Grundschulen und eine Kunstschule nahe der Brücke angesiedelt. Die Drvenija most wurde während des Bosnienkrieges zerstört, aber anschließend wieder aufgebaut. Dabei wurde die Brücke dem Original nachempfunden und ist heute überwiegend aus Beton; lediglich das Brückengeländer ist noch aus Holz.

■ Prva Gimnazija

Das erste Gymnasium Bosniens befindet sich – wie schon der Name andeutet – in der Gimnazijska. Es wurde 1879 gegründet, kurz nach Beginn der österreichisch-ungarischen Machtübernahme. Zuvor hatte die Habsburger Landesverwaltung per Dekret den Grundstein für das Gymnasium gelegt. Nach 400-jähriger osmanischer Herrschaft planten die neuen Machthaber eine Schule, in der die Religion keine tragende Rolle mehr spielen sollte. Ziel war es, die bosnische Jugend unabhängig von Nationalität und Glauben auszubilden. Zwar waren auch unter den Osmanen weiterführende Schulen eingerichtet worden. Sie waren jedoch überwiegend islamisch ausgerichtet oder standen unter dem Einfluss der katholischen oder der serbisch-orthodoxen Kirche. Der Habsburger Kaiser Franz Joseph unterstützte die Idee einer religionsunabhängigen Schule und unterschrieb eigenhändig einen entsprechenden Erlass, der sich bis heute im Besitz der Schule befindet.

Im Gründungsjahr hatte das Gymnasium lediglich 42 Schüler, die Schülerzahl nahm jedoch stetig zu; 1919 durften erstmals auch Mädchen ein Gymnasium besuchen. Von Beginn an fehlten der Schule Klassenräume. Seit seiner Gründung vor über 130 Jahren durchliefen 40 000 Schüler das Gymnasium, das bis heute einen hervorragenden Ruf genießt. Einige seiner Schüler wie etwa der Schriftsteller Petar Kočić, die Maler Jovan Bijelić und Mario Mikulić und der Nobelpreisträger Ivo Andrić erlangten Berühmtheit.

■ Synagoge der Aschkenasen

Die Aškenska sinagoga (Synagoge der Aschkenasen) am linken Miljacka-Ufer ist heute der einzige jüdische Sakralbau in Sarajevo, in dem religiöse Andachten abgehalten werden. Die jüdische Glaubensgemeinschaft der Aschkenasen kam erst 1878 im Zuge der Machtübernahme der Habsburger nach Sarajevo. Sie wurden deshalb auch als österreichisch-ungarische Juden bezeichnet. Die Synagoge wurde 1902 im pseudomaurischen Stil nach Plänen des Architekten Karl Paržik erbaut und nach dem Zweiten Weltkrieg sowohl von der Aschkenasen-Gemeinde wie auch von den sephardischen Juden als Gotteshaus genutzt.

■ Ćumurija-Brücke

Hadži Hasan stiftete die Ćumurija most 1556. Sie war ursprünglich aus Holz, wurde mehrfach vom Hochwasser beschädigt und deshalb 1886 durch eine Eisenbrücke ersetzt. Die Ćumurija-Brücke hat ihren Namen von der Holzkohle (ćumur), die über die Brücke zu den Säbelmachern und Messerschmieden in die Baščaršija getragen wurde. Die Asche entsorgten die Handwerker nahe der Brücke im Fluss. Heute wirkt die Ćumurija most wie eine gewöhnliche Fußgänger- und Autobrücke, der ihre fast 500-jährige Geschichte nicht anzusehen ist.

■ Despić-Haus

Das Despić-Haus (Despić kuća) am rechten Miljacka-Ufer, östlich der Ćumurija-Brücke, gilt als typisches Beispiel für den Wohnstil einer bürgerlichen serbischen Familie gegen Ende der türkischen Herrschaft. Ein Teil des Hauses entstand bereits im 17. Jahrhundert, in der zweiten Hälfte des 19. Jahrhunderts ließ Marko Despić das Gebäude erweitern. Bauherren waren die Kroaten Franjo Linardić und Franjo Moice aus Split, die mehrere damals populäre Baustile vereinten.

Die Despić-Familie genoss großes Ansehen in Sarajevo, Marko Despić war Finanzminister in der Landesregierung. So war es nicht ungewöhnlich, dass oft hohe Diplomaten zu Feiern ins Haus kamen. Zudem wurden im Despić-Haus regelmäßig Theaterstücke aufgeführt, der Theaterraum befand sich im östlichen Teil des Gebäudes. Das erste Haustheater Bosniens war damals im ganzen Land als Despić-Brüder-Theater bekannt. Hausherr Mić Despić spielte in den aufgeführten Stücken meist selbst die Hauptrolle. Später vermachte die Familie Despić das Haus der Stadt Sarajevo, und seit 1960 ist es Teil des Stadtmuseums. Heute ist dort die Direktion des Museums untergebracht. Das Gebäude musste während der Belagerung Sarajevos mehrere Granateinschläge hinnehmen, wurde aber 2001 restauriert.

Die Ćumurija-Brücke

Stadttouren

Südlich der Miljicka: Bistrik und Alifakovac

Die Viertel südlich der Miljicka werden von den Touristen eher selten aufgesucht, lohnen aber genauso einen Besuch wie die Altstadt: Auch sie erzählen viel von der Zeit unter des Osmanen.

Bistrik

Bistrik war bis zum Bosnienkrieg ein überwiegend von Katholiken bewohnter Stadtteil. Dennoch sind hier auch zahlreiche osmanische Hinterlassenschaften zu finden, etwa die Kaisermoschee, die legendenumrankte Jedelir-Türbe und der Konak, in dem der österreichisch-ungarische Thronfolger Franz Ferdinand starb, nachdem er bei der Lateiner-Brücke niedergeschossen worden war.

■ Lateiner-Brücke

Die Lateiner-Brücke (Latinska ćuprija) hat ihren Namen vom Stadtviertel Latinluk (Lateinerviertel), in dem während der osmanischen Herrschaft überwiegend katholische Kroaten lebten. Nach dem Ersten Weltkrieg hieß die Brücke Princip most; sie gehört zu den bekanntesten Bauwerken des Landes. Denn wenige Schritte von der Brücke entfernt verübte

am 28. Juni 1914 der serbische Gymnasiast Gavrilo Princip das Attentat auf den österreichischen Thronfolger Franz Ferdinand, das den Ersten Weltkrieg auslöste. Die Brücke wurde von dem bosnischen Geschäftsmann Hadži Abdulah Aga Briga gestiftet und 1798 aus Kalksteinen und Rauwacke erbaut. An gleicher Stelle hatte sich zuvor eine Holzbrücke befunden, die der Sattler Husein 1541 hatte erbauen lassen und die 1565 von Ali Ajni Beg durch eine Steinbrücke ersetzt wurde. Dieses Bauwerk wurde jedoch Ende des 18. Jahrhunderts bei einem Hochwasser zerstört.

Die Lateiner-Brücke hatte ursprünglich vier Steinpfeiler und fünf Bogen. Im Zuge der Uferbefestigung Ende des 19. Jahrhunderts verschwand jedoch ein Bogen unter dem Asphalt und die Steinbrüstung wurde durch Eisengitter ersetzt. Nach dem Bosnienkrieg wurde die Brücke restauriert und erhielt erneut ihre Steinbrüstung und auch ihren alten Namen zurück.

■ Park At Mejdan

Etwas südlich der Lateiner-Brücke erstreckt sich der Park At Mejdan, der im Laufe der Jahrhunderte verschiedene Funktionen hatte: unter anderem Sklavenmarkt, Hinrichtungsstätte und im 17. Jahrhundert auch Pferderennbahn. Mit Beginn der österreichisch-ungarischen Verwaltung erhielt der Park den Namen Filipović-Platz, in der jugoslawischen Zeit wurde das Gelände nach Zar Dušan benannt.

Ursprünglich gab es im Park vier von Josip Pospišil während der österreichisch-ungarischen Herrschaft erbaute Musikpavillons. Der letzte Pavillon wurde jedoch zu Beginn des Zweiten Weltkriegs – die drei anderen schon lange vorher – zer-

▲ *Öffentlicher Brunnen im Stadtteil Bistrik*

Karte S. 113

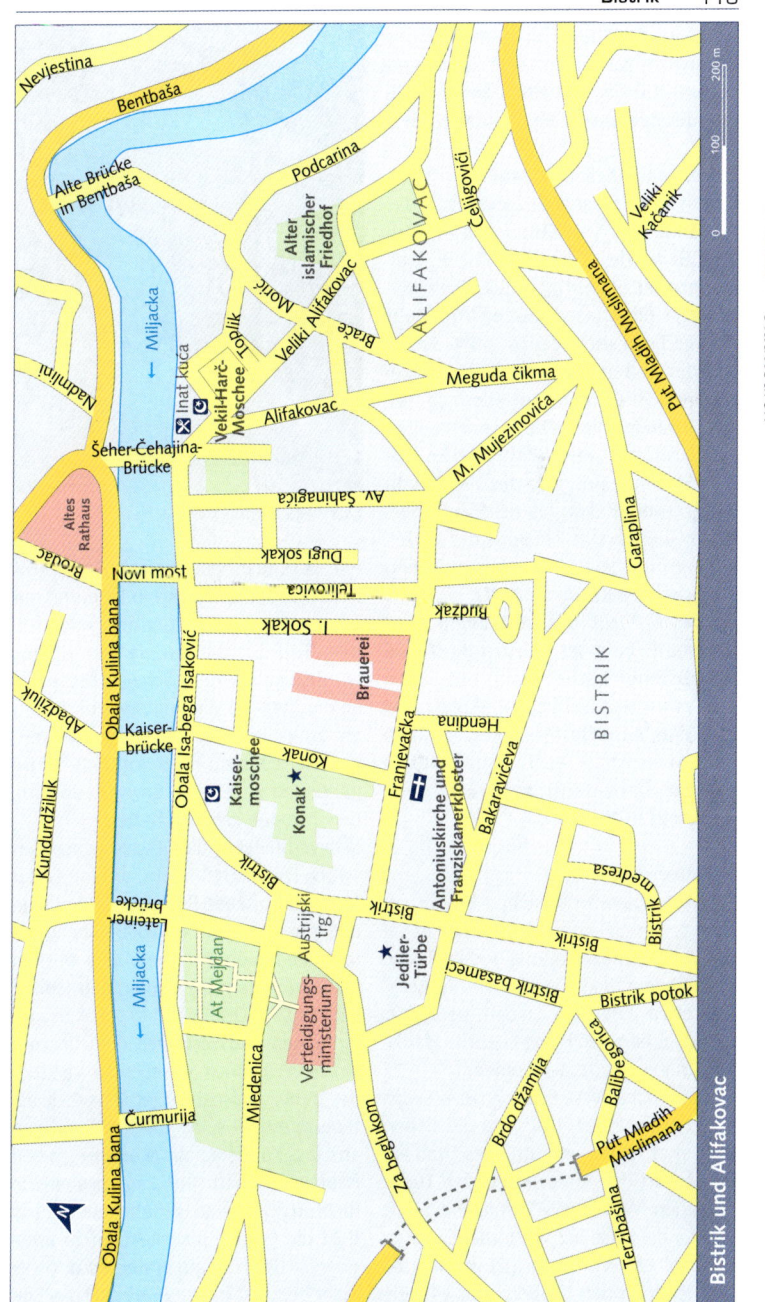

stört. Der Park heißt seit dem Ende des Bosnienkrieges wieder At mejdan und bekam 2004 erneut einen **Musikpavillon**, der heute als Café genutzt wird.

Das Verteidigungsministerium

■ Verteidigungsministerium

Oberhalb des Parks erstreckt sich das Gebäude des Verteidigungsministeriums. Es wurde im Jahr 1856 nach zweijähriger Bauzeit fertiggestellt. Die Pläne entwarf der mazedonische Architekt Andrija Damjanov, der für seine Arbeit mit der Sultan-Abdul-Medaille ausgezeichnet wurde. Wohl auch deshalb trug das Gebäude anfangs den Namen Sultan Abdul Medžids. Zuvor hatte sich an gleicher Stelle die Residenz des Wesirs von Sarajevo befunden, bis sie 1851 abgetragen wurde. Das Gebäude des Verteidigungsministeriums diente von Beginn an ausschließlich dem Militär.

An der Ostseite des Verteidigungsministeriums befindet sich der **Austrijski trg** (Österreichischer Platz) mit einem großen kostenpflichtigen Parkplatz und mehreren Bushaltestellen. Folgt man an der Gabelung der rechten Straße, rückt bald die Türbe der sieben Brüder (Jediler-Türbe) ins Blickfeld.

■ Jediler-Türbe

Das Mausoleum der sieben Brüder gehört zu den bekanntesten Türben in Sarajevo. Die Bezeichnung Jediler-Türbe stammt vom türkischen ›Yedileri Türbesi‹, was etwa ›Grab der Sieben‹ bedeutet. Direkt neben der Türbe liegt die Hadži-Sulejman-Čokadzija-Moschee.

Der bosnische Wesir Sulejman Paša Skopljak ließ die Türbe 1815 um die sieben Gräber errichten und für jedes Grab ein Fenster in die Außenwand der Türbe einbauen. Wer dort Münzen hineinwirft und für die Seele der Verstorbenen betet, dem soll ein Wunsch erfüllt werden. Zu den Toten in den Gräbern gibt es mehrere Legenden. Eine besagt, dass 1463 ein Scheich nach Sarajevo kam und ein Grundstück erwarb, um dort nach seinem Tod beerdigt zu werden. Später wurden neben dem Scheich sechs hohe muslimische Würdenträger bestattet, die zuvor hingerichtet worden waren, weil sie die Stadt nicht vor dem herannahenden Eugen von Savoyen und seinen Truppen gewarnt hatten.

Sehr verbreitet ist die Geschichte von den sieben Derwisch-Brüdern, die von Ghazi Mustafa Daltaban Paša beschuldigt wurden, die staatliche Schatzkammer ausgeraubt zu haben. Die Derwische wurden festgenommen, die Beute blieb jedoch verschollen. Der Paša ließ sechs Brüder hinrichten und versprach dem siebten, ihn zu verschonen, wenn er das Versteck der Beute preisgäbe. Der Derwisch beteuerte erneut seine Unschuld und gab an, dass Kaufleute aus Montenegro den Raub verübt hätten und anschließend in Richtung Višegrad geflohen seien, um dort die Grenze nach Serbien zu überqueren. Dann fragte er den Paša, ob er nicht bemerkt habe, dass Engel das Blut

Karte S. 113 ▲

seiner hingerichteten Derwisch-Brüder in Goldkelchen gesammelt haben. Davon beeindruckt, schickte der Paša seine Soldaten los, die bald die wahren Diebe mitsamt der Beute stellten. So wenigstens die Legende.

Kaisermoschee

Die 1462 erbaute Kaisermoschee (Careva džamija) ist die älteste Moschee Sarajevos. Veranlasst wurde der Bau von Isa Beg Isaković, einem osmanischen Heerführer, der zudem die Kaiserbrücke, ein Hamam, ein islamisches Kloster (Tekija), Wohnhäuser und Läden bauen ließ und so aus einer Handvoll Dörfern am Fluss Miljacka eine Stadt machte. Isaković wird deshalb auch als Gründer von Sarajevo bezeichnet.

Der Kaisermoschee wurde 1480 – damals war sie aus Holz – in Brand gesteckt, als Vuk Grgurević die Stadt überfiel. Bis heute ist nicht sicher, ob das Gotteshaus ganz abbrannte oder nur die Kuppel Schaden nahm. Jedenfalls wurde die Kaisermoschee 1566 niedergerissen und von Grund auf neu errichtet. Finanziert wurde der Bau von Sultan Sulejman Veličanstveni. Die Pläne entwarf ein Schüler von Mimar Sinan, dem berühmtesten Baumeister seiner Zeit. Die Moschee wurde mehrfach restauriert und renoviert, etwa im 16. und im 19. Jahrhundert und zuletzt nach dem Bosnienkrieg, als das Minarett und die Ornamente erneuert wurden. Dennoch hat sich das Aussehen der Mosche bis heute kaum verändert. Das achteckige schlanke **Minarett**, die überkuppelten **Vorhallen** und der teilweise überdachte **Moscheenhof** sind besonders beachtenswert. Im **Moscheengarten** befindet sich ein kleiner **Friedhof**, auf dem vor allem angesehene Bürger Sarajevos beerdigt wurden. Dort wird auch das Grab des Isa Beg Isaković vermutet.

Kaiserbrücke

Die ursprüngliche Kaiserbrücke (Carev most) ließ Isa Beg Isaković Mitte des 15. Jahrhunderts gegenüber der Kaisermoschee bauen; ein Hochwasser zerstörte dieses Bauwerk 1619. Hadži Husein Aga Haračić ließ an gleicher Stelle eine neue Steinbrücke mit drei Pfeilern und vier Bogen errichten. Sie fiel jedoch ebenfalls einem Hochwasser zum Opfer. 1792 veranlasste Hadži Mustafa Bešlija ihren Wiederaufbau. Knapp 100 Jahre darauf, zu Beginn der österreichisch-ungarischen Herrschaft, befand sich die Brücke in einem desolaten Zustand. Die neuen Machthaber beschlossen den Abriss und ließen einige Meter stromaufwärts eine neue Brücke gleichen Namens bauen, nun allerdings ohne Pfeiler und Bogen.

Konak

Von der Kaiserbrücke führt die Konak-Straße zur gleichnamigen Residenz. Der Konak war während der osmanischen Herrschaft der Sitz des Gouverneurs. Die erste Residenz wurde 1462 auf Veranlassung von Isa Beg Isaković erbaut. Sie wurde Sarail genannt und gab der Stadt Sarajevo seinen Namen. Im Laufe der Jahrhunderte hatte Sarajevo vier Konaks, die ersten drei brannten jedoch ab.

Der Konak

Stadttouren

Der noch erhaltene Konak wurde 1868 im Auftrag von Topal Šerif Osman Paša, dem letzten Wesir von Sarajevo, erbaut. Das barocke Gebäude entstand nach Plänen der dalmatinischen Architekten Franjo Linardić und Franjo Moice. Nach der österreichisch-ungarischen Machtübernahme wurde die Residenz als eines der ersten Gebäude in Sarajevo restauriert. Mitglieder der Habsburger Familie übernachteten dort regelmäßig, wenn sie in Sarajevo zu Besuch waren. Nach dem Attentat auf den Thronfolger wurde Franz Ferdinand schwer verletzt in den Konak gebracht, wo er seinen Verletzungen erlag. Heute empfängt der bosnische Präsident in der prächtigen Villa mit ihrem gepflegten Garten Staatsgäste.

■ Antoniuskirche und Franziskanerkloster

Das Franziskanerkloster und die Kirche des heiligen Antonius von Padua (Franjevačka Crkva sv. Ante Padovans-

kog) sind der Mittelpunkt des katholisch geprägten Stadtteils Bistrik. Er hieß früher Latinluk, weil dort zahlreiche Mitglieder eines katholischen Lateinerordens lebten. 1652 wohnten in Bistrik rund 200 katholische Familien, heute sind es kaum mehr als ein Dutzend.

Im Jahr 1882 wurde an der Stelle, wo sich heute die große katholische Kirche befindet, eine erste, sehr viel kleinere Kirche erbaut. Sie maß nur 18 mal 9 Meter, bestand überwiegend aus Holz, besaß aber einen Glockenturm mit zwei Glocken. Damals war die kleine Kirche das einzige katholische Gotteshaus in Sarajevo und deshalb sieben Jahre lang, bis die Kathedrale erbaut wurde, Sitz des Bischofs von Bosnien.

Bereits zehn Jahre nach ihrer Fertigstellung traten erste Schäden an der Kirche auf. Auf Dauer konnte der einfache Kirchenbau dem Wetter nicht standhalten. Da eine Reparatur nicht lohnenswert erschien, wurde die Kirche 1905 kurzer-

Der Eingang zur Brauerei

Karte S. 113

hand geschlossen. Zugleich reifte bei den Franziskanern die Idee, eine neue, größere Kirche zu errichten. So wurde die alte Kirche abgerissen und am 13. Juni 1912 von Erzbischof Ivan Šarić der Grundstein für den Neubau gelegt. Bereits drei Monate später war die vom Architekten Josip Vancaš im neugotischen Stil entworfene Kirche fertiggestellt, der Glockenturm kam allerdings erst später hinzu. Die Kirche ist 30 Meter lang und 18,5 Meter hoch. Der 50 Meter hohe Turm besitzt fünf Glocken, die schwerste wiegt 4000 Kilogramm. Die Kirchenorgel stammt aus dem Jahre 1925. Ab den 1960er Jahren wurde die Kirche aufwändig restauriert, die Arbeiten zogen sich über 20 Jahre hin. Das Franziskanerkloster entstand 1894 nach Plänen des Architekten Karl Paržik. Im Kloster werden neben Schriften und Büchern auch zahlreiche Werke von zumeist kroatischen Künstlern aufbewahrt.

■ **Brauerei**

Gegenüber dem Kloster liegt die Sarajevska pivara (Sarajevoer Brauerei). Die erste Brauerei der Stadt wurde im Mai 1864 vom österreichischen Industriellen Heinrich Levi gegründet. Glaubt man der Legende, soll der damalige osmanische Wesir Topal Osman Paša bei der Eröffnung das erste Bier getrunken und anschließend seinen Krug mit Goldmünzen gefüllt und ihn der Brauerei geschenkt haben. 1866 eröffneten die wohlhabende Kaufmann und Industrielle Joseph Feldbauer im Stadtteil Kovaći und Risto Radulović in Lukavica bei Sarajevo weitere Brauereien.
Der Slowene Andrija Gerdović ließ 1870 im Stadtteil Kovačići eine Brauerei bauen, die unter dem Namen Erste Tschechische Brauerei bekannt wurde. In den darauffolgenden Jahren entstanden weitere Brauereien, die sich 1893 zu der

Aktiengesellschaft ›Sarajevska Aktien‹ zusammenschlossen.
Ende des 19. Jahrhunderts produzierten Sarajevos Brauereien bereits 22 000 Hektoliter Bier im Jahr, vor dem Ersten Weltkrieg konnte die Produktion sogar zeitweise auf 150 000 Hektoliter gesteigert werden. Nach dem Ersten Weltkrieg waren die Brauereien der Aktiengesellschaft im Besitz der Wien Bank und kaum konkurrenzfähig. Die Qualität des Bieres war schlecht, die Produktionsanlagen veraltet. In besseren Zeiten wurden kaum 45 000 Hektoliter Bier produziert. Nach dem Zweiten Weltkrieg wurden alle Brauereien verstaatlicht und produzierten nun unter dem Namen Sarajevska pivara jährlich bis zu 780 000 Hektoliter Bier. Während der Belagerung Sarajevos wurde die Bevölkerung aus der Quelle der Brauerei mit Trinkwasser versorgt. Die Menschen warteten mit Kanistern vor der Pumpe, riskierten dabei aber, von Scharfschützen ins Visier genommen zu werden oder in Granatenbeschuss zu geraten. Zahlreiche Menschen kamen dort ums Leben.
Das Gebäude der Brauerei musste mehrere Mörsertreffer hinnehmen. Nach dem Krieg wurden 55 Millionen Euro investiert, das Gebäude instandgesetzt, die Anlagen modernisiert und die Produktpalette erweitert. Heute produziert die Brauerei jährlich 800 000 Hektoliter Bier sowie eine Million Hektoliter alkoholfreier Getränke, darunter Cola, Eistee, Säfte, Mineralwasser und alkoholfreies Bier.

Alifakovac

Das Stadtviertel Alifakovac liegt auf einer Anhöhe südöstlich der Baščaršija und ist vor allem wegen seines sehr sehenswerten alten islamischen Friedhofs einen Abstecher wert. Am einfachsten gelangt man dorthin, indem man von der Šeher-Ćehaja-Brücke der **Straße Veliki Ali-**

Stadttouren

fakovac folgt. Sie beginnt bei am linken Ufer der Miljacka, gegenüber dem alten Rathaus, und verläuft steil die Anhöhe zum alten islamischen Friedhof hinauf. Wie aus einer der ältesten noch erhaltenen Karten hervorgeht, hieß die Straße früher Carina (Zoll), weil sich hier eine Zollstelle für Kaufleute befand. 1882 erhielt sie erstmals den Namen Veliki Alifakovac. 1931 wurde sie nach dem serbischen Politiker Stojan Protić benannt, während des Zweiten Weltkriegs hieß sie erneut Veliki Alifakovac. Im sozialistischen Jugoslawien bekam sie den Namen des bosnischen Kommunisten und Schriftstellers Vladimir Gačinović, der auch einer der führenden Köpfe der Organisation ›Mlada Bosna‹ war.

Namensgeber von Alifakovac soll Ali Ufak sein, ein Scheich, der in Sarajevo sehr einflussreich war und auf dem Friedhof seine letzte Ruhestätte fand. Wahrscheinlicher ist jedoch, dass der Stadtteil nach Ali Fakih benannt wurde, einem Wissenschaftler, der in der zweiten Hälfte des 15. Jahrhunderts lebte und als Zeuge in einem Dokument des Gazi Isabeg erwähnt wird.

Das Trotz-Haus

Karte S. 113

■ Šeher-Ćehajina-Brücke

Die Šeher-Ćehajina-Brücke (Šeher-ćehajina Ćuprija) verbindet die Čaršija (Altstadt) mit dem Stadtviertel Alifakovac. Erbaut wurde sie 1585 auf Initiative von Alija Hafizadić. Namensgeber ist jedoch der Sarajevoer Stadtvorsteher (bosnisch Šeher ćehaja) Husein Hodzić, der das Bauwerk 1619 restaurieren ließ. Die Brücke hat fünf Bogen und steht auf vier Pfeilern. Ursprünglich war sie 51 Meter lang und 4,5 Meter breit. Als man Ende des 19. Jahrhunderts das Miljacka-Ufer befestigte, verschwand ein Brückenbogen unter dem Asphalt der neu angelegten Straße. Seitdem ist der Überweg drei Meter kürzer. Unter österreichisch-ungarischer Herrschaft wurde die Brücke verbreitert und dabei die hüfthohe Mauer zu beiden Seiten der Fahrbahn durch Gitter ersetzt. Seit einer Restaurierung im Jahre 2002 hat die Šeher ćehajina ćuprija jedoch wieder ihr ursprüngliches Aussehen.

■ Trotz-Haus

Direkt an der Šeher-Ćehajina-Brücke steht das Trotz-Haus (Inat kuća). Zu seinem Namen kam das Gebäude, als die österreichisch-ungarische Verwaltung den Rathausbau plante und das Haus abreißen wollte, da es auf dem Baugrund stand. Allerdings verweigerte der Eigentümer beharrlich den Auszug, alle Überredungskünste schlugen fehl. Erst als die Verwaltung vorschlug, das Haus Stein für Stein abzutragen und auf dem gegenüberliegenden Miljacjka-Ufer wieder aufzubauen, und ihm außerdem einen Sack mit Goldmünzen versprach, ließ sich der Besitzer umstimmen. Der Mann erhielt das Gold und sein Haus einen neuen Platz. Seitdem trägt es wegen seines eigensinnigen Eigentümers den Namen Trotz-Haus. Seit 1997 beherbergt das Inat kuća ein stilecht ein-

Die Alte Brücke in Bentbaša

Stadttouren

gerichtetes bosnisches Restaurant, das sich ganz der traditionellen Küche verschrieben hat.

■ Vekil-Harč-Moschee

Die Vekil-Harč-Moschee wurde von Vekil Harč gestiftet, dem Verwalter Gazi Husrev Begs, der von dort – wie auch viele Sarajevoer Moslems nach ihm – seine Pilgerfahrt nach Mekka begann. Die Moschee wird deshalb auch Hadžijska džamija (Moschee der Pilger) genannt. Das Jahr ihrer Entstehung lässt sich nicht genau bestimmen, wird aber zwischen 1541 und 1561 vermutet. Die Moschee ist von einer mannshohen Mauer umgeben. An der Außenmauer, links neben dem Eingang, ist ein Brunnen eingelassen.

■ Alter islamischer Friedhof

Insbesondere wegen des alten **islamischen Friedhofs** mit seinen beiden **Türben** – islamische Grabmäler mit jeweils vier Säulen, auf denen eine Kuppel thront – ist das Stadtviertel Alifakovac bekannt. Die Türben sind ein beliebtes Film- und Fotomotiv und wurden in Gedichten erwähnt und in Liedern besungen. Der Friedhof gilt als einer der ältesten und schönsten der Hauptstadt. Mit seinen über 300 Grabstätten aus mehreren Jahrhunderten spiegelt er einen Teil der Geschichte Sarajevos wider. Archäologische Funde lassen den Schluss zu, dass der Friedhof bereits im 15. Jahrhundert angelegt wurde. Damals diente er auch als Ruhestätte für in Sarajevo verstorbene Reisende, deshalb wurde er – nach dem arabischen Wort Musafir für Reisender – zuweilen Musafirsko-Friedhof genannt.

■ Alte Brücke in Bentbaša

Die Alte Brücke in Bentbaša (Stari most na Bendbaši) liegt nördlich des Friedhofs. Die ursprüngliche Holzbrücke wurde 1782 von Mehmed Aga Džino gestiftet. Sie diente lange Zeit in erste Linie dazu, Baumstämme, die über den Fluss in die Stadt transportiert wurden, aus dem Wasser zu fischen. Im Laufe der Zeit wurde die Brücke immer wieder erneuert. Heute besteht sie überwiegend aus Beton, nur die Brüstung ist noch aus Holz. Bereits im 12. Jahrhundert soll an gleicher Stelle eine ähnliche Brücke gestanden habe, die jedoch bei einem Hochwasser weggespült wurde.

Überquert man die Brücke und folgt anschließend den Treppenstufen die Anhöhe hinauf, bietet sich bald ein ausgezeichneter Blick auf Sarajevo, besonders auf die Miljacka, ihre Brücken und das Rathaus.

Kovači und Vratnik

Kovači breitet sich auf einer Anhöhe nordöstlich der Altstadt aus. Das Stadtviertel wird überwiegend von Bosniaken bewohnt. Die Straßen sind recht steil, aber der Aufstieg lohnt: Zahlreiche Sehenswürdigkeiten und ein Panoramablick auf Sarajevo belohnen für die Mühe. Der Stadtteil Vratnik schließt sich unmittelbar an.

Kovači

Im 16. Jahrhundert war es in Sarajevo nicht ungewöhnlich, dass wohlhabende Bürger im Alter einen Teil ihres Vermögens für wohltätige Zwecke spendeten und Stiftungen gründeten. Darunter waren neben Adeligen und hohen Beamten auch Handwerker wie Hadši Muslihuo-

din Čekrekčija, der Winden (bosnisch čekrek) fertigte. Čekrekčija stiftete mehrere Bauten, unter denen die 1526 erbaute **Čekrekči-Moschee** die bekannteste ist. Sie befindet sich oberhalb des Sebilj-Brunnens am Anfang der Kovači-Straße und ist die älteste Kuppelmoschee Sarajevos. Sie überstand die Verwüstung der Stadt durch Eugen von Savoyen, wurde aber im Ersten Weltkrieg beschädigt und im Zweiten Weltkrieg vollständig zerstört, anschließend jedoch wieder aufgebaut. Nach dem Bosnienkrieg wurde die Moschee von Grund auf restauriert. Seitdem erstrahlen auch die Arabesken im Gebetsraum in neuem Glanz.

Die Kovači beginnt bei der Čekrekči-Moschee und besteht stellenweise noch

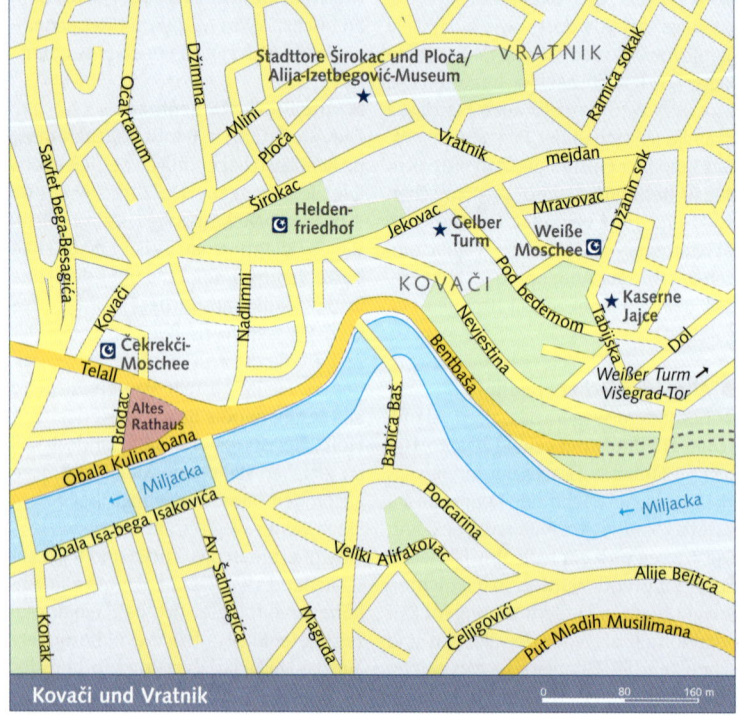

Kovači und Vratnik

0   80   160 m

aus Pflastersteinen. Früher hatten zahlreiche Steinmetze ihre Werkstätten an der Straße, heute wird sie von kleinen Läden, einfachen Cafés und einigen Handwerksbetrieben gesäumt, Dort wo sie in die Širokac-Straße übergeht, beginnt der im 15. Jahrhundert angelegte **Heldenfriedhof** (Šehidsko mazarije). Einige Gräber aus dieser Zeit sind bis heute erhalten geblieben. Auffallend sind mehrere bis zu zwei Meter hohe Grabsteine, die nahezu ohne Verzierungen auskommen. Während der österreichisch-ungarischen Herrschaft erhielt der Friedhof einen parkähnlichen Charakter. Damals hatte er 400 Gräber, weitere Beerdigungen waren nicht zugelassen – bis zum Bosnienkrieg. Da auf den neuen Friedhöfen nicht ausreichend Platz für die zahlreichen Kriegstoten vorhanden war, mussten die alten ›reaktiviert‹ werden. Der Friedhof in Kovači bekam während der Belagerung den Beinamen Heldenfriedhof, weil dort überwiegend Soldaten bestattet wurden, die bei der Verteidigung Sarajevos gefallen waren. Außerdem befindet sich dort das **Ehrengrab Alija Izetbegovićs**. Der erste Präsident Bosnien und Herzegowinas starb 2003. Sein Grab ist leicht an der metallenen Türbe und der Ehrenwache zu erkennen.

Blick vom Stadtteil Kovači auf Sarajevo

Festung Vratnik

Die Festung Vratnik wurde während der osmanischen Herrschaft erbaut; allerdings sind von der einstigen Anlage nur zwei Bastionen und drei Tore erhalten. Der Name Vratnik leitet sich vom bosnischen Wort Vrata (Tür) ab. Zuvor hatten die Römer an gleicher Stelle eine Bastion angelegt. In ihrem Schatten befand sich im Mittelalter die Siedlung Vrhbosna, die im Schutz der Festung schnell wuchs. Ab dem 14. Jahrhundert wurde die Festung von den Osmanen genutzt, erneuert und erweitert. Innerhalb der Festungsmauern befanden sich die 1811 zerstörte Abdul-Fath-Khan-Moschee, Häuser für die Soldaten und deren Familien sowie ein Waffenlager. Für die Osmanen halte Vratnik eine wichtige strategische Bedeutung, weil sie von dort die Gegend kontrollieren konnten und herannahende Feinde frühzeitig sahen. Dennoch waren die Osmanen machtlos, als Eugen von Savoyen Sarajevo überfiel und große Teile der Festung zerstörte, die anschließend Jahrzehnte in Trümmern lag. Erst 1727 beschloss das Stadtoberhaupt Gazi Ahmed Paša Rustempašić Skoplak, die Festung erneuern und zusätzlich eine Stadtmauer bauen zu lassen. Ahmed Paša beauftragte Baumeister aus Dubrovnik, Pläne zu erstellen und die Bauarbeiten zu überwachen. Die Arbeiten dauerten zwölf Jahre, waren also 1739 beendet. Ahmed Paša hatte da bereits die Macht an Hećim Oglu Ali Paša abgegeben. Die Befestigung hatte drei Tore, die bis heute erhalten sind: Širokac kapija, Kapija na Ploči und das Višegradska kapija. Von den ehemals fünf Bastionen gibt es nur noch den Weißen und den Gelben Turm.

Stadttouren

Im Verbindungsgang zwischen den Stadt-toren

Heute finden in der restaurierten Befestigung während der Sommermonate auf einer Freilichtbühne oft Theateraufführungen und Konzerte statt.

■ Stadttore Širokac und Ploča

Die Stadttore Širokac und Ploča nordöstlich und südöstlich des Heldenfriedhofs sind typische Festungsbauten aus der osmanischen Zeit mit ursprünglich nahezu identischer Architektur. Sie wurden aus Kalksteinquadern erbaut und mit Holzschindeln gedeckt. Die kleinen Öffnungen in den Außenmauern sind Schießscharten, hinter denen Kanonen postiert wurden. Beide Tore dienten im Krieg zur Verteidigung und in Friedenszeiten als Zugänge zur Stadt. Der Širokac-Turm besaß ursprünglich im Inneren schwere Eichentüren, die von Metallrahmen gehalten wurden. Sie wurden jedoch 1913 durch gewöhnliche Holztüren ersetzt. Beide Tore mussten im Bosnienkrieg Granateinschläge hinnehmen, wurden inzwischen aber von Grund auf saniert. Heute sind beide Stadttore durch einen Tunnel

miteinander verbunden und beherbergen das **Alija-Izetbegović-Museum**. Das wurde als Nebenstelle des Sarajevo-Museums im Oktober 2007 eröffnet. Die permanente Ausstellung widmet sich dem Leben und Wirken des ersten bosnischen Staatspräsidenten. Zu sehen sind beispielsweise handgeschriebene Briefe, Fotos, die Izetbegović mit bekannten Politikern – darunter Bill Clinton und Helmut Kohl – zeigen, und die Baskenmütze des Präsidenten, die so etwas wie sein Markenzeichen war. Zudem organisiert das Museum Workshops für Studenten.

■ Gelber Turm

Der Gelbe Turm (Žuta tabija) gehört zu den beliebtesten Aussichtspunkten Sarajevos, bietet er seinen Besuchern doch einen Panoramablick auf Sarajevo. Der Turm wurde 1809 erbaut und gehörte zum Festungskomplex Vratnik. Über die Jahrhunderte erlitt der Turm mehrfach Beschädigungen, wurde aber auch immer wieder instandgesetzt. Während der osmanischen Herrschaft läuteten Kanonenschlüsse vom Turm den Beginn und das Ende des Ramadans ein, ein Ritual, das nach dem Bosnienkrieg wieder aufgenommen wurde. Während der osmanischen Herrschaft diente der Turm einige Jahre als Hinrichtungsstätte für Kriminelle. Später nutzte das österreichisch-ungarische Militär den Turm als Waffenlager. Während der Belagerung Sarajevos musste er mehrere Granateinschläge hinnehmen.

■ Weißer Turm

Die Bezeichnung Turm für das Bauwerk führt etwas in die Irre. Tatsächlich handelt es sich bei dem Weißen Turm (Bijela tabija) um eine Bastion, die sich auf dem Berg in Jekovac befindet und zum Festungskomplex Vratnik gehörte. Gebaut wurde der Weiße Turm zwischen 1729 und 1739. Die Außenmauern sind bis zu 10 Meter, die Seitenmauern sogar 27,5 Meter lang und 7,5 Meter hoch sowie 35 Zentimeter tief. An der Nordseite befindet sich eine Treppe. Im südwestlichen Teil waren besondere Unterkünfte für Muslime eingerichtet. 1878 gingen Bewohner Sarajevos in der Bastion in Stellung, um die heranrückenden österreichisch-ungarischen Soldaten an der Einnahme der Stadt zu hindern – allerdings vergebens. Im gleichen Jahr stürzte ein Teil der östlichen Festungsmauer ein, wurde aber wieder aufgebaut. Die österreichisch-ungarischen Herrscher ließen die Festung zweimal, 1883 und 1903, erneuern. Von der Bastion hat der Besucher einen beeindruckenden Blick auf die Stadt, allerdings verkommt die Festung zunehmend.

■ Višegrad-Tor

Das Višegrad-Tor (Višegradska kapija) unterhalb des Weißen Turms ist das bekannteste der drei noch erhaltenen Festungstore. Erbaut wurde es mit Steinen – überwiegend Rauwacke – aus einem nahegelegenen Steinbruch. Das Dach ist mit Holzschindeln gedeckt. Früher führte die kaiserliche Hauptstraße aus Sarajevo durch das Tor in den Osten Bosniens nach Višegrad – daher der Name – und weiter nach Konstantinopel. Das Tor wurde im Bosnienkrieg beschädigt, inzwischen aber restauriert.

Weitere Sehenswürdigkeiten in Vratnik

Die **Weiße Moschee** (Bijela džamija) mit ihren weißen Mauern und dem langen steinernen Minarett hat den Ruf, die schönste im Stadtviertel Vratnik zu sein. Zudem gehört sie zu den ältesten Moscheen in Sarajevo. Hadži Hajdar-Efendi, der Sekretär des Gazi Huzrev Beg, ließ die Weiße Moschee Mitte des 16. Jahrhunderts, vermutlich zwischen 1531 und 1545, erbauen. Sie wurde im Laufe ihrer Geschichte zweimal restauriert, zuletzt 2003, da sie während der Belagerung Sarajevos Schaden genommen hatte. Außer der Moschee stiftete Hadži Hajdar-Efendi eine islamische Schule und einen Uhrturm, der neben der Moschee stand, aber während der österreichisch-ungarischen Herrschaft zerstört wurde.

Die **Kaserne Jajce** befindet sich unweit der Weißen Moschee. An gleicher Stelle stand zuvor eine Festung der Osmanen. Die Kaserne wurde 1914, während der Herrschaft der Habsburger, für die österreichisch-ungarische Armee gebaut und nach Prinz Eugen von Savoyen benannt. Ihr heutiger Name stammt aus der Zeit zu Beginn des Ersten Weltkrieges, als das österreichische Militärhospital von Jajce in die Kaserne verlegt wurde. Die Kaserne wurde während des Bosnienkrieges stark beschädigt und verkommt seitdem. Die Stadtoberen hoffen auf einen Investor, der das schlossähnliche Gebäude zu einem exklusiven Hotel umbaut.

Das Višegrad-Tor

Stadttouren

Sagradžije, Vrbanjuša und Logavina

Die drei Stadtteile Sagrđžije, Vrbanjuša und Logavina sind nicht sehr bekannt und liegen nördlich der Mula Mustafe Bašeskije. Der Spaziergang durch diese Viertel beginnt oberhalb des Sebilj-Brunnens, hinter der Straßenbahnhaltestelle, und ist durchaus anspruchsvoll: Die erste Weghälfte führt ausschließlich bergauf, die zweite dafür aber bergab.

Links und rechts der Safvet-bega Bašagića

Wir folgen der Safvet-bega Bašagića hinauf in nördliche Richtung, erreichen bald rechts das Hotel ›Boutique 36‹ und wenige Meter weiter die **Duradžik-Hadži-Ahmed-Moschee**. Sie stammt aus der ersten Hälfte des 17. Jahrhunderts, besitzt ein steinernes Minarett und einen Brunnen im Moscheegarten.

■ Ulomljenica-Moschee

An der Ecke der Ulomljenica zur Sagrđžije leuchtet weiß die renovierte Ulomljenica-Moschee (Ulomljenica džamija). Bis in die erste Hälfte des 16. Jahrhunderts gab es auf der Ćuričić-Anhöhe lediglich

die Jahja-Paša-Moschee. Deshalb ließ der Geschäftsmann Sagrakči Hajji Mahumud die Ulomljenica džamija bauen. Das Grab des Stifters befindet sich auf dem kleinen **Friedhof** im Moscheegarten. Sein Grabstein stammt aus Mazedonien und wurde von einem einheimischen Steinmetz bearbeitet. Die anderen Grabsteine auf dem kleinen Friedhof sind überwiegend ohne Inschrift. Deshalb wird vermutet, dass Frauen dort beerdigt wurden.

■ Alija-Đerzelez-Haus

Das Alija-Đerzelez-Haus in der Nähe der Ulomljenica-Moschee gehörte früher der wohlhabenden muslimischen Kaufmannsfamilie Ćejvanija und besticht durch seine osmanische Architektur. Errichtet wurde das Haus im 17. Jahrhundert; das genaue Jahr ist jedoch genauso unbekannt wie sein Erbauer. Dennoch gilt als sicher, dass das Gebäude zu den ältesten noch erhaltenen Wohnhäusern in Sarajevo gehört. Das Haus hat, wie damals üblich, einen Bereich für Männer und einen für Frauen, zu denen jeweils ein eigener Hof gehört. Außerdem gibt es einen großen **Garten**. Die Räume im Erdgeschoss waren wärmer und wurden deshalb im Winter gern genutzt. Im oberen Stockwerk befinden sich Wohnzimmer (divanhana), Balkone (komerija) und kleine Aussichtstürme (čardaci) mit Blick auf die Stadt. Dort hielt man sich gern während der wärmeren Sommermonate auf. Die Wände bestehen aus Erdziegeln (čerpić) und Holzbalken (hatula). Seinen Namen erhielt das Haus nach dem Helden einer Schlacht in der Krajina, der später in einem Volksepos besungen wurde und der Legende nach im Haus gewohnt haben soll. Das Gebäude wurde erstmals 1950/51 grundlegend und 2004/05 komplett saniert.

Das Alija-Đerzelez-Haus

Stadttouren

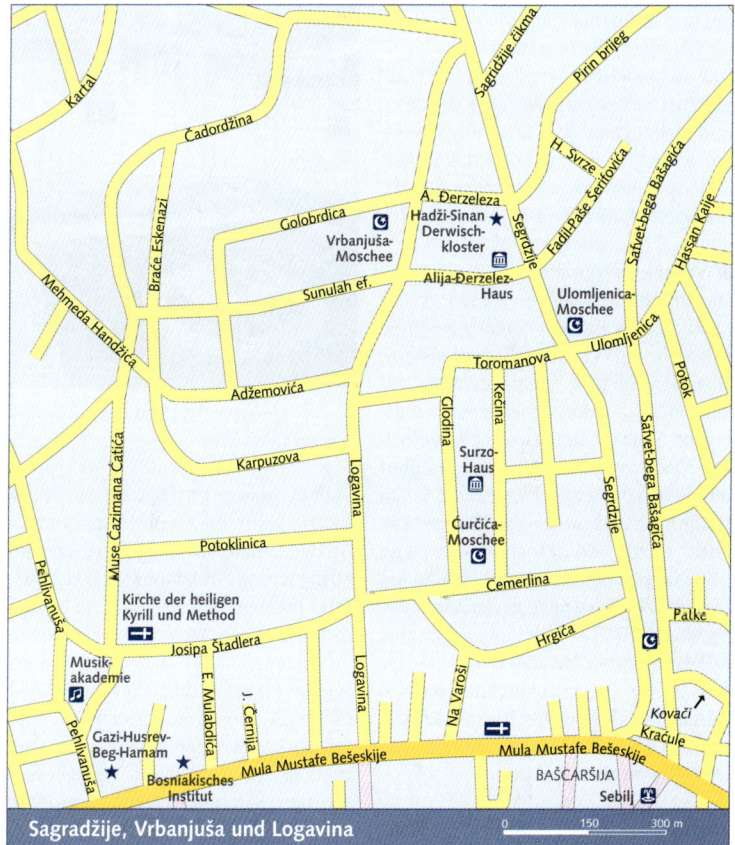

Sagradžije, Vrbanjuša und Logavina

■ Hadži-Sinan-Derwischkloster

Über einen Zeitraum von fünf Jahrhunderten gab es in Sarajevo zahlreiche Derwischorden, die allerdings nicht mit den Orden anderer Religionen vergleichbar waren. Die Derwische waren im Alltag einfache Bürger, die gewöhnlichen Berufen nachgingen – etwa Handwerker, Beamter, Kaufmann und Soldat –, aber regelmäßig im Tekija zusammenkamen, um zu beten und religiöse Riten zu vollziehen. In Sarajevo gab es damals mehrere Derwischklöster, erhalten geblieben ist lediglich das Hadži-Sinan-Derwischkloster (Hadži Sinanova tekija).

Erbaut wurde es 1638/39. Es ist jedoch nicht geklärt, ob Hadži-Sinan Aga, ein reicher Kaufmann aus Sarajevo, das Kloster bauen ließ oder sein Sohn Mustafa Paša zu Ehren seines Vaters. Mustafa Paša war der erste Waffenmeister des Sultans, der sogenannte silahdar. Das Kloster gehörte den ›Kaderija‹, Derwischen, die jedoch nicht im Kloster lebten. Der wichtigste Raum im Tekija war die simhana. Dort wurde gebetet und wurden religiöse Rituale zelebriert. Zudem gab es einen Raum mit einer offenen Feuerstelle, die kahve odžal, ein Zimmer, in dem ausschließlich Kaffee gekocht wurde, und die damals übliche Unterkunft für Reisende, die musafirhana.

Eine Kostbarkeit stellen die über 100 kaligraphischen Inschriften nahe dem Ein- und Hofzugang dar. Besonders wertvoll ist die Inschrift in Form des Siegels Sultans Sulejmans in kufischer Schrift, die älteste Form der arabischen Schrift.

■ Vrbanjuša-Moschee

Die Vrbanjuša-Moschee ist ein großer quadratischer Bau mit einem steinernen Minarett und verzierten Bogenfenstern. Über dem Eingang ist eine Steintafel mit einer Inschrift in türkischer Sprache angebracht. Sie berichtet vom Wiederaufbau der Moschee 1892. Auf dem **Friedhof** befindet sich das Türbegrab von Sinan Hadji Ater und seiner Frau Sakine. Die Türbe wurde 1640 errichtet, 1892 und 1902 beschädigt, aber anschließend restauriert. Ähnlich erging es der Moschee. Sie wurde 1528 errichtet und im 17. und 18. Jahrhundert so schwer beschädigt, dass sie von Grund auf erneuert werden musste. Während des Bosnienkrieges musste die Moschee mehrere Mörsertreffer hinnehmen.

Zwischen Vrbanjuša-Moschee und Mula Mustafe Bašeskija

Von der Vrbanjuša-Moschee führt der Weg zu den weiteren Sehenswürdigkeiten nun in südlicher Richtung bergab.

■ Svrzo-Haus

Das Svrzo-Haus (Svrzina kuća) zeigt, wie eine wohlhabende muslimische Familie im Sarajevo des 18. und 19. Jahrhunderts wohnte und lebte. Das Haus ist heute Teil des Stadtmuseums. Über zwei Jahrhunderte gehörte es der Familie Glađo, die auch unter dem Namen Svrzo bekannt war. Das Familienoberhaupt war als einflussreicher Beg zu Wohlstand gekommen.

Das Svrzo-Haus ermöglicht einen Einblick in vergangene Zeiten

Gebaut wurde das Haus in der Mitte des 18. Jahrhunderts nach vier Prinzipien: den Wünschen nach Licht, Wasser, Ausblick und Privatsphäre. Das Haus hatte mehrere Bereiche. Zu den beiden wichtigsten gehörten der haremluk, der Hof für die Frauen, und der salemluk, der Hof für die Männer. Er führte direkt zur Straße und war durch eine Flügeltür mit dem Bereich der Frauen verbunden. Beide Höfe hatten jeweils eigene Brunnen und waren von Wohn- und Wirtschaftsräumen umgeben. Zudem gab es einen weiteren Hof für die Pferde und zur Warenanlieferung.

Das Haus war sehr großzügig gebaut und eingerichtet. Es gab eine Küche und Speisekammer, Lagerräume, mehrere Balkone und sogar kleine Aussichtstürme (čardaci). Die Wohnzimmer waren rundum mit Sofas ausgestattet sowie mit Teppichen, Kissen und Tüchern. Die Wohnräume verfügten über eingebaute Aufbewahrungskästen (musanders). Die meisten Zimmer hatten eigene kleine Bäder (hamamdžike), die unmittelbar an Kachelöfen gebaut wurden, um das Wasser im Bad erwärmen zu können. Es gab Gästezimmer und jeweils Trakte

Karte S. 124

für die männliche und weibliche Dienerschaft. Das Haus ist von hohen Mauern umgeben, die als Sicht- und Lärmschutz dienten.

Ćurčića-Moschee

Etwas weiter südlich vom Svrzo-Haus erhebt sich die im 15. Jahrhundert erbaute Ćurčića-Moschee. Sie wurde im Laufe der Zeit mehrfach beschädigt und 1697, als Eugen von Savoyen Sarajevo überfiel, völlig zerstört. Salihaga Ćurčić ließ die Moschee wieder aufbauen, seitdem trägt sie den Namen Ćurčića džamija. Im Zweiten Weltkrieg wurde der Bau erneut schwer beschädigt; nach einem Granatentreffer brach das Minarett in sich zusammen.

Kirche der heiligen Kyrill und Method

Der Komplex aus Kirche und Erzbischöflichem Seminar am westlichen Ende der Josipa Štadlera wurde vom Architekten Josip Vancaš im neuromanischen Stil entworfen; die Kirche wurde im Jahr 1896 geweiht. Auffallend ist die große Kirchenkuppel mit einem Durchmesser von 10,5 Metern. Künstler aus Tirol schufen den Altar.

Im **Erzbischöflichen Seminar** sind Lehrräume, eine Bibliothek und Wohnungen der Lehrer untergebracht. Zudem beherbergt es eine wertvolle Sammlung mit Werken des Künstlers Oton Iveković, einem kroatischen Maler, der meist Ereignisse der kroatischen Geschichte zum Thema seiner Bilder machte.

Musikakademie

Das Gebäude der Musikakademie (Muzička Akademija) wurde 1893 im neogotischen Stil nach Plänen des Architekten Josip Vancaš erbaut. Zunächst war die Musikgrundschule dort ansässig, später die Höhere Musikschule, und seit 1955 ist hier die Musikakademie beheimatet. Seitdem bildet die Hochschule Studenten in den Fachrichtungen Komposition und Dirigieren, Sologesang, Klavier, Saiten- und Blasinstrumente und Musiktheorie aus. Auch während der Belagerung Sarajevos gab es Aktivitäten an der Hochschule. So fanden – teilweise unter Beschuss – Konzerte statt. Dabei riss ein Artilleriegeschoss ein Loch in die Wand der Konzerthalle.

Gazi-Husrev-Beg-Hamam

Unterhalb der Musikakademie, an der Mula Mustafe Bašeskija, befindet sich das Gazi-Husrev-Beg-Hamam. Das türkische Bad wurde 1538 erbaut und besticht äußerlich durch seine acht kleinen und zwei großen Kuppeln. Als eines der wenigen Bäder seiner Zeit hatte es neben einer Abteilung für Männer auch eine für Frauen und war damit seiner Zeit voraus. Im 19. Jahrhundert wurde ein zusätzliches Becken für die rituellen Waschungen der Juden angebaut. Das

Stadttouren

Außen unscheinbar: die Musikakademie

Hamam war bis 1914 in Betrieb, aber anschließend viele Jahre ohne Funktion und wurde nach dem Zweiten Weltkrieg gar in eine Nachtbar mit Casino umfunktioniert. Das Hamam musste während der Belagerung Sarajevos mehrere Granateinschläge hinnehmen, wurde mittlerweile aber restauriert.

Von ehemals sieben türkischen Bädern in Sarajevo ist das Gazi Husrev Beg Hamam das letzte noch erhaltene. Heute sind dort Cafés und Läden sowie auch Teile des Bosniakischen Institutes untergebracht.

Das **Bosniakische Institut** wurde im Jahr 2001 eröffnet und gehört zu den wichtigsten Kulturinstitutionen des Landes. Es beherbergt ein großes Dokumentenarchiv, eine Bibliothek, ein Zentrum für die Hinterlassenschaften der Bogumilen, zahlreiche orientalische Handschriften und eine kartografische Abteilung mit historischen Karten. Außerdem finden im Institut Konzerte, Lesungen, Ausstellungen und Konferenzen statt.

Die ständige Kunstausstellung in den Fluren des Instituts kann kostenfrei besichtigt werden.

Das Gazi-Husrev-Beg-Hamam

Koševo

Der Stadtteil Koševo liegt nordwestlich der Baščaršija und ist vor allem bekannt wegen des Olympiastadions, des Olympia-Museums und des Sportzentrums Zetra, aber auch wegen seiner Friedhöfe, die eben so viel Platz einnehmen wie alle Sportplätze im Stadtteil zusammen.

Annäherung

Koševo kann man von der Stadtmitte bequem mit dem Auto oder Bus erreichen. Wer sich nicht scheut, zwei bis drei Kilometer zu Fuß zurückzulegen, kann den folgenden Spaziergang unternehmen. Er beginnt am unteren Ende der Alipašina-Straße, gegenüber der Ali-Paša-Moschee, und führt ausschließlich in nördliche Richtung.

An der Ecke Alipašina und Maršal-Tito-Straße befand sich bis vor dem Bosnienkrieg das Kino ›Radnik‹ (Arbeiter). Es war eines der populärsten Kinos in Sarajevo, was wohl in erster Linie an der Filmauswahl lag – gezeigt wurden überwiegend die sogenannten Blockbuster.

Etwas weiter nördlich, auf der linken Straßenseite, liegt die **Bosnische Kinothek**. Nördlich davon, wenige Meter bevor die Husrefa Redžiča abzweigt, steht die **Villa** des Industriellen August Braun. Der Österreicher betrieb zur Habsburger Zeit eine Ziegelei in Sarajevo und ließ zu Ehren seiner Frau Maria den Gebäudekomplex Marijin dvor errichten. Nach dem Bosnienkrieg residierte die diplomatische Vertretung der USA in der Villa. Entlang der gegenüberliegenden Straßenseite erstreckt sich auf mehreren hundert Metern ein **Park mit Spielplatz**.

Oberhalb des Parks schließt der **orthodoxe Friedhof** an. Er wird durch die kreuzende Ciglane, eine Art Überführung, vom **Zetra Pijaca** (Markt) getrennt. An Dutzenden überdachter Stände und Bu-

den bieten Händler ihre Waren an, neben Obst und Gemüse auch Kleidung, Autoersatzteile, elektronische Geräte und Werkzeuge. Der Markt entstand 1980 in Eigeninitiative der Händler und ohne behördliche Genehmigung.

Vom Markt bis zum Sportzentrum erstrecken sich mehrere **Friedhöfe**. Den Anfang macht der katholische Friedhof. Er wurde 1884 von Josip Vanceš entworfen und ist die letzte katholische Ruhestätte aus der österreichisch-ungarischen Epoche. Viele wohlhabenden Sarajevoer Katholiken wurden dort beerdigt, wie die oft monumentalen Gräber zeigen. Eine der prächtigsten Grabstätten ist für Silvije Strahimir Kranjčević (1865–1908), einen bekannten Schriftsteller. Seine Ruhestätte gestaltete der Bildhauer Rudolf Valdec, der sich dafür eine von ihm selbst geschaffene Plastik zum Vorbild nahm.

Oberhalb des katholischen Friedhofs schließt der Neue Friedhof an. Er wurde während der Belagerung auf Fußball-Trainingsplätzen angelegt, da es auf den Friedhöfen für die vielen Kriegstoten kaum noch Platz gab. Östlich des Neuen Friedhofs, auf der anderen Straßenseite, befindet sich der Löwen-Friedhof (Lav groblje). Namensgeber ist die 1917 von Josef Urban erschaffene Löwen-Statue. Sie wurde während des Bosnienkriegs beschädigt, aber 2009 restauriert. Während des Ersten Weltkriegs wurden überwiegend österreichisch-ungarische Soldaten auf dem Friedhof beerdigt, nach dem Zweiten Weltkrieg Offiziere der aus der Partisanenbewegung hervorgegangenen Jugoslawischen Volksarme. Deshalb hieß die Ruhestätte zur jugoslawischen Zeit Partisanen-Friedhof. Noch während der Belagerung erhielt sie jedoch erneut ihren ursprünglichen Namen. Vom Löwen-Friedhof führt die Straße Patriotske Lige

Der orthodoxe Friedhof in Koševo

direkt zur **Pionirska dolina**, einem Naherholungsgebiet mit Grünflächen, Spazierwegen, Spielplätzen und dem Zoo. Westlich des katholischen Friedhofs, im Stadtviertel Ciglane gelegen und von Wohnblöcken eingerahmt, verkehrt der einzige Schrägaufzug des Landes, der **Kosi Lift**. Er gehört zusammen mit den Bussen und Straßenbahnen zu den städtischen Verkehrsbetrieben. Der Lift wurde 1988 gebaut. Die vier Kabinen werden von Stahlseilen über Schienen gezogen, meist ist jedoch nur eine Kabine in Betrieb. Die Anlage verfügt über drei Stationen. Die Fahrt mit dem Lift erspart Bewohnern und Besuchern der Siedlung bis zu 414 Treppenstufen.

Sehenswürdigkeiten
Die Sehenswürdigkeiten des Stadtteils sind sämtlich eng mit den Olympischen Winterspielen 1984 verbunden.

■ Olympia-Sportzentrum Zetra
Das Sportzentrum wurde anlässlich der 14. Olympischen Winterspiele 1984 in Sarajevo erbaut. Architekten waren Ludmil Alikafić, Dušan Đapa und Osman Morankić. Die Anlage wurde 1983 fertiggestellt und im selben Jahr mit den Eisschnelllaufweltmeisterschaften der Junioren eröffnet. Während der Winterspiele fanden im Sportzentrum die olympischen Eisschnell- und Kunstlaufwettbewerbe sowie die Abschlussfeier statt. Anschließend wurden bis zum Beginn des Bosnienkrieges im Sportzentrum nationale und internationale Eislaufwettbewerbe und die Heimspiele der Sarajevoer Eishockey-Teams ausgetragen. Während der Belagerung musste das Sportzentrum anfangs nur einige Mörsertreffer hinnehmen, bis es im Juni 1992 bei einem Beschuss vollständig zerstört wurde. Die Überreste dienten während des Krieges als Lagerhalle für Hilfsgüter und als provisorische Leichenhalle. Die Rekonstruktion des Sportzentrums begann 1997. Dabei stellte man fest, dass das Fundament der Eishalle den Krieg nahezu unbeschadet überstanden hatte. Das Internationale Olympische Komitee machte den Wiederaufbau mit einer Spende von umgerechnet 15 Millionen Euro möglich.

Karte: s. vordere Umschlagklappe

Stadttouren

Der damalige IOC-Vorsitzende Juan Antonio Samaranch galt seit den Olympischen Winterspielen, die er als die besten aller Zeiten bezeichnet hatte, als großer Freund Sarajevos. Das Zetra-Sport- und Kulturzentrum öffnete 1999 erneut seine Tore und verfügt seitdem über eine große Mehrzweckhalle, eine Freiluft-Eisschnelllaufbahn und mehrere Tennisplätze. Die erste große Veranstaltung nach der Wiedereröffnung war die Konferenz ›Stabilitätspakt für Südosteuropa‹. Heute finden hier neben Sportwettkämpfen auch wieder Konzerte statt.

■ **Museum der Olympischen Winterspiele 1984**

Das Museum wurde zeitgleich mit den Olympischen Winterspielen 1984 in Sarajevo eröffnet und war zunächst in der Villa Mandić oberhalb der Altstadt untergebracht. Zu Beginn des Bosnienkrieges, im April 1992, wurde die Villa jedoch als eines der ersten Gebäude in Sarajevo zerstört. Das Museum ging in Flammen auf, zahlreiche Ausstellungsstücke wurden vernichtet. 2004, zum 20-jährigen Jubiläum der Spiele in Sarajevo, wurde das Museum vom nationalen bosnischen Olympiakomitee wiedereröffnet. Anwesend war auch der Präsident des IOC, Jaques Rogge. Die Ausstellungsräume befinden sich heute jedoch in der Olympiahalle des Zetra-Sportzentrums.

■ **Stadion Koševo**

Im Stadion Koševo fand am 8. Februar 1984 die Eröffnungsfeier der 14. Olympischen Winterspiele statt. Heute trägt das Erstliga-Fußballteam vom FK Sarajevo seine Heimspiele dort aus, außerdem gaben und geben nationale und internationale Popgrößen Konzerte im Stadion. Der Vorläufer des Stadions wurde am 20. Juni 1948 eröffnet. Am Bau waren zwei Sportbrigaden mit insgesamt 400 Soldaten, die aus ganz Bosnien und Herzegowina stammten, sowie zahlreiche Sarajevoer Bürger, darunter viele Jugendliche, beteiligt. Im Laufe seiner Geschichte wurde das Stadion immer wieder modernisiert. Anfangs erhielt es einen Wasser- und Stromanschluss, später wurde es ans öffentliche Verkehrsnetz angeschlossen. Heute trägt das Stadion offiziell den Namen Asim Ferhatović Hase nach einem legendären Fußballspieler des FK Sarajevo. Allerdings konnte sich der Name im Volk bisher nicht durchsetzten. So wundert sich auch niemand, wenn auf aktuellen Konzertplakaten Stadion Koševo steht. Seit dem Umbau 2004 erfüllt das Stadion die Vorgaben der UEFA. Berühmte Fußballteams wie Manchester United, Real Madrid und der Hamburger SV waren seitdem zu Gast. Außerdem trägt die bosnische Nationalmannschaft oft im ›Koševo‹ ihre Heimspiele aus.

Die Zetra-Olympiahalle

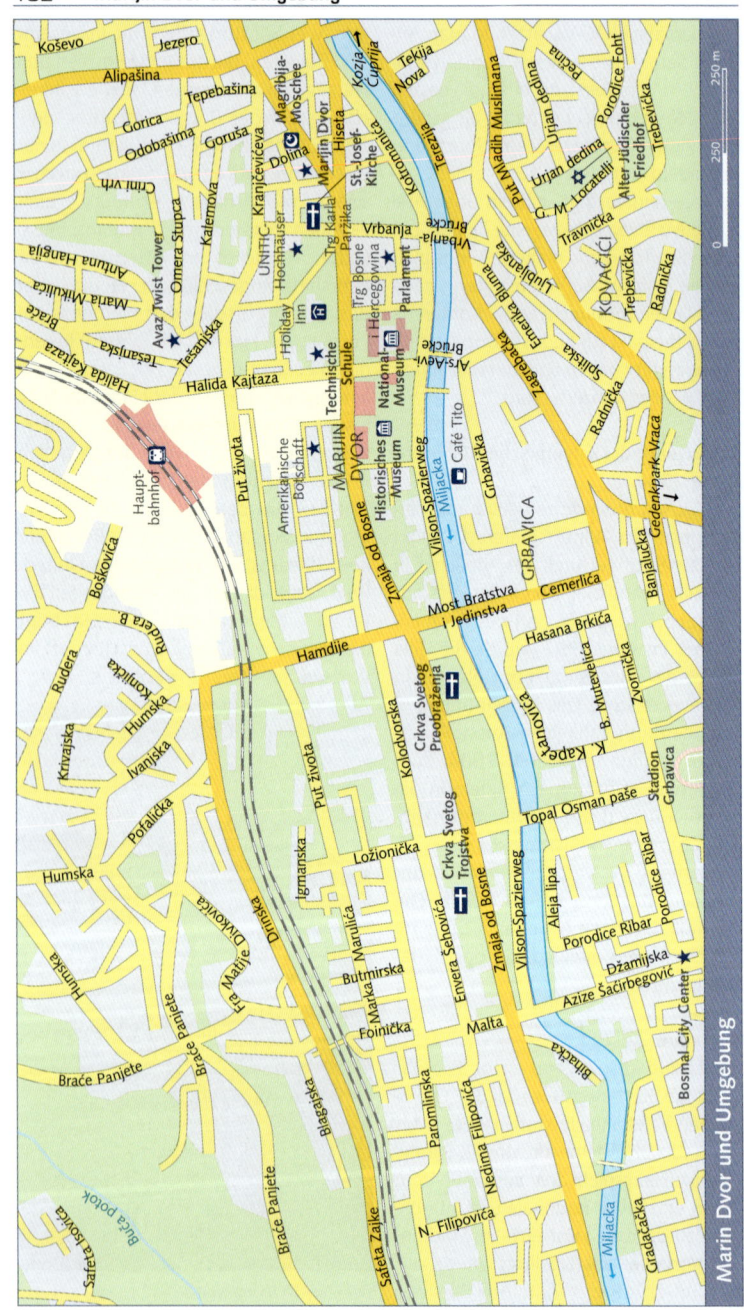

Marijin Dvor und Umgebung

Ursprünglich bezeichnet man als Marijin Dvor (Marienhof) ein einzelnes Gebäude. Diesen Namen trägt heute ein ganzes Stadtviertel, das bis zum Einmarsch der Osmanen Zagorica hieß und nur aus einer Handvoll Häuser und Grünflächen bestand. Mit Beginn der osmanischen Herrschaft nahm das Viertel eine rasante Entwicklung, Moschee und zahlreiche Wohnhäuser entstanden. Bis zum Ende der osmanischen Herrschaft galt das Viertel als westlicher Vorort Sarajevos. Erst nach dem Bau von Marijin Dvor und Bahnhof breitete sich Sarajevo weiter in westliche Richtung aus. Nach 1945 entstanden einige repräsentative Bauten, etwa Parlaments- und Regierungsgebäude, Hochschulen und Museen, in den 1970er und 1980er Jahren wurden mehrere Siedlungen. Heute ist Marijin Dvor in erster Linie ein Geschäftsviertel, in dem zahlreiche Regierungsinstitutionen ihren Sitz haben.

Nördlich der Hiseta

Nicht weit entfernt vom Bahnhof finden sich neben Baudenkmälern auch spektakuläre Zeugnisse der Moderne.

■ Magribija-Moschee

Die Magribija-Moschee an der Augusta Brauna war bis zum Zweiten Weltkrieg die einzige Moschee im Stadtteil Marijin Dvor. Erbaut wurde sie bereits Mitte des 15. Jahrhunderts auf Veranlassung des Scheichs Magribija. Die Moschee brannte dreimal ab und erhielt bei jedem Wiederaufbau einen anderen Standort. 1459 fiel die Moschee erstmals den Flammen zum Opfer. Der Wiederaufbau begann erst 1538 und dauerte bis 1565; in Dokumenten aus dieser Zeit wird die Moschee erstmals erwähnt. Als Eugen von Savoyen 1697 Sarajevo überfiel und niederbrannte, wurde die Magribija-Moschee erneut Opfer der Flammen. Rekonstruiert wurde sie erst 1766, dann erhielt sie ihr heutiges Aussehen. Es besticht durch seine ungewöhnliche Architektur; hölzerne Säulen stützen das Dach der Vorhalle. Das schlanke, steinerne Minarett ist 30 Meter hoch, in seinem Inneren führt eine spiralförmige Treppe zum Balkon für den Ausrufer.

■ Marijin Dvor

Der österreichische Industrielle August Braun kam mit Beginn der österreichisch-ungarischen Herrschaft nach Sarajevo und betrieb im Stadtteil Koševo eine Ziegelsteinfabrik. Ab 1885 ließ er zu Ehren seiner Frau Maria vom Architekten Karl Paržik ein großes Wohn- und Geschäftshaus errichten, das den Namen Marijin Dvor (Marienhof) erhielt und 1897 fertiggestellt war. Die Fassade besticht durch ihren Neurenaissancestil, weist aber auch Merkmale des Klassizismus auf. Jede der vier Gebäudeseiten bietet einen eigenen Zugang, im Innenhof befindet sich ein großer Garten. Während der Belagerung trafen zahlreiche Granaten das Gebäude. Bis heute ist die Fassade mit Einschusslöchern gespickt.

■ St.-Josef-Kirche

An einer belebten Straßenkreuzung erhebt sich die St.-Josef-Kirche (Crkva Svetog Josipa). Die im neuromanischen Stil erbaute katholische Kirche (1936–1940) entstand nach Plänen des Architekten Karl Paržik. Als Baumaterial wurde weißer Marmor aus der Herzegowina verwendet. Der Hauptaltar ist ein Geschenk von Papst Pius XII. Der damalige Erzbischof von Sarajevo, Evangelista Šarić, versuchte der Kirche den Status einer Kathedrale von Sarajevo zu geben - vergeblich.

Stadttouren

Karl Paržik

Karl Paržik (1857–1942) gehörte zusammen mit Josip Vancaš zu den Architekten, die Sarajevo während der österreichisch-ungarischen Herrschaft ein neues, moderneres Stadtbild gaben. Noch heute prägen seine Bauten das Stadtbild. Paržik kam am 4. Juli 1857 im tschechischen Ort Jaćin zur Welt und ging dort zur Mittelschule. Später besuchte er in Wien die Industrieschule für Bauwesen, anschließend studierte er an der Akademie für Bildende Künste Architektur und Bauwesen. Im Frühjahr 1884, im Alter von 26 Jahren, kam Paržik, vermutlich motiviert durch seinen Studienfreund Josip Vancaš, nach Sarajevo. Die neuen österreichisch-ungarischen Machthaber suchten dringend Architekten und Bauarbeiter. Sarajevo sollte neue Gebäude westeuropäischen Typs und eine neue Infrastruktur bekommen.

Paržik war ab 1886 in der Bauabteilung der Landesregierung tätig. Er wurde als Experte für historische Architektur und Monumentalbauten geschätzt. Paržik setzte sich für den Erhalt der osmanisch geprägten Altstadt ebenso ein wie für den Bau neuer Stadtviertel, etwa Koševo. 1912 wurde Paržik Leiter der Abteilung für oberirdische Bauten und gab sich selbst den Auftrag, das Nationalmuseum zu

entwerfen. Es wurde sein berühmtestes Werk. Zudem schuf Paržik weitere bekannte Bauwerke in Sarajevo, darunter die aschkenasische Synagoge, die evangelische Kirche, das Hotel ›Europa‹, den Justizpalast, das Nationaltheater und außerdem das Wohn- und Geschäftshaus Marijin Dvor des Industriellen August Braun. Zudem gibt es von Paržik entworfene Gebäude in Dalmatien, Zagreb und Belgrad. Der Architekt zeichnet insgesamt für 117 Bauwerke allein in Bosnien verantwortlich und war an 40 weiteren beteiligt.

Karl Paržik blieb nach seiner Pensionierung mit seiner Familie in Sarajevo, wo er insgesamt 60 Jahre verbrachte. Paržik starb 1942. Er war bis ins hohe Alter als Architekt tätig und unterrichtete außerdem an der Technischen Lehranstalt. Seine Nachkommen lebten allerdings bescheiden, da die Familie im sozialistischen Jugoslawien enteignet wurde. Nach dem Bosnienkrieg wurde Paržik eine große Ausstellung gewidmet, eine Briefmarke mit seinem Portrait herausgegeben und der Platz vor der St.-Josef-Kirche – dem letzten von ihm entworfenen Bauwerk – nach ihm benannt.

Die St.-Josef-Kirche, eines der vielen Werke Karl Paržiks in Sarajevo

■ UNITIC-Hochhäuser

In der Nähe der katholischen Kirche erheben sich die Zwillingshochhäuser. Der 1986 erbaute und 97 Meter hohe Komplex verfügt über 25 Stockwerke und besteht überwiegend aus Beton, die Fassade aus reflektierendem Glas. Die Pläne entwarf der aus Sarajevo stammende Architekt Ivan Štraus. Nach ihrer Fertigstellung dienten die Zwillingstürme zunächst dem Unternehmen UNIS als Verwaltungsgebäude, weshalb sie auch lange den Namen UNIS-Hochhäuser (Unisovi tornjevi) trugen. Im Volksmund wurden die beiden Türme jedoch nach zwei Figuren aus der damals populären Serie ›Cik-cak‹ von TV Sarajevo Momo und Uzeir genannt.

Während der Belagerung Sarajevos brannten beiden Gebäude bis auf das Betongerippe ab. Weltweite Verbreitung erlebte ein Foto, das einen der beiden Türme in Flammen zeigt. Nach dem Krieg wurden die beiden Hochhäuser von Grund auf saniert. Seitdem beherbergt der Komplex neben Büros ein Shopping-Center, Restaurants und Cafés. Heute sind die Türme im Besitz der Firma UNITIC, deren Namen sie tragen.

■ Hotel Holiday Inn

Das ›Holiday Inn‹ wurde 1984 anlässlich der Olympischen Winterspiele erbaut. Auch für diesen Bau lieferte der Architekt Ivan Štraus die Pläne. Das Hotel war bis zur Belagerung Sarajevos eines von mehreren höherklassigen Hotels in der bosnischen Hauptstadt, aber nur mäßig bekannt. Das änderte sich schlagartig während des Krieges: Das Hotel befand sich nahe der Front und der berüchtigten Sniper Alley und wurde überwiegend von ausländischen Journalisten bewohnt, die aus dem Hotel in die ganze Welt berichteten. Bis heute zehrt das ›Holiday Inn‹ von dieser Popularität

und verlangt Übernachtungspreise, die sich nicht unbedingt an der Qualität der Zimmer orientieren.

■ Technische Schule

Westlich des ›Holiday Inn‹ steht das Gebäude der Technischen Schule (Sredna Tehnička Škola). Sie wurde 1889 auf Initiative der österreichisch-ungarischen Verwaltung gegründet, die in Bosnien ein ähnliches Schulsystem wie in Westeuropa etablieren wollte. Die Sredna Tehnička Škola gilt als erste ihrer Art auf dem Balkan.

Südlich der Hiseta

Zwischen der breiten Hiseta und der Miljacka sind mit dem Nationalmuseum, dem Historischen Museum und dem Parlament gleich mehrere wichtige staatliche Einrichtungen vertreten.

■ Parlament der Republik Bosnien und Herzegowina

Das Parlamentsgebäude steht auf dem Trg Bosne i Hercegowina, einem Platz, der zwischen 1974 und 1982 angelegt wurde. Es ist ein moderner repräsentativer Bau, der nach leicht veränderten Plänen des Architekten Juraj Najdhart entstand. Das Hochhaus und das viergeschossige Parlamentsgebäude wurden während der Belagerung Sarajevos schwer beschädigt, inzwischen aber wieder instandgesetzt.

■ Nationalmuseum von Bosnien und Herzegowina

Das Nationalmuseum wurde am 1. Februar 1888 eröffnet und trug zur jugoslawischen Zeit den Namen Landesmuseum. Es gilt als das erste seiner Art und zugleich als führende Institution in Bosnien und Herzegowina, außerdem hat es sich in der Forschung einen Namen gemacht.

Blick vom Avaz Twist Tower auf das Nationalmuseum

Den Grundstein für das Museum legte der Museumsverein, der sich 1885 auf Initiative von Franziskanerpater Ivan Frano Jukić gegründet hatte. Gesammelt wurden zunächst archäologische und volkskundliche Objekte. 1886 wurden dem Verein zwei Räume im Gebäude des damaligen Beamtenpensionsfonds nahe der katholischen Kathedrale zur Verfügung gestellt, zwei Jahre später folgte die offizielle Museumsgründung. Beim Festakt war auch der österreichische Landesgouverneur Johann Appelt anwesend. Erster Museumsleiter wurde Constantin Hörmann. Anfangs hatte das Museum eine naturwissenschaftliche und eine kunsthistorisch-archäologische Abteilung, außerdem eine Bibliothek mit rund 700 Monografien.

Die Sammlungen wuchsen schnell. Mitarbeiter brachten immer wieder neue Objekte von Forschungsreisen durch Bosnien mit. Bei den Sarajevoern stießen die Ausstellungen auf reges Interesse. Anfangs hatte das Museum lediglich am Wochenende geöffnet, dennoch kamen im ersten Jahr nach seiner Gründung 9000, drei Jahre später bereits 45 000 Besucher. Dieser Erfolg und der gute Ruf des Museums waren unter anderem seinem leidenschaftlich agierenden Direktor Constantin Hörmann zu verdanken, der allerdings 1905 zurück

in die Landesverwaltung berufen wurde. Nach seiner Pensionierung 1910 engagierte er sich als Intendant erneut für das Museum und war Herausgeber der bis heute erscheinenden Museumszeitschrift ›Glasnik zemaljskog muzeja za Bosnu i Hercegovinu‹.

Ein neues Museumsgebäude – es ist das heutige – wurde 1913 erbaut. Der Architekt Karl Paržik ließ einen Komplex aus vier miteinander verbundenen rechteckigen Bauten errichten. Die Fassade wurde überwiegend im italienischen Renaissancestil gehalten. Während der Belagerung Sarajevos wurde der Museumsbau mehrfach von Geschossen getroffen, die Sammlungen erlitten jedoch nur geringe Schäden. Der Bibliotheksbestand konnte ebenso rechtzeitig in Schutzräume gebracht werden wie das kostbarste Objekt des Nationalmuseums: die Sarajevo-Haggada, ein handgeschriebenes und illustriertes Buch aus dem 14. Jahrhundert, das den Krieg im Tresor der Nationalbank überstand.

Die Schäden am Museum wurden nach dem Krieg mit ausländischer Finanzhilfe behoben. Heute hat das Nationalmuseum eine archäologische, eine naturkundliche und eine ethnologische Abteilung und eine Bibliothek. Zur Einrichtung gehört auch ein botanischer Garten, in dem unter anderem zahlreiche Stećci ausgestellt sind.

Karte S. 132

Die Sarajevo-Haggada

Die Sarajevo-Haggada ist ein handgeschriebenes und bebildertes Buch, das die jüdischen Rituale und Gebräuche zum Passahfest beschreibt. Sie entstand – so wird angenommen – 1350 in Barcelona oder Saragossa. Sein Schöpfer ist unbekannt. Die aus Spanien vertriebenen sephardischen Juden brachten die Haggada 1492 mit nach Sarajevo.

Das Buch hat 34 Seiten mit gezeichneten Schlüsselszenen aus der Bibel und 109 Seiten bebilderten Text. Die Buchseiten weisen zahlreiche Gebrauchsspuren auf, etwa Weinflecken. 1894 kaufte das Nationalmuseum die Haggada. Heute wird der Wert des Buches auf sieben Millionen Euro geschätzt. Wohl auch deshalb ist die Sarajevo-Haggada weltweit bekannt – obwohl sie lange Zeit nicht ausgestellt wurde. Als Deutsche Truppen im Zweiten Weltkrieg Sarajevo besetzten, forderten sie die Herausgabe des wertvollen Buches. Der damalige Museumsdirektor Jozo Petrović und der Kurator Derwis Korkut hatten die Haggada aber zuvor in Sicherheit gebracht. Es gibt über das Versteck des Buches drei unterschiedliche Geschichten. So soll der ersten Erklärung zufolge Korkut die Haggada bei muslimischen Geistlichen in einem Dorf nahe Sarajevo in Obhut gegeben haben. Eine zweite Geschichte besagt, dass das Buch unter einem Baum vergraben wurde. Wahrscheinlicher aber ist die dritte Variante; ihr zufolge soll die Haggada, mit neuem Einband und Titel versehen, im Bestand der Museumsbibliothek versteckt worden sein. Nach dem Zweiten Weltkrieg entbrannte ein Streit über die Besitzrechte an dem Buch. Der Oberste Gerichtshof entschied schließlich, dass die Haggada der Republik Bosnien und Herzegowina gehöre und im Nationalmuseum aufbewahrt werden solle.

Während der Belagerung Sarajevos brachten zwei Museumsmitarbeiter, eskortiert von Polizei und Militär, die Haggada in den unterirdischen Tresorraum der Nationalbank, wo es den Bosnienkrieg sicher überstand. Während der Belagerung hielt sich das Gerücht, die Haggada sei verkauft worden, um Waffen zur Verteidigung Sarajevos kaufen zu können.

Seit 2002 wird die Haggada in einem besonders gesicherten Raum im Nationalmuseum ausgestellt. 2006 brachte der bosnische Verlag ›Rabić‹ eine vom Nationalmuseum autorisierte Kopie der Haggada auf handgemachtem Pergament heraus.

Eine Abbildung aus der Sarajevo-Haggada (Ausschnitt)

Das moderne Parlamentsgebäude

Historisches Museum

Das Historische Museum wurde kurz nach Ende des Zweiten Weltkriegs gegründet, ab 1950 trug es den Namen Museum der Revolution. Die meisten Ausstellungsstücke stammten aus der Zeit des ›Volksbefreiungskrieges‹ (1941–1945). Der heutige Museumsbau entstand allerdings erst 1959 nach Plänen der Zagreber Architekten Boris Magaš, Edo Šmidihen und Radovan Horvat. Anfang der 1990er Jahre bekam das Museum den Namen Historisches Museum von Bosnien und Herzegowina. Ausstellungsschwerpunkte sind der Zweite Weltkrieg und seit 2003 die Belagerung Sarajevos. Während des Bosnienkrieges verlief die Front unweit des Museums. Dennoch gelang es den Museumsmitarbeitern, die Sammlungen zu schützen.

Hauptbahnhof und Umgebung

Wendet man sich vom Historischen Museum in Richtung Hauptbahnhof, so ist gleich links das Areal der **amerikanischen Botschaft** zu erkennen. Das Gelände mit seinen beiden Gebäuden und diversen Sportplätzen ist weiträumig ummauert, aber von der Aussichtsterrasse des Avaz Twist Towers einsehbar.

■ Bahnhof

Der Bahnhof (Željeznička stanica) wurde 1952 nach Plänen einer Gruppe tschechischer Architekten erbaut. Die Bauarbeiten leitete der Architekt Bogdan Stojkov. Es entstand ein monumentales Bauwerk im Stil des sogenannten Sozialistischen Realismus. Nach seiner Fertigstellung galt der Bahnhof einige Zeit als einer der schönsten auf dem Balkan. Während der Belagerung Sarajevos schlugen zahlreiche Geschosse ins Bahnhofsgebäude ein, nach dem Krieg wurde der Bau daher grundlegend saniert. In der großen Halle befinden sich Fahrkartenschalter, Cafés und ein Kiosk. Durch eine Unterführung gelangt man zu den Gleisen. Über den großen Vorplatz mit seinem Brunnen erreicht man die Straßenbahnhaltestelle.

■ Avaz Twist Tower

Östlich des Bahnhofs, nicht zu übersehen, erhebt sich das höchste Gebäude des Landes, der Avaz Twist Tower. Das Bürohaus ist Sitz des bosnischen Zeitungsverlages ›Avaz‹ und wurde 2009 nach dreijähriger Bauzeit fertiggestellt. Die Pläne lieferte der Architekt Faruk Kapidžić. Auffällig ist die verdrehte Glasfassade. Der Tower hat 40 Stockwerke und ist 142 Meter hoch. Auf seinem Dach thront eine 30 Meter lange Antenne, daher hat das Gebäude eine Gesamthöhe von 172 Metern. In der 31. Etage, auf 100 Meter Höhe, befindet sich ein exklusives Restaurant mit Außenterrasse. Vier Etagen darüber lässt sich im ›Café 35‹ bei Kaffee und bosnischem Gebäck die Aussicht genießen. In der 36. Etage bietet die Aussichtsterrasse (Vidikovac) einen Rundumblick auf Sarajevo.

Karte S. 132

Vilson-Spazierweg und Umgebung

Der Vilson-Spazierweg (Vilsonovo šetalište) ist ein vier Kilometer langer Spazierweg, eigentlich eine Straße mit Fußweg, aus der die Autos verbannt wurden. Er verläuft unmittelbar entlang der Miljacka. Besonders während der warmen Jahreszeit wird er gern zum Rad- und Inlinefahren genutzt und natürlich zum Spazierengehen und Joggen. Entlang des Vilsonovo šetalište finden sich zahlreiche Bänke und Tische, an privaten Verkaufsständen werden im Sommer Getränke, Süßigkeiten, Popcorn sowie gekochte und gegrillte Maiskolben angeboten. Auch im Hochsommer lässt sich hier bedenkenlos und sehr angenehm spazieren, vor Sonne und großer Hitze schützen die dicht stehenden Bäume. Der Vilsonovo šetalište beginnt im Osten bei der Vrbanja-Brücke, in der Nähe des Parlaments.

■ **Vrbanja-Brücke**

Die ursprüngliche Brücke ließ ein jüdischer Händler im 18. Jahrhundert erbauen. Damals trug sie den Namen Čirišhana most nach der ehemaligen Leimfabrik ›Čirišhana‹, die damals von Gerbern der nahen Lederfabrik bewohnt wurde. Später setzte sich der Name Vrbanja most durch, nach dem Stadtteil, in dem die Brücke steht. Während des Bosnienkrieges erlangte die Brücke traurige Berühmtheit: Am 5. April 1992 wurden die Studentinnen Suada Dilberović und Olga Šušić auf der Brücke erschossen, als sie mit anderen Sarajevoer Bürgern gegen den Krieg demonstrierten. Die beiden Frauen gelten als die ersten beiden Kriegstoten in Sarajevo. Seit dem 3. Dezember 1999 trägt die Brücke ihre Namen. Zudem erinnert eine an der Brüstung befestigte Gedenkplatte an die beiden Studentinnen.

Stadttouren

Herbststimmung am Vilson-Spazierweg

Romeo und Julia in Sarajevo

Als Romeo und Julia aus Sarajevo wurden die Muslimin Admira Ismić und der bosnische Serbe Boško Brkić weltweit bekannt. Die beiden 25-Jährigen waren seit acht Jahren ein Liebespaar, als sie gemeinsam über die Vrbanja-Brücke aus dem belagerten Sarajevo nach Serbien fliehen wollten. Bosniakische wie serbische Truppen hatten dem Paar freies Geleit zugesichert. Am 19. Mai 1993 gegen 17 Uhr erreichten Admira und Boško die Brücke, um von dort in den von serbischen Truppen gehaltene Stadtteil Grbavica zu gelangen, als plötzlich auf sie geschossen wurde. Boško wurde von einer Kugel tödlich getroffen, eine zweite Kugel traf Admira. Sie stürzte zu Boden, kroch schwer verletzt zu ihrem toten Freund und konnte noch den Arm um ihn legen. 15 Minuten später starb auch sie.

Serben wie Bosniaken bestritten, geschossen zu haben und gaben der jeweils anderen Seite die Schuld am Tod des Paares. Die Verhandlungen über eine Feuerpause, um die Leichen bergen zu können, scheiterten. Die UNPROFOR erklärte, nichts tun zu können, da es sich um ein lokales Problem handele. So lag das Paar mehrere Tage im Ödland zwischen Müll und hängenden Stromleitungen, bevor serbische Soldaten nachts die beiden Leichen bargen.

Boškos Mutter und Bruder waren zu Beginn der Belagerung nach Serbien geflüchtet, der Vater noch vor dem Krieg gestorben. Boško, der in Sarajevo Chemie studierte, war wegen Admira in der umkämpften Stadt geblieben. Vom Tod ihres Sohnes erfuhr die Mutter durch serbische Amateurfunker. Sie besprach mit Admiras Vater, die beiden gemeinsam zu bestatten. Boškos und Admiras Grab befindet sich auf dem Löwen-Friedhof (Lav groblje) im Stadtteil Koševo (Parzelle A8) Auf dem Grabstein in Herzform sind die Portraits der beiden eingraviert.

Bekannt wurde die Geschichte von Admira und Boško durch den amerikanischen Fotojournalisten Mark H. Milstein, der Bilder von dem getöteten Paar machte, als es noch im Niemandsland zwischen den Linien lag. Abends im Hotel ›Holiday‹ Inn erzählte er dem Journalisten Kurt Schork davon. Der Amerikaner recherchierte und schrieb einen Artikel, der weltweite Aufmerksamkeit erfuhr. Zudem drehte der Regisseur John Zaritsky 1994 einen Dokumentarfilm über Admira und Boško und gab ihm den heute so bekannten Titel: ›Romeo und Julia in Sarajevo‹.

Die Gedenktafel für ›Romeo und Julia in Sarajevo‹

Stadttouren

Das Café Tito bietet Konzerte und Nostalgie

■ Café Tito

Von der Vrhanja-Brücke führt der Spazierweg an der rückwärtigen Seite des Nationalmuseums vorbei. Wer inzwischen Lust auf einen Kaffee hat, findet hinter dem Historischen Museum das Café ›Tito‹, eines der kultigsten in Sarajevo. Dort scheint der ehemalige jugoslawische Staatspräsident weiterzuleben: an den Wänden Tito-Fotos, hinter Glas und eingerahmt Titos Jagdgewehr, Tito auf dem Titel der Zeitschriften ›Time‹ und ›Life‹, Tito-Büsten und Tito Bücher, außerdem sozialistische Gemälde oder auch Lampenschirme aus Soldatenhelmen. Im Garten sind Panzer und Militärfahrzeuge der Partisanen ausgestellt. Vom Café führt ein schmaler Weg zurück zum Vilson-Spazierweg und zur Ars-Aevi-Brücke.

■ Ars-Aevi-Brücke

Die Ars-Aevi-Brücke ist ein Geschenk des Architekten Renzo Piano und Teil des Ars-Aevi-Projekts. Die Brücke verläuft über die Miljacka und verbindet den Stadtteil Novo Sarajevo mit Grbavica. Das moderne Bauwerk besteht überwiegend aus Metall, der Übergang aus Holz.

Die Idee zum Ars-Aevi Projekt entstand bereits zu Beginn des Bosnienkrieges. Künstler und Intellektuelle beschlossen, trotz oder gerade wegen der Belagerung Sarajevos eine Sammlung mit zeitgenössischer Kunst anzulegen, um sie nach dem Krieg auszustellen. Unterstützt wurde die Idee von der Internationalen Gemeinschaft. Inzwischen verfügt das Museum über eine Sammlung mit Werken, die von mehr als 130 internationalen Künstlern geschaffen und gespendet wurden. Die Sammlung befindet sich im Centar Skenderija an der Terezije bb.

Kirchen

Westlich der Ars-Aevi-Brücke befinde sich zwei sehenswerte Kirchen, die den Weg dorthin lohnen.

■ Crkva Svetog Preobraženja

Die Kirche der heiligen Verklärung (Crkva Svetog Preobraženja) entstand 1939 nach Plänen des Architekten Aleksandar Deroko. Sein Entwurf nahm sich die Kirche des heiligen Petar und Paul im serbischen Ras (Stari Ras) – einem kleinen Ort in der Nähe von Novi Pazar – zum Vorbild. Deroko war es wichtig, eine moderne Kirche zu schaffen, die den Geist des Mittelalters und den serbisch-byzantinischen Stil in sich vereint. Im Bosnienkrieg schwer beschädigt, wurde sie 2006 bis 2007 restauriert.

■ Crkva Svetog Trojstva

Die Kirche der heiligen Dreieinigkeit (Crkva Svetog Trojstva) noch etwas weiter westlich wurde 1905 im neuromanischen Stil erbaut. Hervorstechendes Merkmal sind die zweifarbig gestreifte Fassade und das in den Glockenturm integrierte Portal. Die Kirche befand sich während des Krieges nahe der Front und wurde schwer beschädigt, inzwischen aber restauriert.

Grbavica

Grbavica war während des Bosnienkrieges schwer umkämpft, die Front verlief quer durch das Stadtviertel. Zwar dominieren in dem Stadtviertel die Hochhaussiedlungen, aber ein Spaziergang fernab der klassischen Touristenpfade lohnt. Besonders Fußballfans werden auf ihre Kosten kommen: Sarajevos Traditionsverein Željeznica hat hier sein Stadion.

■ Most Bratstva i Jedinstva

Die Most Bratstva i Jedinstva (Brücke der Brüderlichkeit und Einheit) verbindet die Vilson-Promenade mit dem Stadtteil Grbavica. Das Bauwerk lag während der Belagerung Sarajevos unmittelbar an der Front: Auf der südlichen Brückenseite befanden sich bosnisch-serbische, auf der anderen bosniakische Truppen. Die Brücke wurde während der Kämpfe stark in Mitleidenschaft gezogen, aber nach dem Krieg saniert. Die Architektur der Brücke ist unspektakulär, handelt es sich doch um eine gewöhnliche Betonkonstruk-

tion auf zwei Pfeilern mit einem Eisengeländer. Aufgrund ihres symbolträchtigen Namens wurde das Bauwerk jedoch während der Belagerung weltweit bekannt.

■ Stadion Grbavica

Das Stadion Grbavica liegt einige hundert Meter südlich der Miljicka. Es ist die Heimspielstätte des Traditionsclubs FK Željezničar. Es wurde bereits 1940 fertiggestellt, wegen des Zweiten Weltkriegs allerdings erst 13 Jahre später eröffnet. Grundlegend modernisiert wurde der Fußballtempel in den 1980er Jahren. Damals bekam das Stadion eine überdachte Haupttribüne, die sich nicht wie üblich an der Längsseite, sondern am Kopfende, hinter dem einen Tor, befindet.

Während der Belagerung befand sich das Stadion unmittelbar an der Kampflinie, wurde zerschossen und brannte aus. Übrig blieb lediglich ein Beton- und Eisengerippe. Daran erinnert heute jedoch nur noch wenig. Das Stadion wurde wieder aufgebaut, und auch die alte Schmalspurlokomotive, das Symbol des Eisenbahnerclubs FK Željezničar, hat erneut ihren angestammten Platz bei den Stehplatzrängen an der Seitenlinie bekommen.

■ Bosmal City Center

Das Bosmal City Center befindet sich rund 500 Meter westlich des Stadions Grbavica an der Safeta Hadžiča. Das 118 Meter hohe Geschäfts- und Wohngebäude war bis zur Fertigstellung des Avaz Twist Towers das höchste Gebäude in Bosnien und Herzegowina. Das bosnische Unternehmen Bosmal ließ den Bau für 110 Millionen Euro errichten und gehörte damit kurz nach dem Bosnienkrieg zu den größten Investoren im Land. Insgesamt befinden sich im Bosmal City Center 309 Wohnungen, ein exklusives Shoppingcenter und ein großer Gastronomiebereich.

Karte S. 132

Ivica Osim

Ivica Osim ist nicht nur in Bosnien eine Fußballlegende. Er war gleichermaßen als Spieler und Trainer erfolgreich und gilt heute als einer der angesehensten Trainer Europas. Osim begann seine Profikarriere als 18-Jähriger bei Željezničar Sarajevo, spielte in der französischen ersten Liga und der jugoslawischen Nationalmannschaft. Osim war jugoslawischer Nationaltrainer und gewann mit der österreichischen Mannschaft Sturm Graz zahlreiche nationale Titel. Die Fans wählten ihn zum Sturm-Trainer des Jahrhunderts. Zuletzt trainierte er die japanische Nationalmannschaft, bis ihn ein schwerer Schlaganfall außer Gefecht setzte. Heute berät Osim den bosnischen Fußballverband.

Ivica Osim kam 1941 in Sarajevo zur Welt. Im Profi-Team vom FK Željezničar Sarajevo spielte er im offensiven Mittelfeld und galt als überaus fairer Fußballer; nie erhielt er eine gelbe Karte. Als Spieler war Osim von 1959 bis 1968 für Željezničar aktiv. Anschließend wechselte er in die Première Division nach Frankreich, wo er unter anderem für Racing Paris spielte. Osim wurde 20-mal in das jugoslawische Nationalteam berufen und schoss acht Länderspieltore.

Nach dem Ende seiner Spielerkarriere 1978 wurde Osim Trainer seines Heimatvereins Željezničar. Mit Željo wurde er zweimal jugoslawischer Vizemeister, stand ebenso oft im Pokalfinale und erreichte das Halbfinale im UEFA-Cup. 1986 wurde Osim jugoslawischer Nationaltrainer. Sein Team erreichte 1990 bei der WM in Italien das Viertelfinale und qualifizierte sich zwei Jahre darauf für die Europameisterschaft, wurde aber wegen des Krieges in Jugoslawien ausgeschlossen. Der Krieg war auch der Grund, warum Osim als Nationaltrainer zurücktrat.

Osim übernahm 1994 den Trainerposten bei Sturm Graz. Gleich in seiner ersten Saison wurde Sturm Vizemeister. Es folgten die erfolgreichsten Jahre in der Vereinsgeschichte des österreichischen Clubs. Nach zwei Vizemeisterschaften und dem Pokalsieg 1996 gewann Graz 1998 die erste Meisterschaft der Vereinsgeschichte, im Jahr darauf neben dem Meistertitel den Pokal und Supercup. Es folgten drei weitere Meister- und Supercuptitel. 2001 qualifizierte sich Sturm Graz für die Zwischenrunde der 16 besten europäischen Teams in der Champions League. Im Jahr darauf

traten die ersten Probleme im Verein auf. Der Vorstand entließ ohne Absprache mit Osim 13 Spieler und kaufte planlos Legionäre ein. Anschließend spitzte sich die Lage zwischen Vorstand und Trainer zu. Nach einer Niederlage erklärte Osim vor laufenden Kameras seinen Rücktritt. Vom Fußball konnte er dennoch nicht lassen. Er trainierte zunächst den japanischen Erstligisten JEF United und anschließend die japanische Nationalmannschaft.

Osim lebt mit seiner Frau in Sarajevo. Er hat zwei erwachsene Söhne und eine Tochter. Neben dem Fußball sind heute die Enkelkinder seine Leidenschaft.

Ivica Osim im Jahr 1969

Etwas außerhalb gelegene Sehenswürdigkeiten

Ein etwas längerer Fußweg oder eine kurze Taxifahrt ist nötig, um drei besondere Sehenswürdigkeiten Sarajevos in Augenschein zu nehmen: den Alten jüdischen Friedhof, den Gedenkpark Vrace und die Ziegenbrücke. Die beiden erstgenannten befinden sich am linken Miljacka-Ufer, oberhalb der Hauptstraße Put Mladih Muslimana.

Grabsteine in Ladino auf dem Alten jüdischen Friedhof

■ Alter jüdischer Friedhof

Wer einen Spaziergang nicht scheut, dem sei der folgende Weg zum Alten jüdischen Friedhof empfohlen. Ausgangspunkt ist die Vrbanja-Brücke. Von dort geht es zum linken Ufer, man folgt anschließend der Straße links an der Tankstelle vorbei. Sie führt in zwei Serpentinen und unter der Put Mladih Muslimana unmittelbar vor den Friedhofseingang. Der Friedhof befindet sich im Stadtteil Kovačići und ist nach dem jüdischen Friedhof in Prag der zweitgrößte in Europa. Er wurde 1630 eröffnet und diente den sephardischen Juden Sarajevos als letzte Ruhestätte. Das älteste noch erhaltene Grabmal stammt aus der Mitte des 17. Jahrhunderts; die letzte Beerdigung fand 1966 statt.

Eine Besonderheit stellen die meisten Grabsteine dar. Sie unterscheiden sich von anderen Grabsteinen durch ihre Form und ihre Inschrift in Ladino, eine Sprache, die auch Judenspanisch genannt wird. Sie ist die traditionelle Sprache der aus Spanien geflohenen sephardischen Juden und wird heute weltweit nur noch von rund 100 000 Menschen beherrscht. Zu Beginn des Zweiten Weltkriegs wurde der jüdische Friedhof teilweise zerstört. Ein ähnliches Schicksal erlitt er während der Belagerung, da der Friedhof unmittelbar an der Front lag; zahlreiche Grabsteine wurden während der

Kämpfe in Mitleidenschaft gezogen. Das große rechteckige **Denkmal** inmitten des Friedhofs schuf der Künstler Jahiel Finci 1952. Es erinnert an die Opfer des Zweiten Weltkriegs. Die jüdische **Kapelle** wurde 1962 nach einem Entwurf von Zlatko Ugljen erbaut.

■ Gedenkpark Vraca

Der Gedenkpark Vraca erinnert an über 11 000 Bürger Sarajevos, die im Zweiten Weltkrieg umkamen. Der Park erstreckt sich auf einer Fläche von 75 000 Quadratmetern auf der Anhöhe Vraca und bietet einen beeindruckenden Blick auf Sarajevo.

Ende der 1970er Jahre entstand die Idee, dort, wo die deutsche Wehrmacht während des Zweiten Weltkriegs ein Gefangenenlager eingerichtet und Partisanen hingerichtet hatte, eine Gedenkstätte anzulegen. Die Bauarbeiten begannen im April 1980. Den Initiatoren war es wichtig, ein Monument für alle Kriegsopfer Sarajevos zu schaffen, unabhängig von deren Nationalität und Religion. Gestaltet wurde der Komplex vom Sarajevoer Architekten Vladimir Dobrivić. Der Park wurde am 25. November 1981 feierlich eröffnet und entwickelte sich

Karte: s. vordere Umschlagklappe

schnell zu einem beliebten Ausflugsziel. Besonders Schulklassen strömten in großer Zahl auf den Vraca zu einer der größten Gedenkstätten des sozialistischen Jugoslawiens. Während des Bosnienkrieges brachten die bosnischen Serben ihre Artillerie auf dem Parkgelände in Stellung. So wundert es nicht, dass Teile der Gedenkstätte während der Kämpfe beschädigt wurden.

Die alte, noch gut erhaltene **Festung** entstand während der österreichisch-ungarischen Herrschaft. Zur jugoslawischen Zeit war dort ein Museum untergebracht. An den Festungsmauern sind die Namen von 9200 Opfern des Zweiten Weltkriegs angebracht. Zudem wurden die Namen von 2019 Partisanen in Marmorblöcke graviert und die Namen von 26 Volkshelden beim Zugang zum Park in Stein verewigt.

■ Ziegenbrücke

Die Ziegenbrücke (Kozja Ćuprija) hat den Ruf, eine der schönsten kleineren Steinbrücken in Bosnien zu sein. Erbaut in der zweiten Hälfte des 16. Jahrhun-

derts, gehört sie zu den vier ältesten Brücken in Sarajevo. Sie ist 17,5 Meter lang, 4,75 Meter breit und spannt sich in einem großen Bogen über die Miljacka. Die Brücke befindet sich drei Kilometer östlich von Sarajevo an der alten Straße nach Konstantinopel. An gleicher Stelle soll zuvor eine Holzbrücke gestanden haben. Während der türkischen Herrschaft führte der Verkehr von Sarajevo in die osmanische Hauptstadt über diese Brücke; daher befand sich dort die Zollstation. Zudem wurden alle neuen Wesire von einer Delegation aus der Stadt an der Brücke empfangen.

Um die Entstehung der Brücke rankt sich eine Legende: Danach hielt sich ein Ziegenhirte mit seiner Herde am Fluss auf. Plötzlich bemerkte er, dass sich seine Tiere um etwas Funkelndes im Wasser scharrten. Als er näher kam, sah er einen mit Gold gefüllten Topf. Der Ziegenhirte nahm das wertvolle Metall an sich und finanzierte damit seine Schulausbildung. Aus Dankbarkeit ließ er später an der Fundstelle des Goldes die Brücke erbauen.

Diese Tafeln im Gedenkpark Vraca erinnern an die Toten des Zweiten Weltkriegs

Stadttouren

Sarajevo hat seinen Besuchern einiges zu bieten: Unterkünfte in allen Preisklassen, zahlreiche Museen und Galerien – und mit seinen Bühnen, Konzerthallen, Bars und Clubs ein lebhaftes Nachtleben. Zudem locken zahlreiche Festivals. Am bekanntesten ist sicherlich das Filmfest, das sich nicht nur bei Hollywoodstars großer Beliebtheit erfreut.

Altes Rathaus

SARAJEVO-INFORMATIONEN

Allgemeine Informationen

Postleitzahl: 71000.
Vorwahl: 00387/(0)33.
Touristen Informations-Zentrum (TIC), Sarači 58 (in der Baščaršija), Tel. 580999, tourinfo@bih.net.ba, www.sarajevo-tourism.com; Jun.–Sept. tgl. 9–21, Okt.–Mai Mo–Fr 9–16 Uhr. Meist hat das TIC einige Broschüren vorrätig, darunter einen Evantkalender, einen einfachen Stadtplan mit eingezeichneten Sehenswürdigkeiten und die Zeitschrift des Tourismusverbandes. Zudem vermittelt das mehrsprachige Personal Hotels, Privatunterkünfte, Stadtführungen und Ausflüge in die Umgebung inklusive der Wintersportzentren. Das TIC unterhält auch einen Infostand im BBI Centar (→ S. 180), unmittelbar beim Haupteingang im Parterre.
Botschaften:
Deutsche Botschaft, Skenderija 3, Tel. 565300, Fax 212400, www.sarajewo.diplo.de, Mo–Mi 7.30–16.45 Uhr, Fr 7.30–13.30 Uhr.
Österreichische Botschaft, Džidžikovac 7, Tel. 279400, 279419 (Konsulat), Fax 668339, sarajevo-ob@bmeia.gv.at, www.austrijska-ambasada.ba, Mo–Mi 8–12 Uhr.
Schweizer Botschaft, Zmaja od Bosne 11, 71000 Sarajevo, Tel. 275850, 254030, sar.vertretung@edu.admin.ch, Mo–Fr 8.30–12 Uhr.

Wichtige Telefonnummern
Notarzt: 124.
Polizei: 122.
Feuerwehr: 123.
Busbahnhof: 213100/213010.
Busbahnhof Ost-Sarajevo: 057317377.
Bahnhof Information: 655330.
Pannenhilfe: 1282/1288.
Lokale Telefonauskunft: 1182.
Internationale Telefonauskunft: 1201.
Universitätsklinik: 297000, 298000.

Allgemeines Krankenhaus: 285100.
Zahnklinik: 214249.
24-Stunden-Apotheke Baščaršija: 272300.
24-Stunden-Apotheke Novo Sarajevo: 713830.
24-Stunden-Apotheke Dobrinja: 766380.
24-Stunden-Apotheke Ilidža: 762180.
Tierarzt: 442303.

Banken und Wechselstuben
Geld kann man in allen Banken und meist auch auf Postämtern wechseln. Dazu muss man seinen Reisepass vorlegen, außerdem wird eine Gebühr einbehalten. Am Flughafen befinden sich eine Wechselstube und ein Postschalter, an dem ebenfalls Geld getauscht werden kann. Als Hotelgast kann man zudem meist an der Rezeption Geld wechseln, allerdings oft zu einem schlechteren Kurs.
Raiffeisen BANK dd, Zmaja od Bosne bb, Tel. 755010, 8–16 Uhr.
Sparkasse, Zmaja od Bosne 7, Tel. 280300, Fax 280231, 8–16 Uhr.

Die TIC in der Baščaršija

Blick vom Aziz Twist Tower auf den Hauptbahnhof

Internetcafés

Im Stadtzentrum gibt es zahlreiche Internetcafés. Inzwischen bieten viele Cafés und Bars WLAN-Internetzugang, außerdem fast alle höherklassigen Hotels.

► **Internetcafés** (Auswahl):

Club Click, Kunduržiluk 1, Tel. 236914.

Euronet Y, Obala, Kulina bana 2. Tel. 668227.

► **Cafés und Bars mit WLAN** (Auswahl):

Café Tito, Zmaja od Bosne 5, Tel. 208881, www.caffetito.ba, 0–24 Uhr.

Celtic Pub, Ferhadija 12, Tel. 061/712985, 9–3 Uhr.

Delikatesna Radnja, Obala Kulina Bana 10, Tel. 208855, www.delikatesnaradnja.ba, 8–24 Uhr.

Postämter und Paketdienste

Briefmarken (bosnisch: marke) erhält man mittlerweile nur noch auf dem Postamt. Postkarten und Briefe sind nach Deutschland etwa eine Woche unterwegs. Auf dem Postamt lassen sich auch internationale Telefongespräche führen. Dazu bekommt man vom Postbeamten eine Kabine zugewiesen. Die laufenden Kosten werden während des Gesprächs angezeigt, bezahlt wird am Schalter. Hauptpost tgl. 7–20 Uhr, die anderen Postämter Mo–Fr 8–18 Uhr, Sa 8–12 Uhr.

Hauptpost (Glavna pošta), Zmaja od Bosne 88, Tel. 1444, 1423, Fax 650407, 7–20 Uhr.

Post-Filiale in der Altstadt, Sarači br. 50, Tel. 573821.

Die Preise für Päckchen und Pakete nach Deutschland sind vergleichsweise günstig, die Post bietet auch einen Express-Service. Weitere Anbieter:

DHL, Džemala Bijedica 166, Tel. 774000, www.dhl.ba; 8–20 Uhr.

EMS, Zmaja od Bosne 88, Tel. 331717, www.bhp.ba; 8–20 Uhr.

FedEx, Braće Mulić 48, Tel. 773250, www.fedex.co.ba.

Karten, Bücher, Medien

Die **Buchhandlung Svjetlost** in der Maršala Tita bietet ein großes Sortiment, auch fremdsprachige Stadtführer und Karten.

Info-Broschüren und der kostenlose ›Sarajevo Navigator‹ liegen in den meisten Hotels sowie im TIC (s.o.) aus. Internationale Zeitungen, darunter auch deutschsprachige, werden nur an wenigen Kiosken angeboten, etwa im Stadtzentrum im BBI-Shopping-Center (Kiosk beim Haupteingang) sowie am Flughafen (Zeitungsstand im Parterre).

Bosnisch-herzegowinische Bahngesellschaften

In Bosnien und Herzegowina gibt es zwei Eisenbahngesellschaften: Die bosniakisch-kroatische Föderation wird von der Željeznice Federacije Bosne i Hercegovine (ŽFBH), die Republika Srpaska von der Željeznice Republike Srpske (ŽRS) bedient. Die ŽFBH entstand 2001 aus dem Zusammenschluss der bosniakisch kontrollierten Željeznice Bosne i Hercegovine (ŽBH) und der kroatisch kontrollierten Željeznice Herceg-Bosne (ŽHB) und hat ihren Sitz in Sarajevo. (www.zfbh.ba). Die Željeznice Republike Srpske wurde 1992 gegründet und hat ihren Sitz in Doboj (www.zrs-rs.com). Koordiniert wird der bosnische Zugverkehr vom Dachverband, der Bosanskohercegovačka željeznička javna korporacija (BHŽJK).

Das gesamte Schienennetz umfasst lediglich 1031 Kilometer (zum Vergleich: Deutschland 38 000, Österreich 7200 Kilometer). Das Streckennetz war bis in die 1970er Jahre größer, stammte aber noch aus der Zeit der Donaumonarchie. Die Schienen wiesen überwiegend die schmalere, sogenannte bosnische Spurweite auf. Viele Strecken wurden seit den 1970er Jahren stillgelegt.

Der Personenbahnverkehr hat in Bosnien und Herzegowina nur geringe Bedeutung. Die meisten Bosnier reisen lieber mit dem Bus, denn die Fahrkarten sind preiswert und das Busnetz deckt auch die abgelegenen Landesteile ab. Bedeutung hat die Bahn aber für den Güterverkehr. Besonders die Kohlegrube in Tuzla, die erzverarbeitenden Betriebe in Tuzla und Zenica, das Aluminiumwerk in Mostar und die chemische Industrie des Landes nutzen Güterzüge.

Seit 2010 verkehren Niederflurzüge in der Föderation sowie insgesamt 15 Talgo-Züge in beiden Entitäten. Die modernen Züge verfügen über zwei Wagenklassen, einen Rollstuhlbereich, Caféteria, die Nachtzüge auch über Ruhesessel. Die Talgo-Züge verkehren überwiegend auf den internationalen Strecken nach Belgrad, Ljubljana und Zagreb.

Im Hauptbahnhof

An- und Abreise

Mit der Bahn

Die Anreise mit der Bahn ist von allen deutschen, österreichischen und Schweizer Bahnhöfen möglich. Die Fahrt dauert sehr lange, zum Beispiel von Köln planmäßig 27 Stunden; zudem muss man mehrfach umsteigen. Nach Sarajevo gibt es mittlerweile nur noch eine direkte internationale Bahnverbindung: von Zagreb. Der Zug fährt täglich um 8:59 Uhr in Zagreb ab und erreicht Sarajevo um 18:23 Uhr. Direkte Bahnverbindungen nach Budapest und Ploče an der kroatischen Küste bestehen nicht mehr. Für Bahnreisende aus dem deutschsprachigen Raum ist Zagreb das erste Etappenziel. Dort steigt man in den täglich fahrenden Zug nach Sarajevo um. Die einfache Fahrt kostet umgerechnet knapp 30 Euro. Ab Budapest ist das Hin- und Rückfahrtticket für 50 KM zu haben.

Interessant ist das Teilstück von Banja Luka nach Sarajevo. Der Zug fährt dort durch wilde Landschaften und passiert zahlreiche Tunnel. Bahnfahren ist in Bosnien nicht so verbreitet wie in westeuropäischen Ländern. Selbst auf den internationalen Linien bestehen die Züge meist nur aus drei bis fünf Wagons, die Bahnhöfe aus einem Gebäude mit ein oder zwei Bahnsteigen.

Bahnhof, Željeznica Stanica Sarajevo, Put života 2, Tel.655330.

Mit dem Bus

Von fast allen deutschen, österreichischen und Schweizer Großstädten fahren täglich Busse nach Sarajevo. In der Regel handelt es sich um moderne Reisebusse mit Strom- und Internetanschluss sowie einem Unterhaltungsprogramm über Kopfhörer, wie man es aus Flugzeugen kennt, außerdem Fernseher, Klimaanlage und individu-

ell einstellbaren Sitzen. Aber obwohl die Busse sehr komfortabel ausgestattet sind, ist die Reise anstrengend und langwierig. So dauert die Fahrt planmäßig von Berlin knapp 27, von Dortmund sogar 30 Stunden. Von Wien ist der Bus 13 Stunden, von Zürich 23 Stunden unterwegs. Oft kommt es an den Grenzübergängen zu längeren Wartezeiten.

Bis Mitte der 1990er Jahre war der Fahrpreis unschlagbar günstig. Inzwischen kann man mit etwas Glück Flugtickets erwerben, die nur geringfügig mehr kosten. Einige Preisbeispiele: Die einfache Fahrt ab Dortmund kostet 140 Euro, Kinder zwischen vier und elf Jahren zahlen den halben Fahrpreis. Ab Berlin kostet die einfache Fahrt knapp 100, ab Wien 50 und ab Zürich 140 Euro. Pro Person dürfen zwei Gepäckstücke mitgenommen werden. Während der Fahrt werden im Bus Getränke und Snacks verkauft. In regelmäßigen Abständen legt der Fahrer Pausen ein, in der Regel bei einem Restaurant. Infos und Buchungen:

Deutsche Touring GmbH, Am Römerhof 17, 60486 Frankfurt am Main, Tel. 069/7903-501, www.touring.de.

Blaguss Reisen GmbH, Richard-Strauss-Straße 32, 1230 Wien, Tel. 0043/(0)1/61090-0, www.eurolines.at.

ALSA+Eggmann, Ausstellungsstr. 15, 80005 Zürich, Tel. 0041/(0)43/4446520, www.alsa-eggmann.ch. Parkplatz am Sihlquai.

Deutsche Touring GmbH, Am Römerhof 17, 60486 Frankfurt am Main, www.touring.de, Tel. 069/7903-501.

Blaguss Reisen GmbH, Richard-Strauss-Straße 32, 1230 Wien, Tel. 0043/(0)1/61090-0, www.blaguss.com, www.eurolines.at.

Centrotrans, Put života 8 (am Busbahnhof), Tel. 666134, 213100 (Information), Fax 215086, www.centrotrans.com, f.hodzic@centrotrans.com. Innenstadtbüro: Ferhadija 16, Tel. 205481, Fax 211282,tours@centrotrans.com. Wichtigstes Busunternehmen, Partner von Eurolines.

Der Busbahnhof in Sarajevo befindet sich beim Bahnhof, rund drei Kilometer außerhalb der Altstadt. Ins Zentrum kommt man mit der Straßenbahn (1,80 KM) oder dem Taxi (ca. 6 KM).

Busbahnhof Sarajevo, Put života 8, Tel. 213100.

Es gibt einen zweiten Busbahnhof in Istočno Sarajevo, im serbischen Teil. Er wird überwiegend von Bussen aus der Republika Srpska, Serbien und Montenegro angesteuert. Der Busbahnhof befindet sich elf Kilometer von der Altstadt entfernt und ist am besten mit den O-Buslinien 103 und 107 zu erreichen. Dazu fährt man bis zur Endstation in Dobrinja. Von dort sind es rund 150 Meter bis zum Busbahnhof.

Busbahnhof Istočno Sarajevo, Srpskih vladara 2, Tel. 057/317377.

Mit dem Flugzeug

Mit dem Flugzeug ist man nicht nur am schnellsten in Sarajevo, sondern bei rechtzeitiger Buchung auch relativ preisgünstig. Die Preisspanne reicht von 140 bis knapp 600 Euro für Hin- und Rückflug. Wer lange im Voraus bucht und beim Reisedatum flexibel ist, mit wenig Gepäck reist und keine Sitzplatzreservierung benötigt, kann das Ticket mit etwas Glück sogar für unter 140 Euro im Internet ergattern.

Angeflogen wird Sarajevo aus dem deutschsprachigen Raum zum Beispiel von Lufthansa, Germanwings, Austrian Airlines, Croatia Airlines und der bosnischen BH Airlines. Lufthansa fliegt täglich von allen größeren Städten über München in die bosnische Hauptstadt,

Germanwings bietet Direktflüge ab Berlin, Köln, Dresden, Leipzig, München, Stuttgart und Zürich an, Austrian Airlines fliegt täglich von allen größeren Flughäfen in Deutschland, Österreich und der Schweiz über Wien nach Sarajevo. Zürich wird zudem von BH Airlines angeflogen. Die Flugzeit beträgt ab München, Wien und Zürich rund 50 Minuten, ab Köln und Frankfurt knapp zwei Stunden.

Nach dem Krieg wurde der Flughafen grundlegend saniert, modernisiert und erweitert. Der Airport ist für eine Kapazität von jährlich eine Million Fluggästen ausgelegt und somit relativ klein. Für den Reisenden hat das Vorteile: Die Wege sind kurz, ebenso die Wartezeiten beim Einchecken und an der Gepäckausgabe. Angeflogen wird der Flughafen überwiegend von kleineren Flugzeugtypen, etwa Propellermaschinen und Düsenjets mit nur selten mehr als 150 Sitzplätzen. Der Flughafen befindet sich im Stadtteil Dobrinja, rund zwölf Kilometer südwestlich vom Sarajevoer Stadtzentrum entfernt. Am Postschalter in der Ankunftshalle kann man Telefonkarten erwerben, direkt daneben am Bankschalter Geld wechseln. Ins Stadtzentrum kommt man mit dem Taxi. Eine direkte Busverbindung gibt es nicht, viele Hotels bieten aber einen Abholservice.

Die Taxifahrt dauert rund 20 Minuten und sollte nicht mehr als 15 KM kosten. Den Fahrpreis lässt man sich am besten vor Fahrtantritt vom Fahrer bestätigen, sonst kann es bei der Ankunft eine Überraschung geben. Der Taxistand befindet sich unmittelbar vor dem Terminal.

Die Fahrt mit dem Bus ist etwas umständlich: Man verlässt das Flughafengebäude durch den Hauptausgang, geht links über die ul. Kurta Schorka, biegt rechts in die ul. Braće Mulića ein und folgt dann der Straße, die nach der zweiten Ampel in

Das alte Flughafengebäude

den Bulevar Mimara Sinana übergeht. Dann biegt man rechts in Richtung des Einkaufszentrums ›Merkator‹ ab. Dort befindet sich die Haltestelle für die O-Buslinien 103 und 107.

Internationaler Flughafen (Butmir) Sarajevo (SJJ), Kurta Schorka 36, Tel. 033/289100, www.sarajevo-airport.ba.

Mit dem Auto

Bei einer Anreise mit dem Auto bietet sich Zagreb als erster Orientierungspunkt an. Bis dahin erfolgt die Fahrt fast ausschließlich über die Autobahn. Allerdings werden in Österreich (ab 7,90 Euro), Slowenien (30 Euro für einen Monat) und Kroatien (kilometerabhängig 1 bis 8 Euro) Autobahn- beziehungsweise Tunnelmaut erhoben, die in Kroatien auch in Euro gezahlt werden kann. Das Wechselgeld erhält man jedoch in kroatischen Kuna ausgezahlt.

Die Fahrt bis Zagreb verläuft meist zügig, Staus sind vergleichsweise selten. Hat man die kroatische Hauptstadt passiert, gilt es sich für eine Route nach Sarajevo zu entscheiden; an beiden möglichen Strecken liegen interessante Sehenswürdig-

keiten. Die eine mögliche Strecke führt über Bihać. Die Straßen sind in einem guten Zustand, das Verkehrsaufkommen ist selbst in der Sommersaison meist gering. Zudem gibt es auf der 302 Kilometer langen Route viel Sehenswertes: neben Bihać selbst Bosanski Petrovac, Ključ, Mrkonjić Grad, die alte Königsstadt Jajce und Travnik, die Geburtsstadt des Literaturnobelpreisträgers Ivo Andrić. Entlang der Strecke befinden sich zahlreiche Restaurants, in denen sich meist zu günstigen Preisen gut essen lässt. Zudem ist das Tankstellennetz engmaschig.

Etwas schneller reist man in der Regel über den Autoput. Die Fahrt auf der zweispurigen Autobahn ist jedoch sehr monoton. Der Autoput verläuft in Kroatien parallel zur bosnischen Landesgrenze, in regelmäßigen Abständen gibt es Rastplätze und Tankstellen. Meist kann man dort ebenfalls mit Euro zahlen, sollte aber in jedem Fall vor dem Tanken fragen. Um auf dem kürzesten Weg nach Sarajevo zu gelangen, empfiehlt sich der Grenzübergang bei Bosanski Brod. Dazu folgt man einfach der Beschilderung und verlässt den Autoput bei der kroatischen Stadt

Verkehr nahe der Skenderija

Slavonski Brod. Dort führt eine Brücke über die Save zur bosnischen Grenzstation. Neben dem Reisepass wollen die Grenzbeamten meist den Fahrzeugschein und die Grüne Versicherungskarte sehen. Ist die Grenze passiert, wird man auf einem großen Schild in der Republika Srpska willkommen geheißen. Von Bosanski Brod sind es noch 210 Kilometer bis Sarajevo. An der Strecke liegen unter anderem die Städte Doboj, Zenica und Visoko.

Die Straßen sind meist in einem guten Zustand, Zenica und Sarajevo sind durch eine 40 Kilometer lange Autobahn miteinander verbunden.

Unterwegs in Sarajevo

Die meisten Sehenswürdigkeiten befinden sich im Stadtzentrum und sind bequem zu Fuß zu erreichen. Tagsüber sind die Straßen meist überlastet und Parkplätze rar, daher lässt man das eigene Auto am besten stehen. Zudem ist das öffentliche Verkehrsnetz gut ausgebaut und organisiert: Fast jeder Punkt ist mit Straßenbahn, Omnibus, Oberleitungsbus oder Mini-Bus erreichbar. Die Fahrpreise sind vergleichsweise günstig. Die einfache Fahrt mit Straßenbahn und Bus kostet innerhalb der Stadt, unabhängig von der Entfernung 1,80 KM. Ein Taxikilometer kostet 1 KM, die Startgebühr 1,50 KM. Allerdings ist bei einer Taxifahrt Vorsicht geboten, sonst kann es unverhofft teurer werden.

Das Tarifsystem ist denkbar einfach. Fahrkarten für die Straßenbahn gibt es am Kiosk für 1,60 KM und beim Fahrer für 1,80 KM, Bustickets verkauft der Fahrer. In der Straßenbahn muss die Fahrkarte im Automaten entwertet werden, in den Bussen stempelt der Fahrer das Ticket sofort. Der Fahrschein ist immer für eine Person und die einfache Fahrt gültig, unabhängig von der Streckenlänge innerhalb Sarajevos. Einen Fahrschein sollte man unbedingt lösen, nicht nur weil intensiv und streng kontrolliert wird. Wer die Stadt mit öffentlichen Verkehrsmitteln erkunden möchte, was durchaus empfehlenswert ist, dem sei ein Tagesticket empfohlen. Es kostet 5,30 KM und kann von einer Person in allen Straßenbahnen und Bussen in der Tarifzone A benutzt werden. Ausgenommen ist allerdings die Linie 31A. Sie verkehrt am linken Ufer der Miljacka entlang bis nach Dobrinja und ist die kürzeste Buslinie der Stadt. Zu erkennen ist sie an den weißen Bussen mit aufgemalter Japan-Flagge: Die Busse sind ein Geschenk der japanischen Regierung.

Mit der Straßenbahn

Das Stadtzentrum dehnt sich in einem nahezu zehn Kilometer langen Talkessel aus. Hier ist man am besten mit der Straßenbahn unterwegs. Sieben Straßenbahnlinien teilen sich verschiedene Abschnitte auf einer knapp zwölf Kilometer langen Pendelstrecke, die von der Baščaršija bis nach Ilidža reicht. Die Linie 3 befährt die gesamte Strecke. Egal ob man vom Bahnhof, dem Hotel ›Holiday Inn‹, dem Nationalmuseum oder der Skenderija in die Altstadt möchte, mit der Tram geht es meist am schnellsten und einfachsten. Und so erreicht man auch die meisten Sehenswürdigkeiten.

Technisch sind Sarajevos Straßenbahnen nicht immer auf dem neuesten Stand. Oft handelt es sich um ausgemusterte Bahnen aus Österreich oder Deutschland, die der bosnischen Hauptstadt nach dem Krieg überlassen wurden. Nicht selten findet man deutschsprachige Hinweisschilder in den Bahnen und manchmal sogar noch eine entsprechende Reklamebemalung. Vor dem Bosnienkrieg blieb die Straßenbahn schon mal auf offener Strecke plötzlich stehen, weil der Strom ausgefallen war. Von den Fahrgästen wurde das gelassen hingenommen. Diese Zeiten aber sind vorbei, heute dreht die Bahn zuverlässig ihre Runden.

Folgenden Straßenbahnlinien fahren durch Sarajevo:

Linie 1: Baščaršija–Bahnhof/Busbahnhof–Baščaršija (5.56 Uhr–23.10 Uhr).

Linie 2: Baščaršija–Čengić Vila–Baščaršija (6.41 Uhr–15.37 Uhr).

Linie 3: Baščaršija–Ilidža–Baščaršija (5.10 Uhr–24.14 Uhr).

Linie 4: Ilidža–Bahnhof/Busbahnhof–Ilidža (6.36 Uhr–18.20 Uhr).

Linie 5: Baščaršija–Nedžarići–Baščaršija (6.45 Uhr–17.40 Uhr).

Linie 6: Skenderija–Ilidža–Skenderija (6.45 Uhr–19.30 Uhr).

Mit dem Bus

Seit 1953 fahren Autobusse durch Sarajevo. Heute sind knapp 100 Busse auf 44 Linien, davon 31 innerhalb der Stadt, im Einsatz. Oberleitungsbusse wurden in Sarajevo erstmals zu den Olympischen Winterspielen 1984 angeschafft. Die gesamte Flotte wurde jedoch während der Belagerung zerstört. Heute sind neben neuen Wagen auch ausrangierte Busse aus Österreich und Deutschland unterwegs. Drei Arten von Bussen fahren durch Sarajevo und die Umgebung: Omnibusse, Oberleitungsbusse und Minibusse. Die Stadtteile oberhalb der Innenstadt mit ihren engen Straßen und Gassen werden überwiegend von Minibussen angefahren. Wer etwa die Bijla tabija besichtigen möchte und den Fußmarsch scheut, kann von der Baščaršija

Die ›5‹, eine der Zentrumslinien

Sarajevo-Informationen

mit der Linie 51 durch Kovači den Berg hinauf nach Vratnik fahren.

Mehr Infos zum öffentlichen Nahverkehr: **JKP GRAS**, Tel. 293333, www.gras.co.ba. Es gibt folgende Minibusverbindungen:

Linie 51: Baščaršija–Vratnik
Linie 56: Latinska Ćuprija–Jarčedoli
Linie 58: Baščaršija–Mihrivode
Linie 69: Sutjeska–Nahorevo
Linie 73: Vijećnica (Altes Rathaus)–Gazin Han
Linie 74: Park–Sedrenik
Linie 75: Ilidža–Zabrđe
Linie 85: Ilidža–Šabići (über Bjelašnica), Mo/Di 7 Uhr; Fr/Sa/So 14 Uhr.

Mit dem Taxi

Taxifahren ist in Sarajevo vergleichsweise preiswert und trotz verstopfter Straßen meist die schnellste Art der Fortbewegung. Allerdings ist auch Vorsicht geboten: Hin und wieder versuchen Taxifahrer, Ortsfremden einen erhöhten Fahrpreis abzuluchsen. Deshalb sollte der Fahrgast darauf bestehen, dass das Taxameter eingeschaltet wird oder aber bei längeren Fahrten, zum Beispiel vom Flughafen in die Stadt, vor Fahrtantritt einen Festpreis vereinbaren. Die Startgebühr beträgt 1,50 KM, jeder Kilometer kostet 1 KM. Eine Stunde Warten schlägt mit 10 KM zu Buche. Gepäck bis zu 10 Kilogramm wird ohne Aufpreis transportiert.

Es gibt eine Vielzahl von Taxiunternehmen. Taxistände sind in der ganzen Innenstadt verteilt und sind natürlich vor den wichtigsten öffentlichen Einrichtungen wie Bahnhof und Flughafen zu finden. Auch kann man ein Taxi vorbestellen oder heranwinken. Die meisten Taxifahrer sind freundlich, hilfsbereit und gesprächig. Gerne erzählen sie etwas zu Sarajevo, den Sehenswürdigkeiten, geben Tipps für Hotels, Kneipen und Cafés. Bei aller Freundlichkeit der Fahrer sollte man nicht vergessen, dass sie in erster Linie

Geld verdienen möchten. Dennoch ist nicht jedes Angebot verwerflich. Manchmal bieten Taxifahrer eine Stadtrundfahrt an oder sogar Tagestouren zum Beispiel in die Skigebiete nach Bjelašnica oder Igman. Einigt man sich auf einen fairen Preis, spricht nicht unbedingt etwas gegen einen solchen Ausflug.

Taxi-Unternehmen:

Sarajevo Taxi, A. Šaćirbegović 30, Tel. 1515; 660970; 660666, www.sarajevotaxi.com.ba.

Žuti Taxi (Gelbes Taxi), Adema Buće 99, Tel. 663555, www.taxi.ba. Unter dieser Adresse kann man ein Taxi im Internet vorbestellen. Zuvor ist aber eine Onlineregistrierung nötig.

Crveni Taxi (Rotes Taxi), Bana Ninoslava 18, Tel. 7606-00/01/02.

Samir i Emir Taxi, Travnička 35, Tel. 1516, 667681.

Kale Taxi, Tel. 570900, 570901.

Preisbeispiele:

Flughafen–Baščaršija: 17–20 KM;
Flughafen–Ilidža: 6–8 KM;
Bahnhof/Busbahnhof–Baščaršija: 6–8 KM;
Busbahnhof Ost-Sarajevo–Baščaršija: 17–20 KM;
Sarajevo–Igman/Bjelašnica: ca. 60 KM;
Sarajevo–Jahorina: ca. 60 KM;
Baščaršija–Trebević: 14–16 KM;

Mit dem Auto

Die Straßen in und um Sarajevo sind in einem recht guten Zustand. Die Straßen sind tagsüber allerdings verstopft und die Parkplätze rar und gebührenpflichtig. Zudem teilen sich Pkw und Straßenbahnen an einigen Stellen die Hauptstraße entlang der Miljacka. Sarajevo mit dem Auto zu erkunden, ist daher mühsam und lohnt kaum. Die meisten Sehenswürdigkeiten befinden sich ohnehin im Stadtzentrum und sind gut zu Fuß zu erreichen. Etwas weitere Strecken lassen sich bequem und kostengünstig (1,60 KM) mit der Straßenbahn bewältigen. Möchte man allerdings die Umgebung von Sarajevo erkunden, kann ein Leihwagen sinnvoll sein. Grundsätzlich empfiehlt sich äußerst vorsichtiges und defensives Fahren.

■ Mietwagen

Es gibt zahlreiche Autoverleihfirmen in Sarajevo, neben bekannten internationalen Firmen auch viele regionale Anbieter. Die Autoverleiher haben ihre Büros meist in der Innenstadt, am Flughafen und in den höherklassigen Hotels. Die Preise sind vergleichsweise günstig. Ein Škoda Fabia kostet z.B. 90 KM, ein Golf 135 KM und ein Smart ab 30 KM pro Tag. Inzwischen akzeptieren fast alle Firmen die gängigen Kreditkarten.

Avis, Kurta Schorka 36 (Flughafen), Tel. 469933, 289278, Fax 474055, www.avis.ba, 9–17 Uhr.

CITO, Džemala Bijedica 185 (Hotel ›Radon Plaza‹), Tel. 769890, 638300 14, Fax 769891, www.cito.ba, 9–17 Uhr.

Europcar, Bulevar Meše Selimović, Tel. 760360, www.europcar.ba.

Budget, Fra Andjela Zvizdovića 1, Tel. 219992, www.budget.ba.

Hertz Rent-A-Car, Zmaja od Bosne 4, Tel. 204090, www.hertz.com.ba.

ITY Car Rental, Kranjčevićeva bb, Tel./Fax 207103, 061/990900, www.citycarrental.ba.

Mit dem Fahrrad

Ausgewiesene Radwege gibt es östlich des Alten Rathauses von Bentbaša bis zur Ziegenbrücke, außerdem nordöstlich des Koševo-Stadions im Betanija-Park. Sehr gut radfahren lässt sich auch auf dem Wilson-Spazierweg, der bei der Vrbanja-Brücke beginnt, vier Kilometer entlang der Miljacka verläuft und ausschließlich Fußgängern, Inline- und Radfahrern vorbehalten ist. Äußerst attraktiv zum Radfahren ist auch die 3,5 Kilometer lange Platanenallee in Ilidža. Sie führt bis zum Park der Bosnaquelle und bietet auf halben Weg die Möglichkeit zu einem Abstecher nach Stojćevac.

Ciclo Centar, Hamze Čelenke 58 in Ilidža, Tel. 625243. Hier kann man Fahrräder ausleihen und reparieren lassen sowie Mountainbike-Touren buchen.

Aussichtspunkte

Beliebtester Aussichtspunkt ist der **Gelbe Turm** (Žuta tabija) im Stadtteil Kovaći. Von dort reicht der Blick über die Altstadt bis zu den Hochaussiedlungen im Westen Sarajevos. Noch etwas spektakulärer ist die Aussicht vom **Bijela tabija** (Weißer Turm) oberhalb des Gelben Turms im Viertel Vratnik. Einen Panoramablick mit dem alten Rathaus als Mittelpunkt hat man vom alten **Bahnhof** in Bistrik, oberhalb der Put Mladih Muslimana. Vom **Alten Jüdischen Friedhof** und dem **Gedenkpark Vraca** bietet sich ein schöner Blick auf die neueren Stadtteile Sarajevos mit dem Holiday Inn als Mittelpunkt. Beste Aussichten bieten außerdem der **Avaz Twist Tower**, die Hotels **Random Plaza** und **Hecco de Lux** sowie die Restaurants **Park Prinčeva** und **Kod Bibana**.

Der Gelbe Turm, ein beliebter Aussichtspunkt

Stadtführungen

Mehrere Anbieter führen Stadtbesichtigungen und Touren in die Umgebung Sarajevos durch. Die Auswahl ist groß und reicht von der klassischen einstündigen Führung durch die Altstadt bis hin zum Mehrtagestrip in die umliegenden Berge. Außerdem werden Themen-Touren angeboten. So werden etwa bei der zweistündigen Kriegs-Tour Schauplätze der Belagerung angesteuert. Bei der spirituellen Tour stehen Kirchen, Moscheen und Tempel im Mittelpunkt. Wer möchte, kann sich auch selbst eine Tour zusammenstellen. Für die Jüngsten gibt es die Kids-Tour, für Sportinteressierte die Olympia-Tour zu den Wettkampfstätten der Winterspiele von 1984. Zudem werden auch Ausflüge in die Umgebung angeboten, etwa nach Lukomir, dem höchstgelegenen Dorf Bosniens. Die Preise für eine Stadtbesichtigung beginnen bei rund 15 Euro. Gruppen werden ab 30 Euro durch die Baščaršija geführt. Wer einen ersten Eindruck von Sarajevo gewinnen möchte, ist mit der **City-Bus-Tour** gut beraten. Die einstündige Fahrt startet in der Sommersaison um 12 und 14 Uhr bei der katholischen Kathedrale. Die Doppeldecker-Busse fahren die wichtigsten historischen und religiösen Sehenswürdigkeiten ab. Fahrkarten können im Centrotours-Büro in der Ferhadija 16 erworben werden und kosten für Erwachsene 5 KM, für Kinder (4 bis 12 Jahre) 3 KM.

Noch preiswerter gibt es eine Stadtrundfahrt auf eigene Faust, nämlich mit der Straßenbahn. Zum Beispiel steigt man in der Altstadt in die Linie 3. Sie passiert auf ihrem Rundkurs bis Ilidža und zurück zahlreiche Sehenswürdigkeiten (u.a. Alte serbische Kirche, katholische Kathedrale, Ewige Flamme, Präsidentenpalast, Marijin Dvor, Nationalmuseum).

Anbieter von **Besichtigungstouren**:

City Bus Sarajevo, Trg fra Grge Martića, Centrotrans Innenstadtbüro, Ferhadija 16, Tel. 205481, Fax 211282, tours@centrotrans.com.

Sarajevo Funky Tours, Tel. 062/910546, www.sarajevofunkytours.com, sarajevo.citytours@gmail.com.

Running tours, www.gorunningtours.com. Sarajevo-Führungen, z.B.: Brückentour, 1 Std. 8 KM.

Sarajevo Insider, Zelenih beretki 30, Tel. 534353 und 061/190591, www.sarajevoinsider.com.

Sarajevo Discovery, Kundurdžiluk 1/Mudželeti veliki 2, Tel/Fax 238423, Info-Tel. 061/818250, http://sarajevodiscovery.com.

Sarajevo Walking Tours. Einfach über die Internetseite per E-Mail Termin und Tour vereinbaren und los geht's. Einige Touren sind sogar kostenlos, Trinkgeld erwünscht. http://sarajevowalkingtours.com/pages/free-tour.

Haus mit großer Tradition: das Hotel ›Europa‹

Unterkünfte

Das Übernachtungsangebot in Sarajevo ist groß und reicht vom Campingplatz über Hostels bis zum 5-Sterne-Hotel. Die meisten Hotels, besonders die im Stadtzentrum, wurden nach dem Bosnienkrieg grundlegend renoviert und modernisiert oder entstanden neu. Das Personal hat den Ruf, sehr freundlich und hilfsbereit zu sein. Allerdings sind die Bosnier in vielen Dingen sehr gelassen: Ein tropfender Wasserhahn wird nicht unbedingt sofort repariert, eine durchgebrannte Glühbirne nicht am gleichen Tag gewechselt.

Fast alle Hotels akzeptieren inzwischen Kreditkarten. Allerdings war von Reisenden zu hören, dass in einigen Fällen wider Erwarten Bargeld verlangt wurde. Zur Ausstattung der 4- und 5-Sterne-Hotels gehört inzwischen Kabelfernsehen, Klimaanlage und Internetanschluss. Die meisten Hotels bieten auch Safes an, einige auf dem Zimmer, viele nur an der Rezeption. Die Preise liegen über dem Landesdurchschnitt, sind aber im westeuropäischen Vergleich und für das Gebotene recht günstig. Abstriche muss man manchmal beim Frühstück machen. In Bosnien begnügen sich die meisten Menschen morgens mit einem Kaffee und einem Sandwich. Die höherklassigen Hotels bieten aber in der Regel ein umfangreiches Frühstücksbuffet mit z.B. Saft, Tee, Kakao und Kaffee, Rührei und gekochten Eiern, Müsli und Jogurt an. Sarajevos Stadtzentrum ist eng, Parkplätze sind Mangelware und kostenpflichtig. Viele Hotels stellen ihren Gästen gegen Gebühr, einige auch kostenfrei, einen oft videoüberwachten Park- oder Garagenplatz zur Verfügung. Auch bieten viele Hotels einen Flughafen- oder Bahnhoftransfer kostenfrei oder gegen eine geringe Gebühr an. Zudem organisieren die Hotels auch Führungen durch Sarajevo.

Hotels in und in Nähe der Altstadt (Baščaršija)

Hotel Europa ❶, Vladislava Skarića 8, Tel. 580400, Fax 580580, www.hotel europe.ba, reception@hoteleurope.ba. Das altehrwürdige Hotel gehört zu den ersten Adressen in Sarajevo. Es befindet sich unmittelbar in der Altstadt. Zahlreiche berühmte Persönlichkeiten waren im Hotel zu Gast, zum Beispiel der Schauspieler Morgan Freeman oder auch Literaturnobelpreisträger Ivo Andrić. Das Hotel wurde während der österreichisch-ungarischen Herrschaft erbaut. Die Ausstattung ist bis heute im Habsburger Stil gehalten, ebenso wie das zum Hotel gehörende Wiener Café. Die Zimmer sind edel ausgestattet, teilweise mit Blick auf die Altstadt. Sehr feiner Wellnessbereich mit Sauna, Pool und Fitnessraum. EZ 220 KM, DZ 270 KM.

City Boutique Hotel ❷, Mula Mustafe Bašeskije 2, Tel. 566850, Fax 566877, www.cityhotel.ba. Neues modernes 4-Sterne-Hotel am Rande der Altstadt. Wirkt von außen unspektakulär, ist jedoch hochwertig und elegant eingerichtet. Zimmer mit Internetzugang, Safe und Klimaanlage. Nicht verpassen: die Terrasse mit Blick über die Stadt. EZ 180 KM, DZ 200 KM.

Hotel Bosnia ❸, Kulovića 9, Tel. 567010, Fax 444572, www.bosniahotels.com. Das zentral gelegene Hotel ist nach mehrjähriger Renovierung seit 2010 ein 4-Sterne-Haus und hat seitdem die Preise deutlich erhöht. Die 70 Zimmer sind in drei Kategorien eingeteilt, bestechen durch schlichte Eleganz und verfügen je nach Standard über Sat-TV, Internetzugang und Safe. Kostenpflichtiger Parkplatz im Hof. EZ 180 KM, DZ 240 KM.

Hotel Villa Orient ❹, Oprkanj 6, Tel. 232702, Fax 441044, orient@bih.net.

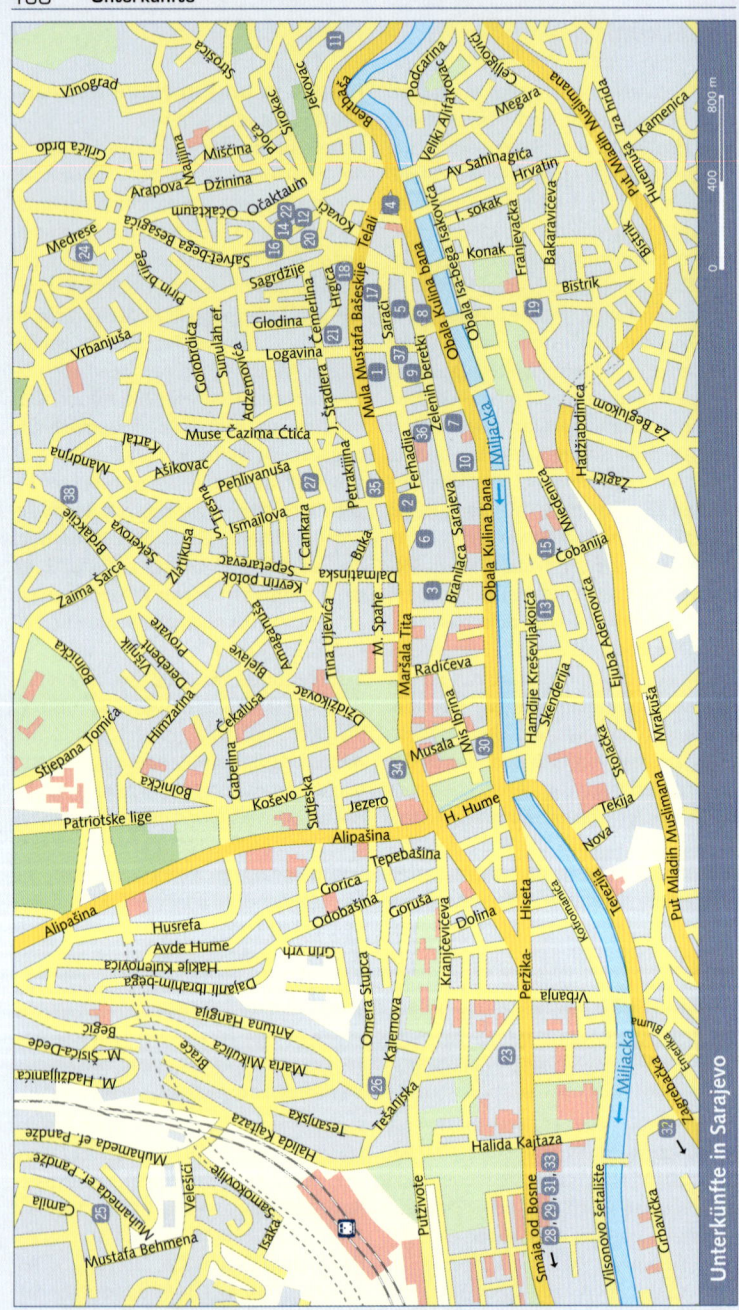

ba. Das kleine 3-Sterne-Hotel mit 19 Zimmern befindet sich unmittelbar in der Altstadt. Die Zimmer sind funktional und behindertengerecht eingerichtet und mit TV und WLAN ausgestattet. Das Hotel verfügt über ein Internetcafé, Restaurant, Safe, Fitnessraum und Parkplatz. EZ 150 KM, DZ 200 KM.

Hotel Old Town 5, Mali Ćurčiluk 11/a, Tel. 574200, Fax 574202, www.ho teloldtown.ba. Kleines preiswertes Hotel in der Altstadt. Alle Zimmer mit Sat-TV, Klimaanlage und Internetzugang. Hoteleigenes Restaurant, Bar, Parkplatz, Fahrradverleih. EZ 100 KM, DZ 150 KM.

Hotel Hecco Deluxe 6, Ferhadija 2, Tel. 558995, www.heccodeluxe.com. Das populäre Hotel befindet sich in den obersten vier Etagen eines unter Denkmalschutz stehenden Hochhauses unmittelbar in der Altstadt. Einmaliger Blick von den Zimmern auf die Baščaršija und die Umgebung. Zimmer mit Kabel-TV, Internetzugang und Klimaanlage. Restaurant mit Terrasse in der zehnten Etage. Allein wegen der Aussicht lohnt eine Übernachtung. EZ 160 KM, DZ 260 KM.

Hotel Central 7, Ćumurija 8, Tel. 561800, Fax 561801, www.hotelcentral. ba. Sport- und Wellnesshotel unmittelbar in der Altstadt. Früher befand sich auf dem Grundstück, das heute noch der Islamischen Gemeinschaft Bosniens gehört, die Ajaš-Paša-Moschee. Kein Alkoholausschank im Hotel sowie Rauchverbot. 15 große und modern eingerichtete Zimmer mit Klimaanlage, Kabel-TV, WLAN, Safe und Minibar. Toller Wellnessbereich mit großem Pool, türkischem Bad und Fitnessstudio. EZ 180 KM, DZ 240 KM.

Hotel Astra 8, Zelenih Beretki 9, Tel. 252100, 252200, Fax 209939, www. hotel-astra.com.ba, h.astra@bih.net.ba. Schickes Hotel mit 18 Zimmern unmittelbar in der Altstadt. Zimmer mit Klimaanlage, Sat-TV, Internet und Minibar.

Geschmackvoll eingerichtetes Restaurant und Café. EZ 180 KM, 240 KM.

Hotel Art 9, Vladislava Skarića 3, Tel. 232855, Fax 232860, www.hotelart.ba. Das 1998 eröffnete Hotel befindet sich unmittelbar in der Altstadt beim Hotel ›Europa‹. 34 Zimmer mit Sat-TV, Internetzugang, Klimaanlage, Safe und Minibar. EZ 190 KM, DZ 240 KM.

Hotel Opal Home 10, Despića ulica 4 i 6, Tel. 445-445, http://opalhome.ba. Kleines, feines 4-Sterne-Hotel nahe der Lateinerbrücke. 12 Zimmer, teilweise mit Blick auf die Miljacka. Restaurant mit italienischer Küche. Wellnessanwendungen. DZ 160 KM.

Hotel Saraj 11, Nevjestina 5, Tel. 237810, 239510, Fax 233500, www. hotelsaraj.com. Großes Hotel mit 140 Zimmern, etwa 500 Meter oberhalb der Altstadt. Garage, bewachter Parkplatz und Internetzugang ohne Aufpreis. Pool und Fitnessraum. Die Zimmer sind einfach ausgestattet; günstig, unspektakulär, mit Blick auf die Altstadt. EZ 100 KM, DZ 130 KM.

Hotel Hayat 12, Abdesthana 27, Tel. 570370, Fax 532190, www.hotel-hayat. ba. 4-Sterne-Hotel, fünf Gehminuten von der Altstadt entfernt. Freundlich eingerichtete, kleine Zimmer mit Kabel-TV, Minibar, Internetzugang. EZ 70 KM, DZ 120 KM.

Hotel Unica 13, Hamdije Kreševljakovića 42, Tel. 55 5225, Fax 555226, www. hotel-unica.ba. Kleines Hotel mit zwölf Zimmern nahe der Skenderija. Elegant eingerichtete Zimmer, Klimaanlage, Safe, Minibar, Sat-TV und Kabel-Internet-Zugang. Hoteleigener Parkplatz, Business-Lounge. EZ 160 KM, DZ 200 KM.

Hotel Safir 14, Jagodića 3, Tel. 475040, Fax 475049, www.hotelsafir.ba. Kleines modernes Hotel mit acht Zimmern direkt in der Altstadt. Klimaanlage, Sat-TV,

Sarajevo-Informationen

Bahnhofsnah: das ›Holiday Inn‹

Internetzugang, Minibar und Safe. EZ 100 KM, DZ 140 KM.

Hotel Festival 15, Skenderija 58, Tel. 270-000, www.hotelfestival.ba. Neueres, modernes Hotel nahe der Skenderija, 5 Spazierminuten von der Altstadt entfernt. EZ 170 KM, DZ 240 KM.

Hotel Boutique 36 16, Safvet bega Bašagića 36, Tel. 233309, Fax 239490, www.hb36.ba, boutique36@gmail.com. Das moderne Hotel befindet sich fünf Gehminuten oberhalb der Baščaršija. Die 13 Zimmer sind hell und freundlich eingerichtet und mit Klimaanlage, Sat-TV und Internetzugang ausgestattet. Hoteleigenes Restaurant, Café, Parkplatz, Garage. EZ 90 KM, DZ 120 KM.

Hotel Konak 17, Mula Mustafe Bašeskije 54, Tel. 476 900, Fax 533506, www.konak.ba. Schönes Hotel im bosnischen Stil. Besticht durch schlichte Eleganz und viel Liebe zum Detail. Das kleine Hotel befindet sich am Rande der Baščaršija, die meisten Sehenswürdigkeiten sind in wenigen Fußminuten zu erreichen. Das Hotel besteht bereits seit 1962, wurde aber 2008 grundlegend renoviert. Die sechs Zimmer sind freundlich, mit viel hellem Holz gestaltet, teilweise Blick auf die Altstadt. Alle Zimmer mit Klimaanlage, Telefon, Kabel-TV, WLAN. Hoteleigener Parkplatz. EZ 140 KM, DZ 200 KM.

Pension Stari grad 18, Bjelina Čikma 4, Tel. 239898, www.sgpansion.co.ba, pansion_starigrad@hotmail.com. Der Name ist Programm: Die Pension befindet sich direkt in der Altstadt. 11 DZ, 2 Dreibettzimmer, nett und funktional, Klimaanlage. Die Pension verfügt über einen videoüberwachten Parkplatz und eine schöne Terrasse. Internetnutzung ist möglich. EZ 70 KM, DZ 100 KM.

Pension Kandilj 19, Bistrik 12a, Tel. 572510, Fax 572511, www.kandilj. com. Das kleine, liebevoll im bosnischen Stil eingerichtete Hotel liegt im Stadtteil Bistrik, nur wenige Gehminuten von der Baščaršija entfernt. Die Zimmer sind relativ klein, aber sehr sauber und mit kleinen bosnischen Kunstwerken ausgestattet, Sat-TV, Klimaanlage und Internetzugang. Im Hotel wird kein Alkohol ausgeschenkt, für Gäste gibt es kostenfrei Kaffee und Säfte in einer typischen bosnischen Kaffeestube mit kleinen Tischen und Hockern. EZ 70 KM, DZ 120 KM.

Pension Halvat ⓴, Kasima ef. Dobrače do 5, Tel. 237714, Fax 237715, www.halvat.com.ba, halvat@bih.net.ba. Die Pension befindet sich am Rande der Altstadt im unteren Teil von Kovači. Die Einzel- und Doppelzimmer sind funktional eingerichtet und verfügen über Kabel-TV, schnellen ADSL-Internetzugang und Klimaanlage. Hoteleigener Parkplatz. EZ 90 KM, DZ 130 KM.

Pension Divan ㉑, Mule Mustafe Bašeskije 54, Tel./Fax 238677, www.pansiondivan.ba. Kleine Pension mit vier Zimmern am Rande der Altstadt. Café, Parkplatz, Garten. Zimmer mit Kabel-TV, Minibar, Internetzugang. EZ 100 KM, DZ 120 KM.

Hotel Ada ㉒, Abdesthana 8, Tel. 475870, Fax 537145, www.adahotel.ba. Acht Zimmer, nahe der Altstadt im Stadtteil Kovači. Das frühere Botschaftshaus wurde liebevoll eingerichtet und bietet teilweise einen schönen Blick auf Sarajevo. Kabel-TV, Telefon, Internetzugang. Hoteleigener Parkplatz. EZ 90 KM, DZ 140 KM. (Nicht zu verwechseln mit dem gleichnamigen Hotel in der Radenka Abazovića!)

Holiday Inn Hotel ㉓, Zmaja od Bosne 4, Tel. 288000, Fax 663862, www.holiday-inn.com/sarajevo, holiday@bih.net.ba. Das Hotel entstand anlässlich der Olympischen Winterspiele. Während der Belagerung gelangte es weltweit in die Nachrichten, weil zahlreiche Reporter hier logierten und von dort berichteten. Heute wird es gern von Geschäftsleuten gebucht. Es befindet sich nahe dem Nationalmuseum und rund drei Kilometer von der Baščaršija entfernt. 220 Zimmer, Sat-TV, Safe und Klimaanlage. Wellnessbereich mit Pool, Sauna und Fitnessraum. Mehrere Konferenzräume, Kiosk, Friseur, Diskothek, Garage und Autovermietung im Haus. DZ 200 Euro.

Hotel Hecco ㉔, Medrese 1, Tel. 273730, Fax 273731, www.hotel-hecco.net, hotel.hecco@gmail.com. Das 3-Sterne-Hotel befindet sich fünf Gehminuten von der Altstadt entfernt und verfügt über 27 Zimmer, Konferenzräume und eine videoüberwachte Garage. Alle Zimmer mit Klimaanlage, Kabel-TV, Minibar und Internetzugang; modern eingerichtetes Restaurant, nationale Küche. EZ 80 KM, DZ 120 KM.

Hotel Grand ㉕, Muhameda ef. Pandže 7, Tel. 563100, Fax 563200, www.hotelgrand.com. 1980 erbauter Hotelkomplex mit 130 Zimmern, drei Kilometer außerhalb der Altstadt, unterhalb des Avaz Twist Towers. Zimmer mit Klimaanlage, Sat-TV und WLAN, bewachter Parkplatz. EZ 100 KM, DZ 130 KM.

Hotel Omega-Ambasador ㉖, Omera Stupca 19, Tel. 277200, Fax 277249, www.omegaambasador.com. Das funktional eingerichtete Hotel befindet sich im Stadtteil Marijin Dvor unweit des Bahnhofs. Die Altstadt ist drei Kilometer entfernt. Zimmer sind mit Klimaanlage, Sat-TV, Internet und Minibar ausgestattet. Schöner Blick auf das Stadtzentrum. Hoteleigener Parkplatz. EZ 85 KM, DZ 125 KM.

Pension Harmony ㉗, Vrbaska 26 G, Tel. 62281134, Fax 523354, www.pensionharmony.ba. Die Pension liegt außerhalb des Stadtzentrums, unterhalb des Gedenkparks Vraca, und bietet einen Panoramablick auf Sarajevo. Kabel-TV, Internetzugang, Klimaanlage, Minibar und Safe. Videoüberwachter Parkplatz. Große Terrasse, Fahrradverleih und Fahrstuhl im Haus. EZ 60 KM, DZ 100 KM.

Sarajevo-Informationen

Außerhalb des Zentrums

Radon Plaza Hotel 28, Džemala Bijedića 185, Tel. 752900, Fax 752901, www.radonplazahotel.ba, ecepcija@radonplazahotel.ba. Das 5-Sterne-Hotel befindet sich im ›Avaz Business Center‹, etwa 7 Kilometer außerhalb der Altstadt, an der Hauptstraße nach Ilidža. Sehr edle Ausstattung. Großer Wellnessbereich mit Pool, Sauna, Solarium, Massage. Alle Zimmer mit Klimaanlage, Kabel-TV, Internet und Safe. Sehr schickes Restaurant mit Panoramablick. Neben dem Hotel ›Europa‹ das luxuriöseste Haus der Stadt. EZ 220 KM, DZ 250 KM.

Sarajevo Hotel 29, Džemala Bijedića 169 A, Tel. 777900, Fax 473043, www.sarajevohotel.ba. Schickes modernes Hotel in der Neustadt, zehn Autominuten vom Flughafen und der Altstadt entfernt. Modern und geschmackvoll eingerichtete Zimmer, Sat-TV, Internet und Safe. Schönes Restaurant mit nationalen und internationalen Spezialitäten. Unbedingt sollte man die Slastičarna (Café/Konditorei) auf der Dachterrasse besuchen. Wellnessbereich mit Pool und Fitnessraum. Zimmer ab 180 KM.

Hotel Exclusive 30, Zabrđe 5b, Tel. 580000, Fax 424275, www.hotel-exclusive.ba. Neues modernes 4-Sterne-Hotel, etwa fünf Kilometer vom Flughafen entfernt an der Zufahrt zur Stadt. 42 Zimmer, alle mit Sat-TV und Internetzugang, ebenso schick eingerichtet wie Restaurant und Cocktailbar; schöner Wellnessbereich. EZ 180 KM, DZ 200 KM.

Hotel BM International 31, Pijačna do br.2, Tel./Fax 774630, www.hotelbm.com. Großer, schriller Hotelkomplex. Die Zimmer sind funktional mit schweren Holzmöbeln ausgestattet. Mit Restaurant und Café, außerdem Fitnessbereich und eine schöne Rundsauna. Preisgünstiges Hotel, aber weit außerhalb des Stadtzentrums. EZ 60 KM, DZ 90 KM.

Hotel Octagon 32, Akifa Šeremeta 48, Tel. 471105, 471106, Fax 471084, www.hotel-octagon.com. 3-Sterne-Hotel mit 15 Zimmern, nur 300 Meter vom Flughafen, aber 12 Kilometer von der Altstadt entfernt. Alle Zimmer stillvoll eingerichtet, Kabel-TV, Minibar und Internetzugang. EZ 120 KM, DZ 150 KM.

Hotel Ada 33, Radenka Abazovića 2, Tel. 473971, Fax 473969, www.hotel-ada.com. Das 2007 eröffnete Hotel mit seinen 14 Zimmern befindet sich in Novi Grad, etwa sieben Kilometer außerhalb der Altstadt. Die Zimmer sind einfach, aber gepflegt, Sat-TV, Internetzugang, Minibar und Safe. EZ 70 KM, DZ 100 KM.

Hostels

In Sarajevo gibt es mehr als drei Dutzend Hostels. Die Übernachtungspreise sind günstig und beginnen bereits bei 10 KM pro Person im Mehrbettzimmer. Die Zimmer sind in der Regel sehr gepflegt, meist gibt es Gemeinschaftsküchen, TV und Internetzugang. Das Personal ist 24 Stunden vor Ort und hat den Ruf, sehr hilfsbereit zu sein. Oft belegt das Hostel ein ganzes Gebäude, manchmal aber auch nur eine Etage in einem Büro- oder Wohnhaus. Eine Auswahl von empfehlenswerten Hostels, die sich unmittelbar im Zentrum befinden:

Hostel Tito 46 34, Maršala Tita 46, Tel. 63693275, 62108017, www.hostel-tito46.com. Das Hostel belegt eine 140 Quadratmeter große Etage in einem Geschäfts- und Wohngebäude im Stadtzentrum, 500 Meter von der Altstadt entfernt. Die Straßenbahnhaltestelle befindet sich quasi vor der Tür. EZ 50, DZ 35 KM pro Person, im Vier-Bett-Zimmer 30, im Acht-Bett-Zimmer 25 KM pro Person. In jedem Zimmer gibt es Schließfächer. Bettwäsche, Kabel-TV und WLAN im Preis inbegriffen.

Hostel Moonlight 35, Mule Musta-fe Bašeskije 51, Tel. 61377366, Fax 533625, www.hostelmoonlight.ba. Am Rande der Baščaršija. Es gibt Ein- bis Drei-Bett-Zimmer. Jedes Zimmer hat ein eigenes Bad, TV und WLAN. Kleine, ein-fache Terrasse mit Blick auf die Straße. Pro Person ab 30 KM.

Hostel Srce Sarajeva 36, Saliha Hadžihusejnovića Muvekita 2, Tel./Fax 442887, www.hostelsrcesarajeva.ba, hostelsrcesarajeva@gmail.com. Neu er-öffnet, im Stadtzentrum, rund 100 Me-ter von der Altstadt entfernt. Insgesamt 19 Betten in drei Zimmern, die sehr nett eingerichtet sind. Computer mit Inter-netzugang, Kabel-TV, Terrasse, Garten, Gemeinschaftsküche, Parkplatz und Ga-rage. 3-Bett-Zimmer 90 KM, Pro Person im Mehrbettzimmer 30 KM.

Hostel Vagabon 37, Ferhadija 21, Tel. 070/213220, hostel.ferhadija.sarajevo@gmail.com. Direkt an der Einkaufsstraße Ferhadija, im Zentrum nahe der Altstadt. Zwei- bis Zehn-Bett-Zimmer. Gemein-schaftsküchen und -räume, Kabel-TV und Internetzugang. Pro Bett 30 KM, im DZ 40 KM, 4-Bett-Zimmer 120 KM.

Studenten- und Jugend-herbergen

Student hotel Bjelave 38, Brdakčije 1, Tel. 568660, Fax 568661, www.student-centar.ba. 19 Räume mit insgesamt 59 Betten. Spartanisch, aber funktional ein-gerichtet. Wird fast ausschließlich von jungen Leuten besucht. Safe, Restau-rant, Garten, Basketball- und Volleyball-feld sowie Parkplatz. EZ 24 KM, DZ 48 KM, 4-Bett-Zimmer 90 KM; Frühstück 4 KM extra.

Feri Youth Hostel 39, Veliko polje-Igman, Tel. 775555, Fax 775556, www.feri.ba. Außerhalb Sarajevos im Skigebiet Igman. 40 Zimmer mit über 100 Betten, Sat-TV, Internet und Telefon. Restaurant, Sport-plätze, Tischtennisplatten, Parkplatz und Panoramablick auf die Berge. EZ 60 KM, DZ 80 KM, 4-Bett-Zimmer 160 KM.

Campingplätze

Camping hat sich bisher in Bosnien noch nicht durchsetzen können und leidet noch immer unter dem Image, eine Al-ternative für arme Leute zu sein. Das Campingplatznetz ist daher sehr groß-maschig. In Sarajevo gibt es bisher nur einen offiziellen Campingplatz. Der ist je-doch gut ausgestattet und zu empfehlen: **Campingplatz Oaza Ilidža** (40), Četvrte viteške brigade 3, Ilidza, Tel. 636140, 636141, www.hoteliilidza.ba. Auf ei-nem parkähnlichen Gelände nahe der Hauptstraße M17, etwa zehn Kilometer vom Stadtzentrum und vier Kilometer vom Flughafen entfernt. Stellplätze für Wohnmobile, 16 Bungalows zur Miete. Spiel- und Sportplätze, Restaurant mit 180 Plätzen. Die Stellpreise für Zelt, Wohnwagen, Auto und Motorrad liegen zwischen 4 und 10 KM, Strom kostet 2 KM pro Tag.

In der Altstadt

Gastronomie

Von gut und günstig bis exklusiv, aber nicht zu teuer, von der Čevapdžinica bis zum Gourmettempel: In Sarajevo gibt es eine große Auswahl an Restaurants mit ganz unterschiedlichem Angebot. Besonders beliebt bei Einheimischen wie Touristen sind die traditionellen bosnischen ›Fast-Food-Restaurants‹, die Čevapdžinicas und Buregdžinicas. Die Ćevapi gehören zu den gefragtesten Speisen. Diese gewürzten Fleischröllchen werden in Portionen zu fünf und zehn Stück im somun (Fladenbrot) mit kleingehackten Zwiebeln angeboten. Dazu trinkt man gern Joghurt. Ebenfalls sehr beliebt ist Pita (Fladenbrot), das es mit verschiedenen Füllungen gibt, etwa Hackfleisch, Kartoffeln, Spinat, Käse oder Kajmak. Etwas gediegener geht es in den traditionellen bosnischen Restaurants zu. Für die, die es exklusiver mögen, mag der ›Elite Club 31‹ im Avaz Twist Tower das Richtige sein. Noch sind sie Exoten in Sarajevo, aber es gibt sie: Restaurants für Vegetarier. ›Karuzo‹ und ›Vegehana‹ leisten hier Pionierarbeit.

Bosnische Küche

Aščinica, Mali ćurčiluk 3, Tel. 238500, 447583. Das Restaurant bietet traditionelle bosnische Speisen an. Umfangreiche Speisekarte, Gerichte teilweise auch zum Mitnehmen, ab 8 KM.

Aščinica Hadžibajrić F. Namika, Veliki ćurčiluk 59, Tel. 536111, 7–18 Uhr. Traditionelle bosnische Spezialitäten in einer der ältesten Čevabdžinicas Sarajevos. Fast alle Gerichte auch zum Mitnehmen.

Barhana, Đulagina čikma 8, Tel. 447727, www.barhana.ba, 8–24 Uhr. Urgemütlich und liebevoll eingerichtet. Verschiedene Fleisch- und Nudelgerichte, aber auch Pizza. Hausgemachter Schnaps.

Buregžinica, Bravadžiluk 28, Tel. 537503, 8–24 Uhr. Einfache traditionelle Gerichte wie Burek und Pita, auch zum Mitnehmen. Preisgünstig.

Dveri, Prote Bakovića 12, Tel. 537020, www.dveri.co.ba, 10–23 Uhr. Ein kleines, feines Restaurant in der Baščaršija. Wird gern von Prominenten besucht, die Menüs sind dennoch erschwinglich, z.B. Gulasch nach Art des Hauses: 18

In einem Lokal in der Baščaršija

KM. Auch sehr lecker: Steak Dveri und Curry-Hühnchen. Für Vegetarier gibt's beispielsweise Punjeni patlidžan (Gefüllte Auberginen).

Đulagin Dvor, Đulagina 10, Tel. 062/316564, 8–24 Uhr. Restaurant mit internationalen Speisen im Herzen der Baščaršija. Probieren sollte man nach dalmatinischer Art zubereitetes Hühnchen.

Elite Club 31a, Tešanjska 24a (Avaz Twist Tower), Tel. 281496, www.avaztwisttower.ba, 10–24 Uhr. Exklusives Restaurant mit elegantem Ambiente. Preise pro Person ab rund 25 KM. Parkplätze vorhanden.

Bosnier ASDŽ, Mali Čurčiluk 3, Tel. 38500, 8–19 Uhr. Modernes, preisgünstiges Schnellrestaurant in der Baščaršija mit großer Auswahl an Speisen. Gerichte zwischen 2 und 10 KM.

Avlija, Sumbula Avde 2, Tel. 444483, Fax 444260, www.avlija.ba, 8–23 Uhr. In einem ehemaligen Wohnhaus mit einem von einer hohen Mauer umgebenen Innenhof, uriges Ambiente. Spezialitäten: Pilze in Paniermehl, Pfeffersteak und Rindergulasch im Tontopf serviert.

Buregdžinica Bosna, Bravadžiluk 9, 7–22 Uhr. Beliebtes Schnellrestaurant in der Baščaršija. Burek in allen Variationen, etwa mit Kartoffeln, Käse, Spinat oder Fleisch. Das Kilo ab 8 KM, die Portion ca. 2 KM.

Inat Kuća, Veliki Alifakovac 1 (im Trotz-Haus an der Miljacka), Tel. 447867, 7–23 Uhr. Traditionelles bosnisches Restaurant. Lokale Gerichte, etwa hausgemachte Suppen, Sarma, Bosanski Lonac und viele weitere bosnische Spezialitäten. Menü ab ca. 15 KM.

Kibe, Vrbanjuša 164, Tel. 441936, www.kibemahala.ba, 11–23 Uhr, So geschlossen. Das familiengeführte Restaurant oberhalb der Baščaršija öffnete 1988 und hat sich seitdem einen sehr guten Ruf erarbeitet. Sehr schönes Ambiente in

Café in der Altstadt

einem umgebauten Haus mit mehreren Essbereichen. Besonders die Fensterplätze sind sehr begehrt. Es empfiehlt sich, zu reservieren.

Lovac, Petrekijina 24, Tel. 664176, www-restoran-lovac.com, tgl. 8–24, So 12–24 Uhr. Auf einem Hügel oberhalb der katholischen Kathedrale in einer über 100 Jahre alten Villa. Auf der Speisekarte sind zahlreiche Wildgerichte zu finden, daneben aber auch eine große Auswahl an typischen bosnischen Spezialitäten.

Park Prinčeva, Iza Hrida 7,Tel. 222708, www.parkprinceva.ba, 11–22 Uhr. Schickes Restaurant, das einen tollen Blick auf Sarajevo bietet. Zahlreiche bekannte Persönlichkeiten waren dort zu Gast, etwa Bill Clinton, Bono, Zdravko Čolić, Stipe Mesić und Richard Gere. Traditionelle bosnische Gerichte.

Pod Lipom, Prote Bakovica 6, Tel. 440700, 9–24 Uhr. Traditionelles bos-

nisches Restaurant in einer ruhigen Seitenstraße nahe dem Sebilj-Brunnen. Umfangreiche Speisekarte, günstige Preise.
Zeljo 1, Kundurdžiluk 12, Tel. 447000, 9–23 Uhr. Benannt nach dem Fußballclub Željezničar Sarajevo, überwiegend Gegrilltes wie Čevapčiči.

Asiatische Küche

Hot Wok, Titova 12, Tel. 203322, 10–23 Uhr, So geschlossen. Eines der wenigen asiatischen Restaurants in Sarajevo. Bieten für bosnische Verhältnisse ungewöhnliche Gerichte wie Mango-Hähnchen mit gebratenen Nudeln an; frisch gepresste Säfte. Wird gern von Geschäftsleuten, Politikern und Diplomaten besucht.
Kineski Restoran, Ismeta Mujezinovića 14, Tel. 664117, 9–23 Uhr. Große Auswahl an Speisen, darunter auch Exotisches wie etwa das Coca-Cola-Hühnchen. Menü 10–60 KM.
Chinese Restaurant, Kranjčevićeva 16, Tel. 221492, 10–22.30 Uhr. Eines der wenigen China-Restaurants in Sarajevo. Menü für vier Personen bereits ab 70 KM.
Taj Mahal, Paromlinska 48a, Tel. 061/277384, www.tajmahalsarajevo.com, 11–22 Uhr. Eines der wenigen indischen Restaurants in Sarajevo, liegt etwas versteckt. Umfangreiche Speisekarte, die Gerichte werden auch außer Haus geliefert. Menüs schon ab 10 KM.

Internationale Küche

4 Sobe Gospode Safije, Cekalusa 61, Tel. 062/622822, 9–24 Uhr. Das ›Vier Zimmer der Frau Sofia‹ umfasst Restaurant, Wein- und Cocktaillounge und einen großen Sommergarten. Das Haus wurde im Stil der Habsburger Zeit eingerichtet und erinnert mit zahlreichen Fotos an die verbotene Liebe zwischen dem bosnischen Mädchen Sofia und einem österreichischen Grafen. Das Restaurant liegt etwas außerhalb des Stadtzentrums, aber die Anfahrt lohnt nicht nur wegen der Einrichtung: Auch die Küche hat einen hervorragenden Ruf.
Dr. Food, Obala Kulina Bana 10, Tel. 205551, 11–24 Uhr, So geschlossen. Kleines, nett eingerichtetes Restaurant mit Blick auf die Miljacka. Genießt einen guten Ruf. Empfehlenswert: gegrillte Thunfischsteaks, der Garnelensalat und die aufwändig zubereiteten Süßspeisen. Umfangreiche Weinkarte.
Peppers, Zagrebačka 4a, Tel. 201550, restoranbarpeppers@yahoo.com, 9–24 Uhr. Exklusives Restaurant im Stadtteil Grbavica. Bietet für jeden Geschmack etwas: Pasta, Steaks und Meeresfrüchte sind einige der empfehlenswerten Spezialitäten des Haus. Extra-Gerichte für Kinder, Preise zwischen 10 und 30 KM. Große Auswahl an Bieren.
Pivnica, Franjevačka 15, Tel. 491100, www.sarajevska-pivara.ba. 10–1 Uhr. Restaurant der Brauerei auf zwei Ebenen. Zur Spezialität des Hauses gehören Wurst und Kalbfleischgerichte. Dazu trinkt man natürlich ein frisch gezapftes Bier.
To be or not to be, Cizmedžluk 5, Tel. 2332 65, 8–24 Uhr. Kleines Restaurant in der Baščaršija mit nur sieben Tischen. U.a. Steaks mit gegrilltem Gemüse, verschiedene Nudel- und Fischgerichte.
Vinoteka, Skenderija 12, Tel. 214996, www.vinoteka.ba, 12–24 Uhr. Die Vinoteka wurde 2003 eröffnet und hat sich seitdem den Ruf erworben, zu den besten Restaurants in Sarajevo zu gehören. Es verteilt sich auf drei Etagen. Im Parterre befindet sich die Weinbar, in den beiden Etagen darüber das Restaurant. Im Angebot sind über 100 verschiedene Weine. Die Speisekarte bietet kulinarische Genüsse wie zum Beispiel Möhrencremesuppe mit Garnelen und Putenbrust in Honig. Menüs zwischen 10 und 40 KM.

Vegetarische Küche

Karuzo, Dženetića Çikma bb, Tel. 444647, www.karuzorestaurant.com, 12–15 u. 18–23 Uhr, Sa 18–23 Uhr, So geschlossen. Das Karuzo war das erste vegetarische Restaurant in Sarajevo. Saša Obućina, sein Eigentümer, ist zugleich Koch, Kellner und DJ. Die Auswahl an Gerichten reicht von makrobiotisch bis hin zu mediterran. Das kleine Restaurant befindet sich nahe der Altstadt hinter der Markthalle.

Vegehana, Kemal-Begova 4, Tel. 061/592123, 12–22 Uhr. Kleines, schlicht, aber schick eingerichtetes Restaurant in der Altstadt. Das kleine Menü schon ab 7 KM, das große (Suppe, Salat, ein Hauptgericht – meist aus Tofu – und Nachtisch) 12 KM.

Kaffeehäuser

Aquarius, Hasana Brkića 2, Tel. 609033, 8–24 Uhr. Beliebter Treffpunkt in Novo Sarajevo, nett eingerichtet. Neben Kaffee gibt's auch alkoholische Getränke und Sandwichs. Fr oft Live-Musik.

Baghdad, Bazerdžani 6, Tel. 537218, 8–24 Uhr. Der Name ist Programm: orientalische Atmosphäre, gedämpftes Licht, kleine, verzierte runde Tische, viele Kissen, bequeme Sofas – orientalisches Flair eben. Dazu Kaffee, Cocktails oder eine Wasserpfeife.

Imperijal, Maršala Tita 56, Tel. 210699, 8–23 Uhr. Ein Blick auf die Torten im Erdgeschoss macht deutlich, warum das Café zu den beliebtesten in Sarajevo gehört.

Meeting Point, Hamdije Kreševljakovića 13, Tel. 668186, 9–23 Uhr. Nahe der Skenderija, dem gleichnamigen Kino angeschlossen. Besticht durch schlichte, aber elegante Einrichtung und wird gern von jungen Leuten besucht.

Wiener Café, Branilaca Sarajeva 13, Tel. 061/224599, 7–23 Uhr. Urig eingerichtetes Café im Wiener Stil. Besonders beliebt sind die Plätze auf der Galerie.

Buybook, Radićeva 4, Tel. 716450, www.buybook.ba, 9–22 Uhr. Café mit Kultcharakter, gehört zum Buchladen. Spartanisch eingerichtet, dennoch ein beliebter Treffpunkt für Büchernarren, Schriftsteller und andere Künstler.

Havana, Kundurdžiluk 12, 8–2 Uhr. In einer Seitenstraße der Altstadt, kubanisches Flair: kultige Wandbemalungen und gerahmte Castro-Fotos. Inhaber ist ein ehemaliges Mitglied der Jugo-Band Plavi Orkestar.

Dibek, Luleđina 3, Tel. 061/321509, 8–23 Uhr. Traditionelles bosnisches Café mit kleinen Hockern und Tischen, langen Sofas und vielen Kissen. Kaffeegenuss auf orientalische Art.

Habitue Café, Šenoina 8, Tel. 213921, 7–23 Uhr. Modernes, hell und freundlich eingerichtetes Café in der Altstadt.

Rahatlook, Ferhadija 41, Tel. 921461, www.rahatlook.ba, 9–22 Uhr. Schönes, sehr ungewöhnliches Café in einer Seitenstraße nahe dem Jüdischen Tempel. Gebäck, Torten und andere Süßspeisen nach traditionellen Rezepten aus eigener Herstellung.

Café Tito, Zmaja od Bosne 5, Tel. 208881, www.caffetito.ba, rund um die Uhr geöffnet. Tito, wohin man blickt: Das Café erinnert an ein Tito-Museum und ist bei der bosnischen Jugend absolut hip. Panzer im Garten, Maschinengewehre neben unzähligen Tito-Fotos und Zeitungsausschnitten an den Wänden. Am Vilson-Spazierweg, hinter dem Historischen Museum. Regelmäßig Konzerte, WLAN.

YU Café, Mala aleja do br. 28, Tel. 061/700820, 8–23 Uhr. Das YU Café hat das erfolgreiche Konzept des Cafés Tito kopiert. Fotos und Devotionalien erinnern an die goldenen Zeiten Jugoslawiens, dazu gibt es Rock- und Pop-Musik jugoslawischer Bands aus den 1970 und 80er Jahren. WLAN.

Caffe del O'mar, Trg Sarajeva (BBI Centar), Tel. 569999, 9–22 Uhr. Großes Café im BBI-Shopping-Center und auf dem Platz davor. Neben Kaffee und Kuchen auch Shakes und Sandwichs.

Gradska Kafana Stari Grad, Obala Kulina Bana bb, 7–23 Uhr. In einem alten Schulgebäude nahe der Miljacka. Die große Terrasse ist von schattenspendenden Bäumen umgeben.

Music Pavillon Café, Atmejdan Park, 9–23, So 10–23 Uhr. Im Atmejdan-Park in dem 2004 wiedererrichteten Pavillon. Sehr schön gelegen, mit großer Terrasse.

Torte i to, Grbavicka 6, Tel. 061/134988, www.torte-i-to.ba, 8–23 Uhr. Eines der wenigen Nichtrauchercafés in Sarajevo, bekannt für seine Käse- und Karottenkuchen und seine Auswahl an Kaffeearten. Eine Filiale gibt's auch im BBI-Einkaufszentrum.

Vatra, Ferhadija 4, Tel. 222244, 8–23 Uhr. Beliebtes Café nahe der Ewigen Flamme. Im Sommer meist von morgens bis spät abends sehr gut besucht. Neben zahlreiche Kuchensorten auch Eis und herzhafte Snacks.

Central Café, Štrosmajerova 1, Tel. 200442, www.centralcafé.co.ba, 8–3 Uhr. Eines von vielen Cafés in der Štrosmajerova-Straße, gegenüber der katholischen Kathedrale. Tagsüber ist das Publikum gemischt, abends und nachts aber fest in der Hand junger modebewusster Besucher. ›Sehen und gesehen werden‹ heißt dann das Motto.

Bečka kafana, Vladislava Skarića 5, Tel. 580400, 7–24 Uhr. Gehört zum Hotel ›Europa‹, einem der beliebtesten und bekanntesten Cafés in Sarajevo. Wiener Kaffeehausatmosphäre, Zeitungen liegen aus. Die Preise für Kaffee und Kuchen sind allerdings doppelt so hoch wie sonst in Sarajevo üblich.

Cordoba Café, Trg djece Sarajeva 1, Tel. 217368, www.cordoba.ba, tgl. 8–24 Uhr. Neben Süßem auch Frühstück und Mittagesssen, teils vegetarisch.

Museen und Galerien

Museen

Nationalmuseum von Bosnien und Herzegowina, Zmaja od Bosne 3, Tel. 6680-25/-26/-27, Fax 262710, www.zemaljskimuzej.ba; Sa/So 10–14 Uhr, 15 Apr.–15 Okt. Di–Fr 10–17 Uhr, in der Wintersaison Di–Fr 10–15 Uhr; 5 KM. Das Museum wurde 1888 gegründet und zog 1912 in den vom Architekten Karl Paržik entworfenen Komplex. Wertvollstes Exponat ist die Sarajevo-Haggada, ein handgeschriebenes jüdisches Buch, dessen Wert auf sieben Millionen Euro geschätzt wird.

Historisches Museum von Bosnien und Herzegowina, Zmaja od Bosne 5, Tel. 210418, Fax 210416, 656629, hist muz@bih.net.ba, www.muzej.ba; Di–Fr 9–16, Sa/So 9–13 Uhr; 4 KM. Bis zum Verfall Jugoslawiens trug das 1950 gegründete Museum den Namen Museum der Revolution. Ausstellungsschwerpunkt war der ›Volksbefreiungskampf‹ im Zweiten Weltkrieg, nun ist mit dem Bosnienkrieg ein weiterer Themenschwerpunkt hinzugekommen. Insgesamt verfügt das Museum über 400 000 Exponate.

Museum der Literatur und Theaterkünste von Bosnien und Herzegowina, Sime Milutinovića Sarajlije 7, Tel./Fax 201861, mkipus@bih.net.ba; Mo–Fr 8–16 Uhr. Das Museum befindet sich im einstigen Wohnhaus der Familie Despić und entstand nach einer Idee des Schriftstellers

Im Alija-Izetbegović-Museum

Razija Handžić. Neben einer Abteilung für bosnisch-herzegowinische Literatur gibt es eine Sammlung, die sich der darstellenden Kunst widmet. Insgesamt verfügt das Museum über 20 000 Ausstellungsstücke. Im Erdgeschoss ist die Galerie ›Mak‹.

Museen von Sarajevo, Josipa Štadlera 32, Tel. 4757-40/-41, Fax 475749, muzejsa@bih.net.ba, www.muzejsarajeva.ba; 2 KM. 1949 gegründet, heute sind Brusa bezistan, Despić-Haus, Sverzo-Haus, Jüdisches Museum, Alija-Izetbegović-Museum und Museum Sarajevo 1878–1918 unter dem Oberbegriff Museen von Sarajevo zusammengefasst.

Svrzos Haus (Svrzina kuća), Glođina 8, Tel. 535264, Fax 475749, Okt.–März Mo–Fr 10–16, Sa 10–16 Uhr, Apr.–Sept. Mo–Fr 10–16, Sa 10–15 Uhr; 2 KM. Das Svrzo-Haus zeigt, wie eine wohlhabende muslimische Familie im Sarajevo des 18. und 19. Jahrhunderts wohnte und lebte. Das Haus wurde restauriert und stilecht eingerichtet. Männer und Frauen hatten damals jeweils eigene Wohnbereiche.

Despić-Haus, Despića 2, Tel. 215531, Okt.–März Mo–Fr 10–16, Sa 15 Uhr; Apr.–Sept. Mo–Fr 10–18, Sa 15 Uhr; 2 KM. In dem Haus lebte die wohlhabende bosnisch-serbische Familie Despić, die auch das erste Haustheater des Landes gründete. Familienmitglieder spielten in den aufgeführten Stücken selbst mit. Die orthodoxe Familie schenkte ihr Haus der Stadt Sarajevo, die es der Öffentlichkeit zugänglich machte.

Museum Sarajevo 1878–1918, Zelenih beretki 1, Tel. 533288, Okt.–März Mo–Fr 10–16, Sa 15 Uhr; Apr.–Sept. Mo–Fr 10–18, Sa 15 Uhr; 2 KM. Das Museum befindet sich an der Straßenecke, wo der serbische Student Gavrilo Princip das Attentat auf den österreichischen Thronfolger Franz Ferdinand verübte. Zu den Ausstellungsstücken gehören die Tatwaffe, zahlreiche Dokumente und Fotos sowie eine lebensgroße Nachbildung des Thronfolgerpaares.

Jüdisches Museum von Bosnien und Herzegowina, Velika avlija bb–Stari Hram, Tel. 535688, Fax 475749, Okt.–

Stećak vor dem Nationalmuseum

März Mo–Fr 10–16, So 13 Uhr; Apr.–
Sept. Mo–Fr 10–18, So 13 Uhr; 2 KM.
Der Alte Tempel wurde 1581 erbaut,
nachdem zahlreiche sephardische Juden
aus Spanien nach Sarajevo geflüchtet
waren. Später wurde im Gebäude das
Museum eingerichtet. Es zeigt das Leben
der Juden in Sarajevo vom 16. Jahrhundert bis in die Gegenwart.

Brusa bezistan, Abadžiluk 10, Tel.
239590, www.muzejsarajeva.ba, Okt.–
März Mo–Fr 10–16, Sa 10–15 Uhr,
Apr.–Sept. Mo–Fr 10–18, Sa 15 Uhr; 2
KM. Großwesir Rustem Paša Opuković
ließ den überdachten Markt 1551 erbau-
en, um dort Baumwolle und Leinen zu
verkaufen. Heute beherbergt das restaurierte Gebäude einen Teil der Ausstellung
des Museums von Sarajevo.

Tunnel-Museum, Tuneli 1, Tel. 628591,
kolare@bih.net.ba, tgl. 9–15.30 Uhr. Der
knapp 800 Meter lange und nur einen
Meter breite und anderthalb Meter hohe
Tunnel war während der Belagerung eine

wichtige Lebensader für Sarajevo. Nach
dem Krieg wurde der Tunnel größtenteils
eingerissen. Nur ein kurzes Stück beim
Wohnhaus der Familie Kolar, wo sich der
Tunnelzugang befand, blieb erhalten und
ist heute Teil des Museums. Gezeigt wird
unter anderem ein Dokumentarfilm, der
den Tunnelbau und die Nutzung zeigt.

Olympia-Museum, Alipašina bb, Juan Antonio Samaranch Olympic Centre (Zetra), Tel. 663513, Fax 663410,
www.okbih.ba, Mo–Fr 9–16 Uhr. Eröffnet anlässlich der Olympischen Winterspiele 1984, wurde das Museum im
Bos-nienkrieg beschädigt und 2004 im
Zetra Sportzentrum, im Stadtteil Koševo,
wiedereröffnet.

Ars Aevi Museum, Centar Skenderija,
Terezije bb, Tel. 216919, http://www.
arsaevi.org/sarajevocollection1999, Mo–
Fr 9–16 Uhr. Im Skenderija-Center wird
ein Teil der von Künstlern aus der ganzen Welt geschaffenen und gespendeten
Werke ausgestellt. Das Ars Aevi Museum
entstand noch während der Belagerung.

Alija-Izetbegović-Museum, Kapi-ku-
la Ploča, Kovači, Tel. 237220, www.
muzejalijaizetbegovic.ba, Okt.–März
Mo–Fr 10–16 Uhr, Sa 15 Uhr, Apr.–
Sept. Mo–Fr 10–18 Uhr, Sa 15 Uhr; 2 KM.
Das Museum ist dem ersten bosnischen
Staatspräsidenten gewidmet. Die Internetseite des Museums ermöglicht bereits
von zu Hause aus einen virtuellen Rund-
gang durch die Ausstellung.

**Alte Orthodoxe Kirche und Muse-
um**, Mula-Mustafe Bešeskije 59, Tel.
571760/761, www.staracrkva.org, außer Mo und orthodoxen Feiertagen tgl.
10–15 Uhr; 2 KM. Die Kirche und das
Museum befinden sich am Rande der
Baščaršija. Im 1890 von Jeftan Despić
gegründeten Museum sind Ikonen, Reliquien, Dokumente, Bücher und andere religiöse Kunstwerke zu sehen. Kirche
tgl. 8–17 Uhr.

Sevdah Museum, Halači 15, Tel. 239943, www.artkucasevdaha.ba, tgl. 10–18 Uhr; 3 KM. Das Museum ist dem traditionellen bosniakischen Liebeslied, der Sevdalinka, gewidmet. Neben Schallplatten und Instrumenten werden auch die wichtigsten Interpreten der lyrischen Lieder vorgestellt.

Bosniakisches Institut, Mula Mustafe Bašeskije 21, Tel. 279800, www.bosnjackiinstitut.ba. Geführte Besichtigungen sind nach Voranmeldung Di, Fr u. Sa 8–16 Uhr möglich. Zudem gibt es eine ständige Ausstellung und Konzerte im 2001 gegründeten Institut.

Galerien

Kunstgalerie von Bosnien und Herzegowina, Zelenih beretki 8. Tel.266550, Fax 664162, Di/Mi 10–18 Uhr, in der Wintersaison Di/Mi 12–18 Uhr. Eintritt frei. Die Kunstgalerie verfügt über 6000 Exponate. Die größten Sammlungen beschäftigen sich mit zeitgenössischer bosnischer und ex-jugoslawischer Kunst. Gezeigt werden auch Fotografien, Ikonen, Skulpturen und eine Sammlung mit Werken des Schweizer Künstlers Ferdinand Hodler. Das Gebäude der Kunstgalerie entwarf der Architekt Josip Vancaš. Selbst während der Belagerungen fanden Ausstellungen statt.

Akademie der Feinen Künste, Obala Maka Dizdara 3, Tel. 210369 Fax 664883, www.alu.unsa.ba, Mo–Fr 10–18 Uhr. Im ehemaligen Kirchenbau finden regelmäßig Ausstellungen mit Werken der Studenten, aber auch renommierter Künstler statt. Unabhängig davon lohnt die Besichtigung des prachtvollen ehemaligen evangelischen Sakralbauwerkes.

Collegium Artisticum, Terezije bb, Skenderija Centre, Tel. 270750, Fax 270751, www.collegium.ba, Mo–Sa 10–18 Uhr. Ausgestellt sind Sammlungen mit Fotografien, Grafiken, Gemälden und Zeichnungen. Die Galerie wurde 1975 als Vereinigung der Kunstverbände Angewandte Kunst und Design, Bildender Künstler und Architekten gegründet und machte es sich zum Auftrag, offen für alle Kunstformen zu sein und Projekte zu fördern. Das Collegium Artisticum organisierte auch während der Belagerung regelmäßig Ausstellungen, etwa Fotografien von Milomir Kovčević, Gemälde von Enrico Baja und Herve Dirosa sowie zahlreiche Einzelausstellungen. Nach dem Krieg gelangte das jährliche Kunstfestival ›Collegium artisticum‹ zu internationaler Bekanntheit.

Galerie – Kamerni teatar 55, Maršsala Tita 56/1, Tel./Fax 550475, kamerni@lsinter.net, www.kamerniteatar55.ba, Mo–Fr 9–15 Uhr. Organisiert werden überwiegend Fotoausstellungen. Meist beschäftigen sich die Bilder mit der Theaterkunst.

Galerie BKC - Bosanski Kulturni Centar, Branilaca Sarajeva 24, Tel. 441798, 205538, bkc@bih.net.ba, www.bkc.ba, Mo–Fr 8–16 Uhr.

Galerie Mak, Sime Milutinovića 7, Tel. 201861, mkipu@bih.net.ba, Mo–Fr 10–19, Sa/So 10–15 Uhr. Die 1992 eröffnete Galerie befindet sich im Literaturmuseum. Ausgestellt sind Gemälde und Zeichnungen, die sich mit dem Theater und der Schauspielkunst beschäftigen. Außerdem finden in der Galerie Lesungen und Buchpräsentationen statt (→ S. 170).

Galerie Novi Hram, Mula Mustafe Bašeskije 38, Tel. 233280, novihram@bih.net.ba, www.newtemple.com.ba, Mo–Fr 15–19 Uhr. Die nur noch wenige Mitglieder zählende jüdische Gemeinde schenkte die Synagoge der Stadt, die in dem Gebäude eine Galerie einrichtete.

Galerie Paleta, Hamdije Kreševljakovića 13, Tel./Fax 445196, www.paleta.ba, Mo–Sa 19–22 Uhr. Die Galerie besteht seit über 40 Jahren und hat sich den Ruf erarbeitet, eine kulturelle Institution zu sein. Der Schwerpunkt liegt bei zeitgenössischer bosnischer und jugoslawischer Kunst. Zu erwerben gibt es Bilder, Skulpturen, Ikonen, Fotografie und Kaligrafien.

Preporod, Maršala Tita 4, Tel. 205553, www.preporod.ba, Mo–Fr 11–19 Uhr. Die Galerie wurde von Sarajevoer Künstlern gegründet. Viele Werke beschäftigen sich mit der Stadt Sarajevo und den Landschaften Bosniens.

Galerie Roman Petrović, Maršala Tita 54, Tel. 668009, Mo–Sa 10–18 Uhr. Ausgestellt sind Skulpturen, Fotografien und Bilder verschiedener Stilrichtungen.

Galerie des Franziskanerklosters Sveti Anton, Franjevaćka 6, Tel. 236107, sv.anto@bih.net.ba, Mo–Sa 8–18 Uhr. In der Galerie werden überwiegend Werke kroatischer Künstler ausgestellt.

Mersad Berber Galerie, Zmaja od Bosne 4, im Hotel Holiday Inn, Tel. 288341, berber-gallery@smartnet.ba, www.mersad-berber.com. Im ›Holiday Inn‹, ausgestellt sind Werke des bosnisch-kroatischen Künstlers Mersad Berber.

Galerie Duplex 10 m2, Stakleni grad, Ferhadija 17, Tel. 063/952197, www.duplex10m2.com, Mo–Sa 14–19 Uhr. In der Einkaufsstraße in der ›gläsernen Stadt‹. Der Bau selbst ist fast schon ein Kunstwerk, in jeden Fall ist der Name Programm: Auf nur zehn Quadratmetern wurde ein Kunstraum geschaffen, der Künstlern zum Experimentieren, Konfrontieren und als Treffpunkt dienen soll.

Sarajevo am Abend

Sarajevo ist die Kulturhauptstadt des Landes. Das Kulturangebot ist meistens groß und vielfältig, zeitweise bescheiden, hin und wieder sensationell und alles in allem ganz erstaunlich, bedenkt man, dass Sarajevo nur 300 000 Einwohner zählt. Über Konzerte, Aufführungen, Ausstellungen, Lesungen und andere Veranstaltungen informiert neben der Tagespresse, TV, Radio und Plakaten der monatlich erscheinende ›Sarajevo Navigator‹. Die Broschüre liegt u.a. im Touristen-Informations-Center und vielen Hotels aus.

Theater

Nationaltheater, Obala Kulina Bana 9, Tel. 663-647, www.nps.ba. Drama, Oper und Ballett, Tickets: Tel. 221682, Mo–Fr 9–12 u. 16–19.30 Uhr, telefonische Reservierung möglich.

Kamerni teater 55, Maršala Tita 56/II, Tel. 214908, 214633, www.kamernitea tar55.ba. Das kleine Theater wurde 1955 gegründet; überwiegend experimentelle und weniger bekannte Dramen.

Jugendtheater Sarajevo, Kulovića 8, Tel. 205799, pozmladi@bih.net.ba. Das kleine Theater spielt am Sonntag Nachmittag Stücke für Kinder, am Abend für Jugendliche.

Kinos

Ein Kinobesuch in Sarajevo lohnt meist auch für ausländische Besucher, denn fast alle englischsprachigen Filme werden im Original mit bosnischen Untertiteln gezeigt. Die Kinos spielen überwiegend amerikanische Blockbuster. Ausnahmen sind das ›Apolo‹ und das ›Kriterion Art Kino‹.

Multiplex Kino Cinema City, Maršala Tita br. 26 (neben dem BBI Shopping-Center), Tel. 567230, 567288, Fax 567240, www.cinemacity.ba. Die Cinema City wurde am 6. August 2009 eröffnet und

Das »Apolo« ist das älteste Kino in Sarajevo

ist das erste Multiplex-Kino Sarajevos. Die fünf Vorführsäle verfügen über insgesamt 700 Sitzplätze, große Wand-zu-Wand-Leinwände und ein Dolby-Digital-Sound-System. Pärchen werden sich über die sogenannten Love Seats freuen: zwei Kinostühle ohne Lehne in der Mitte. Das Kino ist behindertengerecht eingerichtet. In der ersten Etage befindet sich die Kino-City-Bar. Das Filmprogramm wechselt jeweils donnerstags, Vorstellungen finden in der Regel von 14 bis 23 Uhr statt, in der Matinee am Sonntagvormittag werden meist Kinder- und Familienfilme gezeigt. Eintritt 3–8 KM.

Obala Meeting Point, Hamdije Kreševljakovića 13, Tel. 668-186. Über 190 Sitzplätze, überwiegend Blockbuster aus den USA.

Apolo, Mis Irbina 2, Tel. 445201. Ältestes Kino in Sarajevo: 1912 eröffnet. Viele halten es für eines der schönsten Lichtspielhäuser des ehemaligen Jugoslawien. Neben Hollywood-Produktionen werden im Apolo oft bosnische Filme und internationale Filmkunst gezeigt.

Open Air Kin, Obala Kulina Bana 10, Tel. 668-186. Das Freiluftkino ist lediglich im Sommer während des Sarajevo-Filmfestivals in Betrieb und befindet sich im Stadtzentrum auf einer großen Kinderspielfläche. 2500 Zuschauer haben dort Platz.

Kriterion Art Kino, Obala Kulina Bana 2, Tel. 203133, http://kriterion.ba. Filmkunstkino mit schönem Café.

Kinoteka, Alipašina 19, Tel. 668678, www.kinotekabih.ba. Das Parlament von Bosnien und Herzegowina verabschiedete 1994 ein Gesetz zur Schaffung eines nationalen Filmarchivs, die Kinoteka. Archiviert werden dort überwiegend Filme von, wie es im Gesetz heißt, historischer, künstlerischer, kultureller, pädagogischer und wissenschaftlicher Bedeutung. Die nationale Filmsammlung umfasst Spiel-, Dokumentar- und Kurzfilme. Aufbewahrt werden über 40 Originalfassungen aus dem ehemaligen Jugoslawien und Kopien von über 1000 Filmen, darunter auch Streifen aus den Vereinigten Staaten. Zu den besonderen Schätzen der Kinoteka gehören der Kurzfilm ›Love in Sarajevo‹, den Nikola Drakulić und Edo Ljubić 1936 drehten, und der Film ›Der Schatz von Blagaj‹, der 1919 in Mostar und Buna aufgenommen wurde. Zudem verfügt die Kinoteka über umfangreiche Sammlungen mit Dreh- und Dialogbüchern und Fotos von Dreharbeiten. Knapp 2500 Filme wurden auf VHS und DVD gespeichert. Zu Bildungs- und Forschungszwecken können einzelne Filme ausgeliehen werden. Außerdem gibt die Kinoteka Bücher heraus, publiziert in Zeitschriften, organisiert Seminare und Projekte für Jugendliche und zeigt regelmäßig Filme aus ihren Beständen im hauseigenen Kino.

Sarajevo bei Nacht

Besonders während der Sommermonate sind die Clubs und Bars in Sarajevo bis früh morgens gut besucht. In den meisten Clubs treten regelmäßig Bands auf, sorgen DJs für Stimmung.

Bars

Barka, Kundurdžiluk 10, Tel. 537273, 8–3 Uhr. Stylishe Bar mit maritimem Flair. Der Tresen wurde mit einem Fischerboot verbaut. Lounge im Obergeschoss, Gartenterrasse mit Sonnenschirmen und hohen Hockern an turmähnlichen Tischen.

Delikatesna Radnja, Obala Kulina Bana 10, Tel. 208855, www.delikatesnaradnja.ba, 8–24 Uhr, WLAN. Zugleich Bar, Café und Restaurant. Schick und modern eingerichtet, schön gelegen am Ufer der Miljacka. Regelmäßig Events, etwa Konzerte, DJs und Kunstaktionen.

Hacienda, Bazardzani 3, Tel. 441918, 10–4 Uhr. Tagsüber Café und Restaurant, abends Cocktailbar, oft mit Live-Musik oder DJ. In der Baščaršija.

Havana, Kundurdžiluk 12, Tel. 447000, 8–2 Uhr (→ S. 169).

Jež Club, Zelenih Beretki 14, Tel. 650312, www.jez.ba, 17–24 Uhr. Der Jež Club ist tagsüber Restaurants, abends Club mit Sommergarten und bekannt für seine Cocktails. Regelmäßig traditionelle Live-Musik.

Mash, Branilaca Sarajeva 20/I, Tel. 489033, 9–24 Uhr. In der ersten Etage im Hochhaus neben dem Nationaltheater. Club-Bar mit regelmäßigen Events: Live-Musik, DJs und Disco. Besonders bei jüngerem Publikum beliebt.

Opera, Branilaca Sarajeva 25, Tel. 061/156943, www.caffebaropera.ba, 7–24 Uhr. Gegenüber dem Nationaltheater. Bekannt für seine Cocktails, regelmäßig Live-Musik. Gemischtes Publikum.

Pravda, Radićeva 4c, Tel. 558215, 9–2 Uhr. Eigenwillig gestaltete Cocktailbar. In der Lounge werden auch kroatische und argentinische Weine angeboten. Angeblich sollen bosnische Politiker und ausländische Diplomaten öfters zu Gast sein.

Clubs

Buddha Bar, Radićeva 10, Tel. 61172894, 19–3 Uhr. Club, der überwiegend Musik aus den 1970er und 1980er Jahren spielt.

The Club, Maršala Tita 7, Tel. 550550, 20–6 Uhr. Großer Club mit Live-Musik und Restaurant.

Nivea Bar, Radićeva 4b, 8–24 Uhr. Eine Bar wie ein voller Cremetigel: Die Farbe Weiß dominiert. Der Betreiber, Aldin Krso, lebte lange in Deutschland.

Pubs

Celtic Pub, Ferhadija 12, Tel. 061/712985, 9–3 Uhr, WLAN. Einer der wenigen Clubs im Stadtzentrum. Große Auswahl an Whiskeys und Bieren.

Cinemas Club, Mehmeda Spahe 20, Tel. 061/359255, www.cinemas.ba, 18–4 Uhr. Populär, regelmäßig Events. Disco, Live-Musik, darunter Konzerte lokaler Größen.

City Pub, Despićeva bb, Tel. 209789, www.citypub.co.ba, 8–1.30 Uhr. Im Zentrum von Sarajevo. Besonders bei jungen Leuten sehr beliebt. Bietet der kleinen offenen Sarajevoer Kulturszene eine Bühne. Regelmäßig Konzerte verschiedener Musikrichtungen.

Fis Kultura, Musala bb, 18–2 Uhr. Kleiner Club, Konzerte, DJ-Abende und Themenpartys.

Casino

Coloseum Club, Terezije bb (KSC Skenderija,) Tel. 250860, www.coloseumclub.com, 0–24 Uhr. Nennt sich selbst Entertainment-Center: Restaurant, Casino mit Spieltischen und Automaten, Theater- und Konzerthalle und Konferenzräume für Modeschauen und gesellschaftliche Veranstaltungen.

Veranstaltungen, Festivals, Feste

Februar/März

Beim **Festival Sarajevo zima** (Sarajevo Winter) werden Konzerte, Theater- und Tanzvorführungen, Ausstellungen, Lesungen, Diskussionen, Stadtbesichtigungen und Videoinstallationen angeboten. Zudem gibt es ein Programm für Kinder.

Das **Internationale Folklore Festival** erlebte 1998 seine Premiere. Bei der einwöchigen Veranstaltung treten regelmäßig rund 50 ausländische und über 30 lokale Ensembles auf. Bisher waren neben anderen Gruppen aus Kroatien, Indien, Spanien, Serbien, Nord Zypern und Frankreich in Sarajevo zu Gast.

Roter Teppich beim Filmfest

Im Historischen Museum

Mai

Das **Theaterfest** hat sich zu einem Treffpunkt für Theatergruppen aus aller Welt entwickelt. Dabei steht der Erfahrungsaustausch im Vordergrund. Besonders beliebt ist der Runde Tisch mit Theatermachern, Zuschauern und Kritikern. Zudem werden Workshops und Seminare angeboten. Dort berichten Theaterexperten über ihre Arbeit und Erfahrungen.

Juni

Das **Kids Festival** findet immer im Zetra-Sport-Centar statt und gilt als größte Veranstaltung für Kinder in Südosteuropa. Das Motto lautet: Lernen und Spaß haben. Dabei werden eine Woche täglich künstlerische und pädagogische Workshops, Tanz-, Artistikseminare, Filmvorführungen und einiges mehr angeboten.

Juli

Das Sommer-Kultur-Festival **Baščaršija noći** (Baščaršija Nächte) begeistert Jahr für Jahr bei 40 bis 50 Veranstaltungen rund 150 000 Besucher. Es gibt Oper- und Ballettaufführungen, Klassische, Pop und Rockkonzerte, Literaturabende und Ausstellungen. Zur Eröffnung am 1. Juli wird traditionell ein klassisches Konzert mit einem Wiener Gastdirigenten aufgeführt.

August

Alljährlich findet das **Sarajevo Film Fest** statt, zu dem regelmäßig auch Hollywoodgrößen anreisen. Anders als in Cannes oder bei der Oskarverleihung können in Sarajevo die Fans ihre Stars aus nächster Nähe erleben.

September/Oktober

Das **MESS–Theater-Festival** feierte 2010 sein 50-jähriges Bestehen. Es ist eines der renommiertesten Theater-Festivals auf dem Balkan zudem Ensembles aus der ganzen Welt anreisen und das sogar während der Belagerung stattfand. Mehr als 50 Aufführungen in verschiedenen Kategorien, zum Beispiel Tanz und Drama, werden gezeigt. Außerdem gibt es Workshops, Ausstellungen und Konzerte. Wichtiger Bestandteil des Festivals ist das experimentelle Theater.

Die **Sarajevoer Tage der Poesie** werden seit 1962 veranstaltet und sind inzwischen in jedem Oktober ein literarisches Ereignis von internationalem Rang. Autoren aus Bosnien und Herzegowina aber zum Beispiel auch aus Deutschland, der Schweiz, Österreich, Palästina, Iran, Kongo und Japan tauschen Ideen und Erfahrungen aus und lesen aus ihren Werken.

November

Das **Jazz Festival** ist seit vielen Jahren ein Publikumsmagnet. Künstler aus so unterschiedlichen Ländern wie den USA, Türkei, Großbritannien und Ägypten geben dann Konzerte in der bosnischen Hauptstadt.

Jedes Jahr erfreut sich auch die **Sarajevo Fashion Week** großer Aufmerksamkeit. Prominente, darunter Schauspieler und Sänger führen die neusten Kreationen bosnischer Modeschöpfer vor. Zudem präsentieren Designer aus aller Welt ihre Kollektionen.

Einkaufen

Vom traditionellen Handwerksbetrieb bis hin zum hochmodernen, 43 000 Quadratmeter großen Shopping-Center im Stadtzentrum: Sarajevo hat sich innerhalb eines Jahrzehnts zu einem Shoppingparadies mit sehr hochwertigem Angebot entwickelt. Die meisten Geschäfte gibt es in der Baščaršija, in der Ferhadija, entlang der Maršala Tita und in den Shopping-Centern BBI, Alta und Importanne. Die Auswahl ist riesig, darunter auch ein großes Angebot an Schmuck und Mode von bekannten Designern.

Souvenirs und Mitbringsel findet man in großer Auswahl in der Baščaršija. Bedruckte I-Love-Sarajevo-T-Shirts, Becher, Armbänder, Schirmmützen und Magnetbuttons, Fußballtrikots der lokalen Vereine: Dies alles und mehr ist in der Saraći-Straße und in der Nähe des des Sebilj-Brunnens zu finden. Wer es authentischer mag, wird in der Kazandžiluk-Straße fündig. Sie ist die einzige Handwerkerstraße in der Baščaršija, die bis heute ihre ursprüngliche Funktion beibehalten hat. Die Zinn- und Kupferschmiede stellen Teller, Kaffeetassen und -kännchen und -mühlen sowie Schmuck, etwa Armreifen, in Handarbeit her.

In der Straße der Goldschmiede, die parallel zum Gazi-Husrev-Beg-Bezistan verläuft, werden Liebhaber von Schmuck in einem der zahlreichen kleinen Geschäfte sicherlich etwas Passendes finden. Ein Streifzug durch den Bezistan lohnt ebenfalls. Zum einen, um das historische Gebäude in Augenschein zu nehmen, zum anderen, um in einem der kleinen Läden, das ein oder andere Souvenir zu ergattern.

Boutiquen, Cafés und Banken sind in großer Zahl in der Maršal-Tito-Straße zu finden. Hier sind auch mehrere Buchhandlungen. Ein besonders umfangreiches Sortiment bietet die Buchhandlung ›Svjetlost‹. Neben Büchern in bosnischer und englischer Sprache werden auch Stadtführer und -pläne sowie Bücher

Handwerksladen in Kovaći

Sarajevo-Informationen

Solche Märkte finden sich allerorten

über Bosnien in deutscher Sprache angeboten. Besonders wenn man teurere Bücher, etwa Bildbände, kaufen möchte, lohnt ein Preisvergleich, da es keine Buchpreisbindung gibt. Die Preisunterschiede können in Ausnahmefällen bis zu 50 Prozent ausmachen.

Die unterirdische Ladenstraße in der Skenderija entstand anlässlich der Olympischen Winterspiele 1984 und ist auch äußerlich etwas in die Jahre gekommen. Es gibt Boutiquen, Cafés und mehrere Sport- und Sportschuhgeschäfte, oft gleich zwei oder drei nebeneinander. Zu empfehlen ist das Sportgeschäft gegenüber dem Haupteingang. Besonders während der Sommermonate gibt es recht viele Sonderangebote, und das Personal ist freundlich und kompetent. Nicht selten sind Artikel bekannter Marken im Sortiment, die es im deutschsprachigen Raum nicht zu kaufen gibt.

Ein hochmoderner Shoppingtempel ist das BBI Centar unmittelbar im Stadtzentrum. Vor dem Krieg stand an gleicher Stelle Sarajevos bekanntestes Warenhaus. Während der Belagerung wurde es jedoch bis auf die Betonmauern zerstört. In dem klimatisierten Neubau bieten auf fünf Etagen Cafés, Restaurants, Drogerien, edle Boutiquen und Juweliere ihre Waren an. Die Auswahl ist groß und wird überwiegend von Markenwaren bestimmt. Schnäppchen wird man dort aber nur selten machen können.

Das Alta Center im Stadtteil Marijin Dvor, zwischen dem Hotel ›Holiday Inn‹ und dem Unitec-Bürotürmen ist nicht ganz so edel, aber ebenfalls klimatisiert. Verschiedene bekannte Bekleidungsmarken sind dort vertreten sowie mehrere Cafés und Restaurants. Wer Fast Food mag, wird im obersten Stockwerk fündig.

Einkaufszentren

BBI Centar, Trg djece Sarajeva br.1, Tel. 569999, www.bbicentar.ba, 9–22 Uhr, So 9–21 Uhr.
Alta, Zmaja od Bosne 4, Tel. 953800, www.alta.ba.

Skenderija Shopping Centar, Terezije bb, Tel./Fax 665322, www.skenderija. ba, 8–19 Uhr.

Importanne, Zmaja od Bosne 7-7a, Tel. 266295, www.importanne.ba, 8–23 Uhr. Nahe dem Historischen Museum.

Grand Centar, Butmirska 14, Tel. 626291, www.grandcentar.info, 9–21 Uhr. In Ilidža.

Mercator Centar, Ložionička 16, Tel. 033/286150, www.mercator.ba, 9–22 Uhr. Mercator ist mit zahlreichen Shopping-Centern in Bosnien vertreten. In Sarajevo sind es gleich vier Einkaufstempel; einer ist davon im Zentrum.

Spezialgeschäfte

Alma Ras, Hamdije Kreševljakovića 61 und Trg djece Sarajeva 1 (im BBI Centar), Tel. 550455 u. 223339; 8–20 Uhr, Sa 8–17 Uhr. Feine Unter- und Nachtwäsche auch bekannter Designer. Oft locken Preisnachlässe von bis zu 50 Prozent.

Badem Butik, Abadžiluk 12 und Titova 34 (nahe der Ewigen Flamme), Tel. 033/533135; 8–23 Uhr. Feinkostgeschäft für Süßigkeiten: zahlreiche Schokoladen- und Bonbonsorten und süße türkische Spezialitäten.

Franz & Sophie – Svijeta Čaja (Die Welt des Tees), Petrakijina 6, Tel. 218411; 10.30–20 Uhr, So 12–18 Uhr. Eines der bekanntesten Teegeschäfte in Bosnien. Teesorten aus fast allen Regionen der Welt, darunter auch Teemischungen, die von Fachleuten kreiert wurden.

Galerija Isfahan, Saraći 77, Tel. 237429; 9–21 Uhr. Das Geschäft in der Baščaršija ist spezialisiert auf handgeknüpfte Teppiche. Sie stammen überwiegend aus dem Iran. Zudem werden auch Kleidung und Tücher angeboten.

Papučar - Ahmed Kalajdžisalihović, Saraći 15, Tel. 447999; 8–20 Uhr. In dem Geschäft in der Baščaršija findet man handgemachte, traditionelle bosnische Schuhe, Slipper und Sandalen für die ganze Familie.

Vino i Čokolada, Grbaviïka 5, Tel. 033/258650; 10–15 Uhr. Eine ungewöhnliche, aber offensichtlich erfolgreiche Geschäftsidee: erlesene Weine und feinste Schokolade.

Vezenje, Mula Mustafe Bašeskije 20, Tel. 233532, www.vezenje.ba; 8–16 Uhr. Ein kleines Geschäft unweit der Markale (Markthalle), das sich auf Aufnäher, Wimpel und T-Shirt-Druck spezialisiert hat. Dort sind Aufnäher mit allen erdenklichen Motiven zu finden, etwa die von Sportvereinen oder auch einfach I-love-Sarajevo-Sticker.

Buchhandlungen

Knjižara Svjetlost, Maršala Tita 54, Tel. 220514. Große Buchhandlung an einer der Hauptstraßen Sarajevos. Zahlreiche englisch- und deutschsprachige Bücher, darüber hinaus auch Touristenkarten, Stadtpläne und Souvenirs.

Sejtarija, Maršala Tita 19, Tel. 205223, www.sejtarija.ba. Kleiner, aber feiner Buchladen gegenüber von ›Svjetlost‹. Ideal um zu stöbern.

Buybook, Radićeva 4, Tel. 552745, www. buybook.ba. Die Kette Buybook genießt mittlerweile Kultstatus. Zu ihren Buchhandlungen gehört meist auch ein Café. Nicht nur deshalb sind sie Treffpunkte für Schriftsteller und andere Künstler. Im Sortiment sind auch englisch- und einige deutschsprachige Bücher.

TKD Šahinpašić, Maršala Tita 29 und Vladislava Skarica 8 (beim Hotel ›Europa‹), Tel. 210530, 771180, www.btcsahinpasic.com; 9–21 Uhr, So 9–13 Uhr. Sehr große Auswahl an englischsprachigen Büchern und auch einige deutschsprachige Titel, überwiegend Bücher über Bosnien und Sarajevo für Touristen. Es lohnt sich, auf Sonderangebote zu achten.

Sarajevo-Informationen

Sarajevo mit Kindern

Keine Frage: Sarajevo ist sehr kinderfreundlich. Den Nachwuchs kann man zu jeder Zeit fast überall hin mitnehmen. Ob Konzert, Kino- oder Restaurantbesuch – niemand wird sich an Kindern stören. Zwar findet man auf der Speisekarte nur selten spezielle Gerichte für Kinder, aber bestimmt wird der Koch fast jeden Kinderwunsch erfüllen. Nicht selten stellt man erst auf den zweiten Blick fest, dass Sarajevo viel Interessantes für Kinder zu bieten hat, nicht nur die im gesamten Stadtgebiet verteilten Spielplätze. Einige Hinweise:

Der **Zoo** von Sarajevo besteht bereits seit 1951. Während des Bosnienkrieges kamen allerdings alle Tiere um. Der Zoo wurde 1999 wiedereröffnet und freut sich seitdem über knapp 40 000 Besucher jährlich. Neben Lamas, Büffel, Schlangen, Affen und einem Bär leben weitere 30 Arten hier. Bei Kindern besonders beliebt sind das Streichelgehege und der Spielplatz mit Autoscooter. Der Zoo befindet sich oberhalb des Koševo-Stadions in der ul. Patriotske lige, Eintritt 1,5 KM; ganzjährig geöffnet, im Sommer 8–21 Uhr (www.park.ba).

Ein Besuch des Spaßbades **Terme Ilidža** wird Kindern und Erwachsenen gleichermaßen Vergnügen bereiten. Mehrere Rutschen, große Indoor- und Außenpools, ein Wellen- und ein Sportbecken, mehrere Restaurants und Snack Bars – für jeden ist etwas dabei. Butmirska bb (Ilidža), Erw. 15, Kinder 12 KM; 9–22 Uhr.

Von Ilidža führt die drei Kilometer lange, noch von den Habsburgern angelegt Platanenallee zur Quelle der Bosna. Nicht nur Kinder werden Spaß daran haben, die Strecke mit der Pferdekutsche zurückzulegen (15 KM). Die Fiaker fahren bis zum **Park Vrelo Bosne**. Neben der Bosnaquelle bietet der Park zahlreiche Wiesen zum Herumtollen und Spielen. Während die Erwachsenen sich noch im Restaurant stärken, können sich die Kinder auf dem großen Spielplatz austoben.

Wer Sarajevo mit Kindern zur Zeit des Filmfestivals im Juli oder August besucht, sollte das **Kinderprogramm des Festivals** in Augenschein nehmen. Jedes Jahr zieht es bis zu 30 000 Besucher aus ganz Bosnien und Herzegowina an. Die Sparte Kinderfilme besteht seit der Festivalgründung während der Belagerung. Damals wollte man den eingeschlossenen Kindern eine Abwechslung zum Kriegsalltag bieten. Viele Kinder besuchten damals erstmals ein Kino. Im Kinderprogramm sind bekannte Animationsfilme aus Hollywood, aber auch Filme von unabhängigen und weniger bekannten Produktionsfirmen und Regisseuren zu sehen. Das Publikum ist überwiegend zwischen zwei und zwölf Jahren alt. Die Filme laufen im Kino ›City‹ und in der Gemeindehalle von Novi Grad. Zudem bietet das Festival auch eine sogenannte Teen-Arena. In diesem Programm laufen Filme für Jugendliche und junge Erwachsene. Außerdem wird der Teenie Award für die beste unabhängige Filmproduktion vergeben, und das Publikum hat die Möglichkeit, Schauspieler und Regisseure zu treffen und mit ihnen über das Filmemachen zu diskutieren.

Ein Höhepunkt für Kinder ist das **Kids Festival**, das jedes Jahr im Juni im Zetra Olympia Center stattfindet. Fünf Ta-

Im Innenhof der Gazi-Husrev-Beg-Moschee

Sarajevo-Informationen

ge lang können Kinder in zahlreichen pädagogischen Workshops neue Erfahrungen sammeln. Angeboten werden zahlreiche Kurse, darunter Pantomime, Zaubern, Trommeln, Akrobatik, Gymnastik, Tanz, Puppentheater, Modellieren und Kampfkunst. Zudem stehen aber auch Themen wie AIDS-Aufklärung, gesunde Ernährung, Umweltschutz, Landminen und Menschenrechte auf dem Programm. Rund 500 Teilnehmer aus ganz Bosnien und Herzegowina nehmen jährlich am Kids Festival teil. Dass das Festival international Ansehen genießt, zeigt die Sponsorenliste; dort sind EU, NATO, UNICEF, EUFOR, OSZE, das Goethe-Institut und das Rote Kreuz zu finden.

Sportmöglichkeiten

Schwimmbäder

Olympisches Schwimmbad, Bulevar Meše Selimovića 83-b (im Stadtteil Novi Grad), Tel. 773850, www.olimpijskibazensaraje vo.ba; 7–23 Uhr, ab 5 KM. Das Olympiabad macht seinem Namen alle Ehre: Ein neues modernes Schwimmbad mit Sport- und Wellnessbecken, Fitnessstudio, Sauna und Café.

Thermal Riviera Ilidža, Butmirska bb, Tel. 771000, www.terme-ilidza.ba; 9–22 Uhr. Großes Spaßbad mit Hallen- und Freibad, Sportbecken, Wellenbad, Restaurants.

Freibad Bentbaša, Dariva bb, Tel. 232513. Das Schwimmbad befindet sich im gleichnamigen Stadtteil nahe der Miljacka, keine zehn Gehminuten von der Altstadt entfernt. Das Bad verfügt über ein Sportbecken mit einem einfachen Sprungturm und einem großen Kinderbecken.

Wander- und Bike-Touren

Die Berge um Sarajevo sind nicht nur hervorragend für Wintersport geeignet, sondern in der schneefreien Jahreszeit ideal für Wanderungen und Fahrradtouren. Der einzige Öko-Touren-Anbieter in Sarajevo ist ›Green Visions‹. Im Angebot sind zum Beispiel Wander- und Bike-Touren, Rafting und Sommercamps.

Green Visions, Radnička bb, Tel. 717290, 061/213278, www.green visions.ba.

Fitnessstudios

Lifetime Fitness, Džemala Bijedica 166a, Tel. 061/109432, www.lafitness.ba.

Dino Company, Mis Irbina 10, Tel. 061/550780, 550781, dino.compa ny@gmail.com.

Fitness Centre Body Art, Alipašina bb, Zetra, Tel. 276123.

Tennis

Tennis Centre Stup, Nikole Šopa 217 (Bojnićka bb), Tel. 468231, 457286, www.tcs.ba; 7–24 Uhr. 14 KM pro Stunde, Hallenplatz 35 KM.

Tennis Head Akademija, Donji Hotonj II/B, Tel. 482416, 061/172894, Fax 482415, www.headakademija.ba. Schöne Anlage mit mehreren Freiluft- und zwei Hallenplätzen. Etwa fünf Kilometer von der Innenstadt entfernt.

Wellness

Wellnesseinrichtungen werden auch in Sarajevo immer beliebter. Das Angebot ist recht groß und reicht vom Spa-Center bis hin zum liebevoll eingerichteten Beauty Salon. Nahezu alle höherklassigen Hotels verfügen inzwischen über einen Wellnessbereich mit Pool, Sauna, Fitnessstudio sowie Massage- und Kosmetikangeboten. So lässt sich etwa im Hotel ›Terme‹ in Ilidža ein ganzer Wellnessurlaub verbringen, ebenso im Luxushotel ›Radon Plaza‹ und im Hotel ›Europa‹ sowie, etwas preisgünstiger, im Hotel ›Central‹ (Adressen ab S. 159), dessen Spa-Bereich von vielen Gästen sehr gelobt wird. Möchte man einen Wellnesstag einlegen, vielleicht sogar mit der Familie, dann dürfte die Terme Ilidža genau das Richtige sein. Wer zwischendurch etwas für sich tun möchte, findet eine preisgünstige Behandlung in einem der privaten Spa-Center und Beauty Salons.

Fitness Center Star Sport, Trg djece Sarajeva 1 (im BBI Centar), Tel. 223621, www.bbicentar.ba; Mo–Sa 9–22, So 9–20 Uhr.

Radon Plaza Wellness Center, Džemala Bijedića 185, Tel. 752900, 752901, re cepcija@radonplazahotel.ba, www.radonplazahotel.ba.

Terme Wellness Center, Hrasnička 14, Tel. 772002, 772001, info@hoteliilidza.ba, www.hoteliilidza.ba.

Thermal Riviera Ilidža, Butmirska bb, Tel. 771000, 771010, info@terme-ilidza.ba, www.terme-ilidza.ba; 9–22 Uhr.

Beauty Salon Plaza, Trg djece Sarajeva 1 (im BBI Centar), Tel. 223462, www.bbicentar.ba; 9–22, So 12–20 Uhr.

Biomaksima Beauty Salon, Zmaja od Bosne 4 (im Hotel ›Holiday Inn‹), Tel. 288037, www.biomaksima.ba.

Dundee Beauty Studio, Kolodvorska 12, Tel. 720810, info@salonljepote.ba, www.salonljepote.ba; Mo–Fr 9–17 Uhr.

F&A Ultra Beauty Center, Mula Mustafe Bašeskije 1, Tel. 554300, 554301, info@faubc.co.ba, www.faubc.co.ba, Mo–Fr 8–20, Sa/So 8–18 Uhr.

Ma'ab Spa Center, Radnička do br. 34, Tel. 521721, www.maabspa.ba, Mo–Fr 13–20, Sa/So 14–20 Uhr.

West Wood Club & Spa, Ćumurija 8, Tel. 561800, info@hotelcentral.ba, www.westwood.ba; Mo–Fr 7–22, Sa/So 10–22 Uhr.

Yves Rocher Cosmetic Studio, Ferhadija 5, Tel. 668388, 217458, ires@bih.net.ba, www.ires.ba. Mo–Fr 9–21, Sa/So 9–20 Uhr.

Ärztliche Hilfe

Krankenhäuser

Universitätsklinik (früher Kosevo-Krankenhaus), Bolnička 25, Tel. 297000, 298000, info@kcus.net, www.kcus.ba.

Allg. Krankenhaus, Kranjčevićeva 12, Tel. 285100, hospital@obs.ba, www.obs.ba.

Apotheken

Apotheken (›Apoteka‹) sind in Sarajevo zahlreich vorhanden, besonders im Stadtzentrum. Dazu gehören die alteingessene Apotheken nahe der katholischen Kathedrale, in der Ferhadija-Straße und die Notfall-Apotheke (Dežurne apoteke) in der Baščaršija, die rund um die Uhr geöffnet hat. Die Apotheken verfügen meist über ein großes Sortiment an Medikamenten und auch Drogerieartikeln.

Das Personal ist in der Regel kompetent und freundlich, spricht oft Englisch, manchmal auch Deutsch. Die Preise für Medikamente sind überwiegend günstiger als im deutschsprachigen Raum, dagegen die für Drogerieartikel höher.

Apoteka Stari Grad, Ferhadija 20, 8–20 Uhr, Sa 8–15 Uhr.

Apoteka Baščaršija, Obala Kulina bana 14, Tel. 272300, www.apoteke-sarajevo.ba, 0–24 Uhr.

In Dobrinja: Salke Lagumdžije 15, Tel. 766380, www.apoteke-sarajevo.ba.

In Ilidža: Emira Bogunića Čarlija 15, Tel. 762 180, www.apoteke-sarajevo.ba.

In Novo Sarajevo: Zmaja od Bosne 51, Tel. 713830, www.apoteke-sarajevo.ba.

Der Kurort Ilidža, Wasserfälle, Höhlen, abgelegene Dörfer und Wintersportgebiete, die Austragungsorte der Olympischen Spiele 1984 waren: die Umgebung Sarajevos hat bis heute nichts von ihrer Attraktivität verloren, wartet aber noch auf ihre touristische Entdeckung.

DIE UMGEBUNG
VON SARAJEVO

Am Bjelašnica

Ilidža

Ilidža, zwölf Kilometer südwestlich von Sarajevo, ist dank seiner Thermalquellen ein bekannter Kur- und Badeort. Von Ilidža führt eine drei Kilometer lange Platanenallee zur Bosna-Quelle, die in einem Park liegt und ein beliebtes Ausflugsziel ist. Der Fluss Bosna gab dem Land seinen Namen. Außerdem fließt die Željeznica durch Ilidža. Die Gemeinde Ilidža hat rund 52 000 Einwohner und erstreckt sich auf einer Fläche von 143,4 Quadratkilometern am Fuße des Berges Igman nahe dem Flugplatz Sarajevo.

Der Name Ilidža stammt vom türkischen Wort ›ilica‹ für heiße Quelle. Die Gegend nahe der Quellen war bereits in der Jungsteinzeit besiedelt, noch bevor sich die ersten Menschen auf dem Gebiet des heutigen Sarajevo niederließen. Später erkannten die Römer die wohltuende und heilende Wirkung des schwefel- und mineralhaltigen Wassers und bauten erste Bäder, nach ihnen nutzten auch die Osmanen die Quellen.

Während der österreichisch-ungarischen Herrschaft entwickelte sich Ilidža zu einem Kurort westeuropäischen Stils. Die Machthaber planten einen Ausflugsort zu gestallten, in dem Besucher sich erholen und zugleich etwas für die Gesundheit tun können. Nahe dem Fluss Željeznica wurde ein Park mit Blumenbeeten und einem Brunnen angelegt, die Bäder wurden modernisiert, Pavillons, Restaurants und luxuriöse Hotels entstanden, darunter das ›Hungaria‹, das ›Austrija‹ und das ›Bosna‹, das damals den Ruf hatte, die beste Adresse in der Region zu sein. Ilidža galt während der Habsburger Zeit bei vielen als das schönste Kurbad auf dem Gebiet der Donaumonarchie.

Während des Krieges war Ilidža schwer umkämpft und musste große Zerstörungen erleiden. Die östlichen Gemeindebezirke fielen nach dem Krieg an die Republika Srpska und gehören seitdem als Istočno Ilidža zur Gemeinde Istočno Sarajevo. Nach dem Krieg floss viel Geld in den Wiederaufbau von Ilidža. Beson-

Die Umgebung von Sarajevo

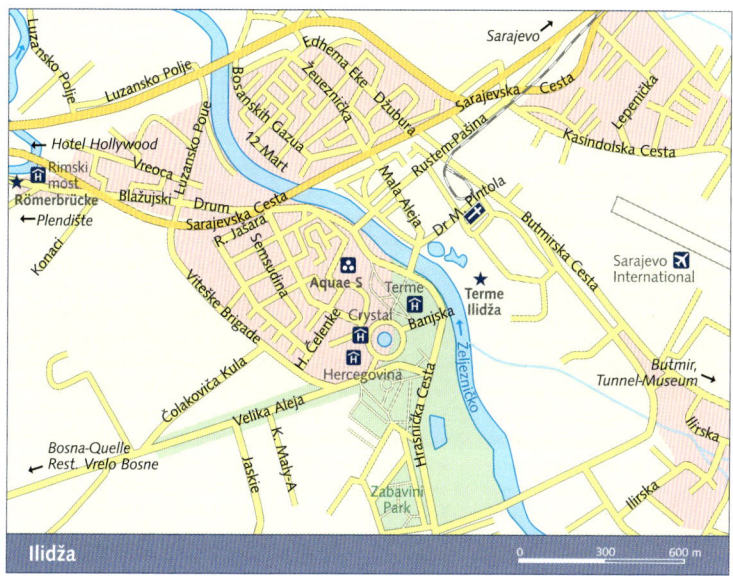

Ilidža

deres Augenmerk legte die Gemeindeverwaltung auf Straßen, Brücken, Abwasser- und Gasnetze sowie die Infrastruktur für die Telekommunikation. Bis 1992 gab es mehrere große Industriebetriebe in Ilidža, etwa Möbel- und Maschinenfabriken. Heute sind wieder zahlreiche Firmen im Ort ansässig, darunter auch ausländische wie Gorenje, Mercator und Obi, sowie zahlreiche Banken und Versicherungen. Der wichtigste Wirtschaftszweig ist jedoch nach wie vor der Tourismus.

■ Velika Aleja

Eine drei Kilometer lange Platanenallee führt von Ilidža zum Park, in dem sich die Bosna-Quelle befindet. Die Allee wurde 1880 auf Veranlassung der österreichisch-ungarischen Verwaltung angelegt. Dazu wurden 700 Platanen und einige Dutzend Kastanienbäume gepflanzt. Die Bäume verwandeln die Allee in einen grünen schattigen Tunnel. Die Velika Aleja wird gern zum Spazieren, Joggen, Radfahren oder Skaten genutzt. Wer sich in die Zeit

der Habsburger zurückversetzen mochte, dem sei eine Fiakerfahrt empfohlen. Die Kutschfahrt, die bereits seit 1885 in Ilidža angeboten wird, kostet 15 KM.

■ Bosna-Quelle

Die Bosna-Quelle (Vrelo Bosne) und ihr Park wurden 2006 vom Kanton Sarajevo zum Naturdenkmal erklärt und stehen seitdem unter Schutz. Der Park kann bequem mit dem Auto erreicht werden. Die kostenpflichtigen Parkplätze sind jedoch besonders an den Wochenenden oft belegt. Von Ilidža bietet sich ein Spaziergang oder eine Kutschfahrt über die drei Kilometer lange Platanenallee zum Park an. Beim Parkplatz kann sich der Besucher an zahlreichen Buden mit Souvenirs eindecken. Der Park wurde im Jahr 2000 neu angelegt. Es gibt Spazierwege, einen Kinderspielplatz, zwei Restaurants, die nationale Spezialitäten anbieten, Teiche mit Enten und Schwänen und natürlich die Stelle, wo die Bosna aus dem Berg sprudelt.

An der Bosna-Quelle

■ Termalna Riviera Ilidža

Ein besonderes Badeerlebnis bietet das
›Termalna Riviera Ilidža‹, ein modernes
Thermalbad mit einer riesigen In- und
Outdoor-Wasserlandschaft. Innen ist das
Bad hell und freundlich gestaltet, es bietet
ein großes Thermalwasserbecken, Whirlpools und ein Kinderbecken mit Rutsche.
Draußen gibt es ein großes Wellenbad,
ein Sportbecken, drei Whirlpools, ein
Massagebecken und drei Riesenrutschen,
außerdem eine Go-Cart-Bahn. Drei Restaurants stehen den hungrigen Schwim-
mern zur Verfügung, darunter eines mit
Selbstbedienung. Die Therme ist täglich
von 9 bis 22 Uhr geöffnet. Das Tagesticket kostet für Erwachsene 15 KM,
Kinder zahlen 12 KM.

■ Römerbrücke

Die Steinbrücke – auch Most na plendištu
genannt, Brücke am Plendište – im wenige Kilometer westlich von Ilidža gelegenen Ort Plendište stammt aus dem 16.
Jahrhundert. Sie ist 40 Meter lang, 4,55
Meter breit und schwingt sich in sieben
Bögen über die Bosna. Ihr Erbauer lässt
sich heute nicht mehr genau bestimmen.

Da es im Ort Željeznica, unweit von Sarajevo, eine fast baugleiche Brücke gab,
die Rustem Paša Hrvat hat errichten
lassen, nimmt man an, dass dieser Paša
auch die Brücke in Plendište errichten
ließ. Lange galt Gazi Ali Paša als Stifter
des Bauwerkes, heute weiß man, dass
er die Brücke lediglich reparieren ließ.
Nahe der Brücke wurden Fundstücke
aus der Römerzeit entdeckt. Davon sollen Steine als Baumaterial für die Brücke
verwendet worden sein, die deshalb auch
Römerbrücke genannt wird. Eine andere
Annahme besagt, dass die Brücke auf einem Fundament einer alten römischen
Brücke gebaut wurde und daher ihren
Namen bekam.

■ Archäologische Ausgrabungsstätte
   Aquae S

Zu Beginn unserer Zeitrechnung wurde
auch die Region um das heutige Sarajevo Teil des Römischen Reiches. Die
Römer erkannten die heilende Wirkung
des Schwefelwassers in Ilidža, bauten Bäder und gründeten die Siedlung Aquae S.
Sie entwickelte sich schnell zu einem
wohlhabenden Ort und war einige Zeit

Karte S. 189

▲

sogar das Verwaltungszentrum Mittelbosniens.

Archäologen fanden im 20. Jahrhundert die Überreste der Siedlung und waren erstaunt über die Größe und Ausstattung der Gebäude. Viele Häuser hatten die Ausmaße von Villen mit großzügigen Bädern und Fußbodenheizungen. Die Böden waren oft mit aufwändigen Mosaiken verziert.

Die archäologische Ausgrabungsstätte befindet sich nordwestlich des Hotels ›Terme‹ an der Luzanski put und kann kostenfrei besichtigt werden. Ein Teil der Fundstücke ist im Nationalmuseum in Sarajevo ausgestellt.

Das schmucke Hotel ›Austria‹ in Ilidža

 Ilidža

Vorwahl: 00387/(0)33.

Die Fahrt vom Sarajevoer Stadtzentrum nach Ilidža (ca. 12 km) dauert mit dem eigenen Auto ca. 15 Minuten, mit der **Straßenbahn** (Linien 3, 4 und 6) ca. 30 Minuten. Das Ticket kostet beim Fahrer 1,80 KM, am Kiosk 1,60 KM. Ildiža wird von den **Buslinien** 27, 32, 37, 44, 45 und 49 angefahren. Die meisten Linien pendeln zwischen einzelnen Stadtteilen und dem Kurort. Vom Stadtzentrum Sarajevos gelangt man ausschließlich mit der Linie 44 nach Ildiža. Zweimal täglich fährt ein **Mini-Bus** von Ildiža über Hadžići zum Igman und nach Bjelašnica.

Die Hotels liegen nur zwei Kilometer vom Flughafen entfernt, sind aber sehr ruhig. Die Restaurants in allen genannten Hotels sind durchweg empfehlenswert. Speisen, Service und Ambiente stimmen, die Preise sind vergleichsweise günstig.

Telefonnummern für die Hotels Hercegovina, Crystal und Terme sowie den Campingplatz Oaza: 772000, 772019, 772070.

Hotel Hercegovina, Banjska bb, www.hoteliilidza.ba. Das Hotel wurde 1892 im Auftrag der österreichisch-ungarischen Machthaber erbaut und gern von der Habsburger Elite besucht. 2007 wurde es grundlegend umgebaut und renoviert, dabei blieb seine ursprüngliche Architektur jedoch erhalten. Das 4-Sterne-Haus hat 56 Betten und mehrere Apartments. Alle Zimmer sind klimatisiert und mit WLAN ausgestattet. Bar und Restaurant mit Sommergarten, nationale und internationale Spezialitäten. EZ 155 KM, DZ 190 KM.

Hotel Crystal, Banjska bb, www.hoteliilidza.ba. Das Hotel hat 24 Zimmer, die modern und komfortabel eingerichtet sind. Das Restaurant bietet bosnische und internationale Küche an. Schön ist die überdachte Terrasse mit Blick in den Park. EZ 85, DZ 150 KM.

Hotel Terme, Hrasnicka cesta 14, www.hoteliilidza.ba. Das Hotel hat 400 Betten, zwei große Schwimmbäder und einen großen Fitness- und Rehabereich. In dem 4-Sterne-Haus werden verschiedenen Wellness- und Therapiebehandlungen angeboten. Das Hotel wurde nach dem Krieg komplett renoviert. EZ 75 KM, DZ 100 KM.

Hotel Hollywood, Dr. Mustafe Pintola 23, Tel. 773100, 773145, www.hotel-hollywood.ba. Großes 4-Sterne-Hotel mit Blick auf das Thermalbad. Die 200 Zimmer und Apartments sind modern eingerichtet, die

Die Umgebung von Sarajevo

Badezimmer teilweise mit Sauna. Es gibt ein Schwimmbad mit 25-Meter-Bahn, eine Turnhalle, mehrere Restaurants und WLAN. EZ 75 KM, DZ 120 KM.

Hotel Rimski most, Blašujski drum 80, Tel. 761180, 761190, www.hotel-rimskimost. com. Das 3-Sterne-Hotel liegt außerhalb von Ilidža am Fluss Željeznica. Kostenfreier Hol- und Bringdienst zum Flughafen. Zimmer mit französischem Bett, Safe und WLAN. EZ 60 KM, DZ 100 KM.

Restaurant **Vrelo Bosne**, im Park der Bosna-Quelle, direkt am Wasser. Große Terrasse, die von schattenspendenden Bäumen umgeben ist. Nationale Küche.

Campingplatz Oaza Ildiža, Četvrte viteške brigade 3, Tel. 636140, 636141, www. hoteliilidza.ba. Der gepflegte Campingplatz befindet sich auf einem parkähnlichen Gelände an der Hauptstraße M17, etwa zehn Kilometer von Sarajevo und vier Kilometer vom Flughafen entfernt. Neben Stellplätzen für Wohnmobile werden auch 16 Bungalows zur Miete angeboten. Zum Campingplatz gehören Spiel- und Sportplätze und ein Restaurant mit 180 Plätzen. Die Stellpreise für Zelt, Wohnwagen, Auto und Motorrad liegen zwischen 4 und 10 KM. Ein Stromanschluss kostet 2 KM pro Tag.

Tunnel Museum, Tuneli 1, Tel. 778672, http://tunelspasa.ba. April–Okt. 9–17 Uhr, Nov.–März 9–16 Uhr. 10 KM, erm. 5 KM.

Fiakerfahrt: Die Fahrt mit der Kutsche über die drei Kilometer lange Platanenallee zur oder von der Bosna-Quelle kostet 15 KM.

Butmir

Der kleine Ort Butmir ist bei Experten wegen der archäologische Fundstätten bekannt, allgemein aber vor allem wegen des Kriegstunnel-Museums, das die Erinnerung an die Belagerung Sarajevos während des Bosnienkrieges wachhält. Das Museum befindet etwa drei Kilometer östlich von Ilidža, unweit des Flughafens.

■ Kriegstunnel-Museum

Mehr als 1400 Tage dauerte die Belagerung Sarajevos während des Bosnienkrieges. Eine der wenigen Lebensadern war der Tunnel, der vom belagerten Stadtteil Dobrinja in den bosniakisch kontrollierten Stadtteil Butmir führte. Durch den Tunnel wurde Sarajevo mit Lebensmitteln, Medikamenten, aber auch mit Waffen und Munition versorgt. Für die Sarajevoer war er die einzige Möglichkeit, die Stadt zu verlassen.

Im Dezember 1992 hatte die bosniakische Militärführung die Idee, mit Hilfe eines Tunnels den bosnisch-serbischen Belagerungsring zu unterlaufen. Bis dahin waren die Menschen, meist nachts im Schutz der Dunkelheit, über das Rollfeld des Flughafens gelaufen, um nach Butmir zu gelangen, gerieten dabei aber ins Visier der Scharfschützen.

Die Arbeiten am Tunnel begannen im Januar 1993, kamen jedoch nur stockend voran. Es fehlte an Arbeitern und Material. Das eintretende Grundwasser, der eisige Winter und ständiger Beschuss verschlimmerten die Lage. Daraufhin verpflichtete die bosnische Regierung 260 Soldaten und ebenso viele ehemalige Bergleute zur Arbeit und stattete sie mit Schaufeln und Spitzhacken aus. Zwei Kompanien wurden zu ihrer Sicherheit abgestellt. Am 28. März 1993 wurden die Arbeiten in Dobrinja fortgesetzt. Dieses Datum gilt heute als offizieller Baubeginn. Das Projekt ›Tunnel D.B.‹ – die Buchstaben stehen für Dobrinja und Butimir – war streng geheim. Der Tunnel sollte direkt unter der Flughafenpiste entlangführen, Ingenieure und Vermessungstechniker entwickelten die Baupläne. Gegraben wurde in drei Schichten, 24 Stunden am Tag und

Karte S. 188

von beiden Seiten. In Butmir begannen die Arbeiten am 28. April 1993 beim Haus der Familie Kolar. Große Probleme bereitete nach wie vor das eintretende Grundwasser. Anfangs wurde das Wasser mit Eimern abgeschöpft, später mit Hilfe von Stromgeneratoren abgepumpt. Die Erde wurde mit Schubkarren aus dem Tunnel befördert, insgesamt 2800 Kubikmeter. Zudem wurden 170 Kubikmeter Holz und 45 Tonnen Metall verbaut. Der Durchbruch gelang am 30. Juni 1993 um 20.40 Uhr.

Der Tunnel war 740 Meter lang und durchschnittlich einen Meter breit und anderthalb Meter hoch. Zunächst wurden Nahrungsmittel, Zigaretten, Medikamente, Öl, Waffen und Munition in Rucksäcken durch den Tunnel getragen. Später wurden Schienen verlegt und Loren für den Transport verwendet. Außerdem wurden ein Zwölf-Megawatt-Stromkabel, eine Ölpipeline und ein Telefonkabel durch den Tunnel gelegt. Personen konnten den Tunnel ebenfalls nutzen. Dazu musste aber zuvor ein Antrag bei der Militärführung gestellt werden. Bis zu 4000 Menschen marschierten täglich durch den Tunnel und waren dabei bis zu zwei Stunden unterwegs. Probleme bereitete weiterhin das eintretende Grundwasser. Die Pumpen waren zu schwach, um die Grundwassermassen zu bewältigen, und oft mussten die Menschen durch knietiefes Wasser waten. Zweimal lief der Tunnel sogar bis zur Decke voll. Das Problem wurde gemildert, als stärkere Pumpen zum Einsatz kamen.

Nach dem Ende der Belagerung, im Frühjahr 1996, wurde der Tunnel größtenteils eingerissen, da das Geld für seine Erhaltung fehlte. Durch den Einsatz der Familie Kolar bleibt die Erinnerung an den Tunnel jedoch gewahrt. Die Familie hat beim Tunnelbau selbst mitgeholfen und Werkzeug, Material und andere

Erinnerungsstücke aufbewahrt. In ihrem Privathaus in Butmir, wo mit den Grabungen begonnen wurde, richtete der Hausherr ein Museum ein. Zu sehen sind ein 20 Meter langes Tunnelstück, außerdem Schubkarren, Schaufeln, Hacken und Karren, in denen Verwundete und Waffen transportiert wurden, sowie Rucksäcke und Beutel für den Lebensmitteltransport, zahlreiche Fotos und ein 20-minütiger Dokumentarfilm.

■ **Archäologische Fundstätte**

Die jungsteinzeitliche Siedlung entstand etwa zwischen 5500 und 4800 vor unserer Zeitrechnung. Die erste archäologische Erforschung des Gebiets fand von 1893 bis 1896 statt. Dabei wurden Keramikgefäße, Figuren und eine besonders wertvolle tönerne Kleinplastik gefunden, die heute im Nationalmuseum in Sarajevo ausgestellt sind. Auf einer Fläche von 140 Quadratmetern wurden teilweise in drei Meter Tiefe Überreste von Wohnhäusern entdeckt. Wie Funde belegen, betrieben die Menschen damals bereits Ackerbau und Viehzucht.

Wintersportgebiete rund um Sarajevo

Die Wintersportzentren in den Bergen Bjelašnica und Jahorina haben sich nach dem Bosnienkrieg schnell wieder zu den beliebtesten in Südosteuropa entwickelt. Die Infrastruktur wurde erneuert, neue Hotels entstanden, alte wurden renoviert. Und wo sonst können Wintersportler auf olympischen Pisten hinabgleiten? Zudem sind die Preise für Skipass, Unterkunft und Verpflegung für westeuropäische Verhältnisse recht günstig. Die Skigebiete um Sarajevo werden nach wie vor überwiegend von Einheimischen und Wintersportlern aus den Nachbarländern Bosniens besucht. Darüber hinaus sind sie noch ein Geheimtipp.

Die Umgebung von Sarajevo

Igman

Auf dem 1502 Meter hohen Berg Igman befindet sich das kleinste Wintersportzentrum Bosniens; die sanften Abfahrten sind besonders für Anfänger gut geeignet. Anlässlich der Olympischen Winterspiele wurden hier die Skisprungwettbewerbe ausgetragen. Jens Weißflog gewann dort auf der Normalschanze seine erste Goldmedaille, der Finne Matti Nykänen auf der Großschanze.

Vor dem Krieg gab es auf dem Igman fünf Skisprungschanzen. Bis auf die beiden größten, die 70- und die 90-Meter-Schanze, wurden alle ebenso im Krieg zerstört wie nahezu die gesamte Infrastruktur, die aber mittlerweile wieder instandgesetzt worden ist. Seit jeher überzeugt der Igman weniger durch luxuriöse Hotels, sondern vielmehr durch seine überwiegend unberührte Natur. Zudem reicht die Aussicht bei klarem Wetter bis zum kroatischen Meer und den Bergen Montenegros.

Der Weg von Sarajevo zum Igman ist gut ausgeschildert; die Wegweiser führen direkt zu den Pisten. Drei Liftanlagen bringen die Skifahrer 800 Meter den Berg hinauf. Das Wintersportzentrum wird nicht so stark besucht wie etwa Bjelašnica, Wartezeiten an den Liften gibt es deshalb nur selten. Für Langläufer stehen Loipen von insgesamt 30 Kilometer Länge zur Verfügung. Drei Straßenkilometer oberhalb der Loipen befinden sich die beiden noch erhaltenen Olympia-Sprungschanzen.

Auf dem Igman herrschen besondere klimatische Verhältnisse. Bereits im September liegen die Temperaturen oft unter dem Gefrierpunkt, und der erste Schnee fällt meist schon im Oktober. Mit minus 43,5 Grad wurde hier die tiefste jemals auf dem Gebiet des ehemaligen Jugoslawien gemessene Temperatur verzeichnet.

ℹ Igman

Hostel Feri, Veliko polje, Igmann, Tel. 00387/(0)33/760460, www.hotelferi.com. Feines, sehr hell und freundlich eingerichtetes Hotel mit 39 Zimmern, Restaurant und Café. Parkplatz am Haus. EZ 55 KM, DZ 75 KM.

Trebević

Die Abhänge des 1629 Meter hohen Trebević reichen bis an das südliche Stadtzentrum Sarajevos. Der Berg mit seinen dichten Kiefern- und Tannenwäldern hat den Ruf, die Lunge Sarajevos zu sein. Mit seiner frischen sauberen Luft und seiner hervorragenden Aussicht auf das Stadtzentrum ist er ein beliebtes Ausflugsziel. In 1566 Meter Höhe ragt der Fernmeldeturm zwischen den Bäumen hervor. Er versorgt Sarajevo mit Fernseh- und Radiosignalen.

Während des Krieges bezog serbische Artillerie auf dem Berg Stellung, die strategisch wichtigen Punkte waren hart umkämpft. Teile der Berghänge wurden vermint, ein großer Teil der Minen inzwischen aber geräumt. Vor dem Krieg führte eine 2100 Meter lange Seilbahn auf den Trebević. Die Bahn wurde von einer tschechischen Firma gebaut und 1959 in Betrieb genommen. Sie startete im Stadtteil Bistrik und brachte die Besucher zur Bergstation Vidikovac (Aussichtspunkt) hinauf. Während der Belagerung wurde die Seilbahn zerstört. Ihre Rekonstruktion ist jedoch geplant. Anlässlich der Olympischen Winterspiele 1984 entstand auf dem Trebević die 1570 Meter lange Bob- und Rodelbahn. Das Starthäuschen befand sich auf einer Berghöhe von 1108 Metern, das Ziel auf 982 Metern. Noch bis zum Beginn des Bosnienkrieges wurden auf der Bahn Rennen ausgetragen. Während der Belagerung wurde der Eiskanal durch Granateinschläge beschädigt. 30 Jahre nach den Olympischen Winterspielen ist die Bahn zwar frei zugänglich, bietet aber einen traurigen Anblick. Pläne für ihre Rekonstruktion gibt es bisher nicht. Derweil nutzten Jugendliche die Bobbahn auf ihre Art und versahen sie mit teilweise kunstvollen Graffitis. Zudem stürzen sich immer wieder Waghalsige mit Mountainbikes die Bahn hinunter.

■ Bjelašnica

Das Gebirgsmassiv Bjelašnica liegt südwestlich von Sarajevo und ist Teil des Dinarischen Gebirges. Es beginnt südwestlich der Gemeinde Ilidža und erstreckt sich über 25 Kilometer Länge bis zum Neretvatal. Das Gebirge ist bis hinauf auf 1500 Meter dicht bewaldet, darüber und bis zum gleichnamigen Gipfel (2067 m) aber nahezu kahl.

Auf dem Bjelašnica herrscht ein typisches Bergklima mit Minustemperaturen und Schneefall von Oktober bis Mai an durchschnittlich 170 Tagen. Der schneereichste Monat ist der Februar mit bis zu 106 Zentimetern Neuschnee. Der meiste Regen fällt im Frühjahr und Herbst, der wenigste im Juli und August. Die Sommer sind meist mild ohne große Hitze.

Die Luft ist sehr sauber und wirkt sich positiv bei Atemwegserkrankungen aus. Die durchschnittliche Jahrestemperatur liegt, bedingt durch die langen kalten Winter, bei minus sieben Grad, die tiefste jemals auf Bjelašnica gemessene Temperatur liegt bei minus 41 Grad. Im Sommer wird es nur selten wärmer als 24 Grad. Auf dem Gipfel befindet sich die meteorologische Station. Sie ist das höchstgelegene ständig bewohnte Gebäude in Bosnien und Herzegowina.

Anlässlich der Olympischen Winterspiele in Sarajevo fanden im Skigebiet die Abfahrtsläufe, die Nordische Kombination und die Biathlonwettbewerbe statt. Der Bjelašnica wird seitdem auch Olympischer Berg genannt. Die Einheimischen sind überzeugt, dass man den Geist der Spiele noch heute dort spürt.

Das Skizentrum Bjelašnica hat sich nach dem Bosnienkrieg schnell erholt. Hotels, Straßen und Skilifte wurden instandgesetzt und modernisiert, und heute ist Bjelašnica wieder das beliebteste Skigebiet in Bosnien und Herzegowina. Und auch die Zahl der ausländischen Besucher nimmt stetig zu. Das liegt auch an den günstigen Preisen, die etwa 50 Pro-

Die Umgebung von Sarajevo

Wintervergnügen am Bjelašnica

zent niedriger sind als in deutschen und österreichischen Wintersportgebieten.

Die Anfahrt zum Wintersportgebiet ist ab Sarajevo gut ausgeschildert. Bei der Ankunft in Babin do erwartet den Besucher ein großer Parkplatz. Gegenüber befinden sich Hotels, eine Skischule und ein Ausrüstungsverleih. Fünf Schlepp- und zwei Sessellifte bringen die Skifahrer zum Pistenstart. Der erste Skilift wurde anlässlich der Olympischen Spiele in Betrieb genommen. Die Infrastruktur im Wintersportgebiet ist inzwischen etwas in die Jahre gekommen und kann in Stoßzeiten nicht immer alle Besucher bewältigen, Wartezeiten sind die Folge. Das Skigebiet soll über einen Zeitraum von 20 Jahren ausgebaut und modernisiert werden. Investitionen von über 100 Millionen Euro sind geplant, darunter in Schneekanonen, Beleuchtung, Langlaufloipen und neue Wettkampfpisten, die den internationalen Anforderungen entsprechen, sowie neue Lifte und Sesselbahnen. Die besten Wintersportzeiten sind im Februar und März. Die Temperaturen sind milder als in den beiden Monaten zuvor, die Tage schon wieder etwas länger und die Schneewahrscheinlichkeit sehr hoch. Sollte nur wenig Schnee liegen, schaffen sechs Schneekanonen Abhilfe.

Den Wintersportlern stehen auf Bjelašnica Pisten von insgesamt zehn Kilometern Länge zur Verfügung. Sehr beliebt ist das Nachtskifahren. Die 750 Meter lange Piste wird während der Saison täglich außer sonntags von 18.30 Uhr bis 21 Uhr beleuchtet.

Nicht nur für Wintersportinteressierte ist das tunnelartige Starthäuschen der olympischen Abfahrtsrennen eine Besichtigung wert. Grund seines ungewöhnlichen Aussehens: Kurz vor Eröffnung der Spiele stellte man fest, dass der vom IOC geforderte Höhenunterschied von 800 Metern bei den Abfahrtsrennen unterschritten wurde. Deshalb wurde das Starthäuschen in aller Eile verlängert. Der Höhenunterschied wuchs dadurch auf regelkonforme 803 Meter.

Außerhalb der Wintersaison wird das Gleitschirmfliegen immer beliebter. Gestartet wird auf der Bergspitze bei der Wetterwarte. Mehrere Wiesen stehen als Startbahn zur Verfügung. Besonders im Frühjahr und Sommer ist die Thermik auf dem Bjelašnica besonders gut. Zudem ist er im Sommer bei Wanderern, Bergsteigern und neuerdings Mountainbikern sehr gefragt.

Die vom Bergverein gepflegten und markierten Wanderwege führen hinauf bis zum Gipfel auf 2067 Meter. Außerdem können zahlreiche Höhlen erkundet werden, zum Beispiel Bivolja, Kuvija, Sniježna und Ivanova.

ℹ Bjelašnica

Vorwahl: 00387/(0)33.

TIC (Touristen-Informations-Centrum), Babin Do (im Wintersportzentrum Bjelašnica), Tel. 584100, 468539, Fax 584149.

Es gibt die unterschiedlichsten Skipass-Tarife, zum Beispiel die Tageskarte für 30 KM oder die 7-Tage-Karte für 160 KM.

Hotel Han, Babin Do bb, Tel. 584150, 584155, www.hotelhan.ba. Kleines Hotel mit 18 Zimmern, 12 Zimmer mit Blick auf die Pisten. Das Hotel verfügt über WLAN, TV, Restaurant, Café, Skiverleih und einen bewachten Parkplatz. DZ 140 KM.

Hotel Maršal, Babin do, Tel. 584100, 548200, www.hotel-marsal.ba. 3-Sterne-Hotel mit 70 Zimmern direkt an den Pisten. Restaurant mit nationaler und internationaler Küche, bewachter Parkplatz, WLAN. Außerdem Billardraum, Tischtennis, Sauna, Sportplätze, Skischule und -verleih. EZ 70 KM, DZ 100 KM.

Am Jahorina

■ Jahorina

Das Jahorina ist ein 30 Kilometer langes und 15 Kilometer breites Gebirgsmassiv. Es gehört zum Dinarischen Gebirge und erstreckt sich vom Berg Trebević bis nordwestlich von Goražde. Höchste Punkte sind die Gipfel Sjentište (1913 m) und Ogorjelica (1916 m). Der westliche Teil des Jahorina-Gebirges wurde zum Nationalpark erklärt. Bei den Olympischen Winterspielen wurden auf dem Jahorina die Abfahrts- und Slalomwettbewerbe der Frauen ausgetragen. Aber bereits zuvor hatten auf der 3500 Meter langen Piste nationale und internationale Meisterschaften stattgefunden. Während des Bosnienkrieges verlief die Front quer über den Berg, er wurde vermint. Die meisten Hotels wurden in dieser Zeit beschädigt, sind inzwischen aber renoviert und modernisiert worden. Nach dem Bosnienkrieg entwickelte sich das Jahorina schnell wieder zu einem der beliebtesten Wintersport- und Wanderausflugsziel.

Von Sarajevo ist das Skigebiet über gut ausgebaute Asphaltstraßen in weniger als einer Stunde zu erreichen. Beim Dorf Šator werden zahlreiche Ferienholzhäuser vermietet. Von dort führt die Straße ein kurzes Stück den Berg hinauf zu Hotels und Gästehäusern. Die Ausstattung reicht von spartanisch bis zu luxuriös. Das Preisniveau ist für westeuropäische Verhältnisse recht günstig.

Die Skipisten befinden sich in einer Höhe von 1300 bis 1880 Metern, die drei großen Abfahrtspisten verfügen über jeweils eigene Skilifte. Zudem gibt es eine 20 Kilometer lange Langlaufloipe. Sehr beliebt ist das Nachtskifahren, das in der Wintersaison mehrmals wöchentlich bis 22 Uhr angeboten wird. Die Infrastruktur im Skigebiet wurde seit dem Ende des Krieges ständig ausgebaut, und der Bau weiterer großer Skilifte steht kurz bevor. Den Besuchern wird einiges geboten: Motorschlitten können ausgeliehen werden, Skischulen bieten Kurse an, zahlreiche Restaurants warten mit bosnischen Spezialitäten auf. Auch in der Nähe der Pisten werden Snacks und Getränke angeboten. Zahlreiche Bars und Discotheken locken abends nicht nur die junge Generation an.

Schnee gibt es auf dem Jahorina meist von Dezember bis April. Lohnenswert ist aber auch ein Besuch während der Sommermonate. Die Temperaturen sind mild, und es herrschen beste Bedingungen zum Wandern, Walken, Joggen und Radfahren. Der Berg ist auch bekannt für seine Nadelwälder und üppigen Blumenwiesen, etwa in Rajski Do, dem sogenannten Paradiestal.

ℹ️ Jahorina

Vorwahl: 00387/(0)57.
Die Tageskarte (Skipass) kostet 30 KM, die Fünftageskarte 140 KM. Zudem gibt es zahlreiche andere Tages- und Wochenvarianten bis hin zur Saisonkarte. Fünf Tage Gruppenunterricht in der Skischule kosten 120 KM, Einzelunterricht 30 KM/Stunde.

🛏️ 🍽️

Hotel Nebojša, Tel. 270500, 270501, www.hotel-nebojsa.com. Neueres Hotel mit 26 Zimmern, vier Apartments und großem Wintergarten, unmittelbar an der Piste. Die Zimmer sind funktional mit Sat-TV, Mini Bar und Telefon ausgestattet. Das Restaurant bietet neben internationalen und serbische Spezialitäten an. Außerdem im Hotel: Sauna, Massage, Ski-Service und Schule. DZ pro Person je nach Saison 70–110 KM.
Hotel San, Jahorina-Ogorjelica, Tel. 065/631644, www.jahorina-hotelsan.com. 4-Sterne-Hotel mit hellen, freundlich eingerichteten Zwei- und Dreibettzimmern. Sat-TV, Sauna, Massage. DZ je nach Saison pro Person 60–110 KM.
Hotel Kristal, Jahorina, Tel. 270430, www-joharinakristal.com. 3-Sterne-Hotel mit 68 Betten. Die Zimmer sind nett mit hellen Holzmöbeln, Sat-TV und WLAN ausgestattet. Im Restaurant domi-nieren blaue Teppiche und Stühle, gemütlicher ist die Atmosphäre im Café. DZ pro Person je nach Saison 100–140 KM.
Hotel Snežna kraljica, Tel. 270484, www.sneznakraljica.com. Kleines günstiges Hotel mit 18 Doppel- und Dreibettzimmern. Farbenfroh ausgestattet. Skischule- und verleih. DZ pro Person je nach Saison 60–100 KM.
Hotel Termag, Jahorina Polcje, Tel. 270422, 272100, www.termaghotel.com. Eines der besten Hotels in den bosnischen Wintersportgebieten. Sehr schick ausgestattet mit viel Holz und Möbeln, die mit Bedacht ausgewählt wurden. Das Hotel ist klimatisiert und verfügt über einen Wellnessbereich mit Sauna und Schwimmbad. Kaminzimmer, Spielplatz und Garage sind ebenfalls vorhanden. Das Hotel befindet sich unmittelbar an den Pisten. DZ pro Person je nach Saison 80–195 KM.
Hotel Board, Tel. 270014, Fax 270 177, www.hotelboard-jahorina.com. Schickes 4-Sterne-Hotel. 21 Doppel-, 5 Dreibettzimmer und fünf Apartments. Geschmackvoll ausgestattet. Großer Wellnessbereich mit Sauna, Dampfbad und Schwimmbad. Restaurant mit Kamin, Kinderspielzimmer, Internetanschluss. DZ pro Person in der Wintersaison 100–150 KM, in der Sommersaison 70 KM.

🔲 Treskavica

Das Bergmassiv Treskavica befindet sich rund 30 Kilometer südlich von Sarajevo. Es ist bis zu 2088 Meter hoch und damit nach dem Maglić das zweitgrößte in Bosnien und Herzegowina. Bei gutem Wetter reicht der Blick vom Treskavica bis Montenegro. Das Gebirge ist von Karstfeldern, steilen Felsen, Tälern und Bächen durchzogen. Mehrere seiner Bergspitzen ragen über 2000 Meter hoch in den Himmel. Zudem ist das Gebirge

Karte S. 188 ▲

bekannt für seine Seen, etwa den Cr-
no jezero (Schwarzer See), den Blatno
jezero (Schlammiger See) oder auch den
Veliko jezero (Großer See). Der ist 210
Meter lang, 180 Meter breit und bis zu
vier Meter tief. Der See liegt in einem
Felsbecken in 1600 Meter Höhe. Selbst
im Sommer steigt seine Wassertempe-
ratur nur selten über 18 Grad.
Die Landschaften des Treskavica-
Massivs sind abwechslungsreich. Es gibt
100 Jahre alte Buchen, zudem Fichten-
und Tannenwälder. Außerdem ist der
Berg Lebensraum für Bären, Gämse,
Wildschweine, Füchse, Marder, Dachse
und viele andere Tiere.

Idyllischer Bergbach: die Rakitnica

Fluss und Schlucht Rakitnica

Die Rakitnica entspringt auf einer Höhe
von 1500 Metern oberhalb des gleichnamigen Dorfes. Das liegt im Nordwes-
ten des Treskavica-Gebirges, etwa 35
Kilometer südwestlich von Sarajevo. Die
Rakitnica ist ein typischer Gebirgsfluss
mit Stromschnellen, kleinen Wasserfällen
und sehr sauberem Wasser, das an vielen Stellen sogar trinkbar sein soll – das
sagen wenigstens die offiziellen Stellen.
Im oberen Flussabschnitt leben seltene
Fische, etwa Goldforellen und Äschen, im
unteren Flusslauf sind zahlreiche Krebs-
arten beheimatet. Die Rakitnica mündet in der Gemeinde Konjic, beim Dorf
Kašići, in die Neretva, zu deren größten
Zuflüssen sie zählt.
Die Rakitnica-Schlucht ist 24 Kilometer
lang und bis zu 800 Meter tief und gehört damit zu den größten in Europa. Sie
beginnt beim Dorf Šabići und schlägt eine Furche zwischen dem Bjelašnica- und
dem Visočica-Gebirge. Die Gegend ist bei
Kletterern und Wanderern sehr beliebt,
die Schlucht selbst allerdings nur schwer
zugänglich. Da sie von Menschen nahezu unberührt ist, entwickelte sie sich zur
Heimat seltener Tiere und Pflanzen. Bis-

her wurden 32 Pflanzenarten entdeckt,
die ausschließlich hier vorkommen. Zudem sind Bären, Wildschweine, Wölfe,
Marder und Gämse hier beheimatet. Am
nördlichen Rand der Schlucht befinden
sich das Dorf Lukomir und der kleine
Bergsee Blataćko jezero.

■ Lukomir

Das Dorf Lukomir liegt 1469 Meter über
dem Meeresspiegel und ist die höchstgelegene und einzige noch erhaltene
Halbnomaden-Siedlung in Bosnien und
Herzegowina. Die Bewohnerinnen tragen
noch heute die selbstgefertigte traditionelle Kleidung. Lukomir ist inzwischen
ein beliebtes Wanderziel, seit kurzem
sogar mit einer eigenen Berghütte ausgestattet. Von Oktober bis Dezember
ist Lukomir oft eingeschneit und von
der Außenwelt nahezu abgeschnitten.
Lediglich zu Fuß und auf Skiern ist das
Dorf dann noch zu erreichen.
Der Legende nach entstand Lukomir, als
Nomaden aus der Herzegowina wegen
der dortigen Dürre mit ihren Herden im
Sommer ins Bjelašnica-Gebirge kamen.
Einige Hirten ließen sich zunächst nahe

der Rakitnica-Schlucht nieder, später dort, wo sich heute das Dorf befindet. Die Häuser in Lukomir sind aus Stein mit langen spitzen Dächern, die mit Kirschholzschindeln gedeckt sind und im Winter der Schneelast problemlos widerstehen. In der jüngeren Vergangenheit entschieden sich immer mehr Bewohner für die preiswerte Variante und verkleideten ihre Dächer mit Blech. Durchs Dorf führen Trampelpfade, asphaltierte Wege oder gar Straßen gibt es nicht.

Interessante Einblicke in das Dorfleben und das Denken und Handeln der Bewohner fernab von Handynetzen und Internet gibt der sehenswerte Spielfilm ›Nebo iznad Krajkolika‹. Die Komödie der Regisseurin Nenada Đurića wurde teilweise in Lukomir gedreht und handelt vom Aufeinandertreffen zweier Kulturen: Die Tochter des französischen Botschafters muss mit ihrem Gleitschirm in einem bosnischen Bergdorf notlanden, genau vor den Füßen des Hirten Mehmed. Wie Mehmed der Französin zurück in die Zivilisation hilft, ist amüsant anzusehen, zumal sich die beiden nur mit Händen und Füßen verständigen können.

■ Umoljani

Das Dorf Umoljani ist leichter zu erreichen als Lukomir. Das führte auch dazu, das es im Bosnienkrieg fast vollständig zerstört wurde; inzwischen ist es aber wiederaufgebaut. Das Dorf ist von ursprünglicher Natur umgeben. Nach Norden wechseln sich Wälder und Wiesen ab, während sich an den südlichen Hängen Karstlandschaften ausdehnen. Im Dorf und der Umgebung sind die Überreste einer alten Siedlung und mittelalterliche Grabsteine zu finden. Als Ort mit einer magischen Atmosphäre gilt das Tal Studeno polje nahe Umoljani.

Karte S. 188

Am Rand von Lukomir

Wasserfall Skakavac

Ein besonderes Naturschauspiel und beliebtes Ausflugsziel ist der Wasserfall Skakavac (Grashüpfer). Er befindet sich zwölf Kilometer nordöstlich vom Stadtzentrum in einer nahezu unberührten Landschaft und ist von Fichten-, Tannen- und Buchenwäldern umgeben. Der Skakavac ist mit 98 Metern der höchste Wasserfall in Bosnien und gilt als einer der schönsten. Die Gegend um den Wasserfall bietet eine vielfältige Flora und Fauna, darunter sogar bedrohte Tier- und Pflanzenarten, die sich in dem weitgehend geschützten Ökosystem gefahrlos entwickeln können.

Der beeindruckende Wasserfall Skakavac

Der Wasserfall ist zu Fuß, mit dem Rad oder dem Auto erreichbar und ein ideales Ziel für einen Tagesausflug. Von Sarajevo fährt die Buslinie 69 zum Dorf Nahorevo, der einzigen Siedlung in dieser Gegend. Von dort erreicht man den Wasserfall nach einer rund zweistündigen Wanderung. Der Weg ist an einigen Stellen ausgeschildert, teilweise wurden sogar Karten angebracht. Entlang der Wanderwege gibt es mehrere sehr einfache Cafés, darunter auf halben Weg zum Wasserfall auch die kleine Gaststätte von Dragan. Beim Skakavac selbst bieten Holztische und Bänke beste Voraussetzungen für ein Picknick. Aus nächster Nähe erlebt man den Wasserfall am besten von der Holzbrücke unmittelbar vor dem Naturschauspiel, riskiert dabei aber, den einen oder anderen Wasserspritzer abzubekommen.

Nahe dem Wasserfall sind die Böden flach und kalkhaltig. Viele Pilzarten sind hier zu Hause, die meisten sind essbar. Zudem sind zahlreiche Quellen und Bäche in der Umgebung zu finden. Der bekannteste ist wohl der Perački-Bach. Während des Bosnienkrieges fanden in dieser Gegend kaum Kämpfe statt. Sie soll deshalb minenfrei sein.

Bijambare

Bei dem Namen Bijambare denkt man meist an die gleichnamige Karsthöhle, tatsächlich bezeichnet er aber auch ein 370 Hektar großes Gebiet rund 40 Kilometer nordöstlich von Sarajevo. Das Naturschutzgebiet mit seinen dichten Tannenwäldern, großflächigen Wiesen und Wäldern, zwei Bächen und kleinen Seen liegt an der Magistale nach Tuzla, nahe der Hochebene Nišići, um 950 Meter über dem Meeresspiegel. Zahlreiche Heilpflanzen und Pilzarten sind dort beheimatet. Bekannt ist Bijambare aber tatsächlich aufgrund seiner Höhlen, von denen bisher sechs erforscht wurden. Die größte und bekannteste ist die für Besucher erschlossene Bijambare-Höhle. Sie ist 420 Meter lang und wird von vier, bis zu 30 Meter hohen und 60 Meter breiten Gängen durchzogen. Der größte Gang wird wegen seiner Ausmaße Konzertsaal genannt. Zu sehen gibt es neben Grillen und Fledermäusen ein faszinierendes Ensemble an Stalaktiten und Stalagmiten sowie Tuffsteine. 1967 fanden Forscher Steinwerkzeuge, die vermuten lassen, dass die Höhe bereits vor unserer Zeitrechnung bewohnt war.

Sprachführer

In Bosnien und Herzegowina wurde zur jugoslawischen Zeit serbokroatisch gesprochen, nun gibt es drei offizielle Amtssprachen: Bosnisch, Serbisch und Kroatisch. Die Unterschiede sind nur gering, ihre Betonung ist in erster Linie politisch motiviert. In Sarajevo wird, wie fast überall in der Föderation, das lateinische Alphabet verwendet. In der Republika Srpska ist dagegen das kyrillische Alphabet vorherrschend.

Auch für Besucher ohne bosnische Sprachkenntnisse dürfte es in Sarajevo kaum Verständigungsprobleme geben. In Hotels, Restaurants und Kultureinrichtungen sprechen die Mitarbeiter in der Regel Englisch. Recht oft begegnet man Bosniern, die Deutsch sprechen; sie haben meist während des Krieges als Flüchtlinge einige Zeit im deutschsprachigen Raum gelebt.

Das bosnische Alphabet

Latein	Kyrillisch	Aussprache
A, a	А, а	
B, b	Б, б	
C, c	Ц, ц	wie ›z‹ in ›Zucker‹
Č, č	Ч, ч	wie ›tsch‹ in ›Tschechien‹
Ć, ć	Ћ, ћ	etwas weicher als ›č‹
D, d	Д, д	
Đ, đ	Ђ, ђ	wie ›gy‹ in ›Magyaren‹
Dž, dž	Џ, џ	wie ›dsch‹ in Dschungel
E, e	Е, е	
F, f	Ф, ф	
G, g	Г, г	
H, h	Х, х	wie ›ch‹ in ›acht‹
I, i	И, и	
J, j	J, j	
K, k	К, к	
L, l	Л, л	hart wie ›l‹ in ›Wall Street‹
Lj	Љ, љ	wie ›lj‹ in ›Ljubljana‹
M, m	М, м	
N, n	Н, н	
Nj, nj	Њ, њ	
O, o	О, о	
P. p	П, п	
R, r	Р, р	rollendes Zungenspitzen ›r‹
S, s	С, с	wie ›ß‹ in ›Straße‹ (stimmlos)
Š, š	Ш, ш	wie ›sch‹ in ›Schule‹
T, т	Т, t	
U, u	У, у	
V, v	В, в	wie ›w‹ in ›Wasser‹
Z, z	З, з	wie ›s‹ in ›Rose‹ (stimmhaft)
Ž, ž	Ж, ж	wie ›j‹ in ›Journal‹

Allgemeine Wendungen

Guten Tag!	Dobar dan!
Guten Morgen!	Dobro jutro!
Guten Abend!	Dobro veče!
Gute Nacht!	Laku noć!
Auf Wiedersehen!	Do viđenja!
Hallo!	Zdravo!
Tschüss!	Ćao!
Entschuldigung.	Izvinite.
Kein Problem.	Nema problema.
bitte	molim
danke	hvala
ja	da
nein	ne
vielleicht	možda
gut	dobro
Ich verstehe Sie nicht.	Ja vas ne razumijem.
Sprechen Sie deutsch? ...englisch?	Govorite li njemački? ...engleski?
Wie geht es Ihnen?	Kako ste?
Danke, gut.	Hvala, dobro.
Es freut mich.	Drago mi je.
Bitte sagen Sie mir ...	Dali mi možete kazati.
Ich heiße ...	Zovem se ...
Wie heißen Sie?	Kako se zovete?
Ich bin ...	Ja sam ...
Frau/Herr ...	Gospodin/Gospođa ...
Deutschland	Njemačka
Österreich/Schweiz	Austrija/Švicarska
Ich komme aus Deutschland	Ja sam iz Njemačke
Ich komme aus Österreich/der Schweiz	Austrije/Švicarske
Hilfe!	Upomoć!

Orientierung und öffentliche Einrichtungen

Gibt es...?	Ima li...?
Wo ist...?	Gdje je...?
hier	ovdje
dort	tamo
links	lijevo
rechts	desno
geradeaus	pravo
nah	blizu
weit	daleko
Norden	sjever

Süden	jug
Osten	istok
Westen	zapad
Straße	ulica
Platz	trg
Markt	pijaca/tržnica
Museum	muzej
Kirche	crkva
Moschee	džamija
Stadt	grad
See	jezero
Kloster	manastir
Brücke	most
Fluss	rijeka
Denkmal	spomenik
Altstadt	stari grad/čaršija
Wasserfall	vodopad
geöffnet	otvoreno
geschlossen	zatvoreno
Touristeninformation	turistički biro
Polizei	policija/milicija
Arzt	ljekar/doktor
Apotheke	apoteka
Krankenhaus	bolnica
Post	pošta
Brief	pismo
Briefmarke	poštanska marka
Postkarte	dopisnica
Luftpost	avionom
Einschreiben	preporučeno
Paket	paket
Geld wechseln	mijeniti novac
Bank	banka
Auslandstelefonat	međunarodni razgovor

Zeitangaben

wann?	kada?
jetzt	sada
später	kasnije
sofort	odmah
nie	nikad
Tag	dan
täglich	dnevni

Nacht	noć
Woche	nedelja/sedmica/tjedan
Monat	mjesec
Jahr	godina
gestern	juče
heute	danas
morgen	sutra
Minute	minuta
Stunde	sat
stündlich	svakoga sata
Montag	ponedeljak
Dienstag	utorak
Mittwoch	srijeda
Donnerstag	četvrtak
Freitag	petak
Samstag	subota
Sonntag	nedelja

Im Hotel

Haben Sie ein Zimmer frei?	Imate li slobodnu sobu?
Ich hätte gerne ein Doppelzimmer/ Einzelzimmer.	Želio bih dvokrevetnu sobu/ jednokrevetnu sobu.
Wieviel kostet das Zimmer?	Koliko košta soba?
Mit Frühstück	sa doručkom
Ohne Frühstück	bez doručka
Zimmerschlüssel	ključ od sobe
Gepäck	prtljag
Handtuch	peškir/ručnik
Parkplatz	mjesto za parkiranje
Rechnung	račun
Bett	krevet
Dusche	tuš
Für Männer	muški
Für Frauen	ženski
Reisepass/Ausweis	pasoš

Transport

Bus	autobus
Busbahnhof	autobuska stanica/kolodvor
Straßenbahn	tramvaj
Taxi	taksi
Zug	voz/vlak
Bahnhof	željeznička stanica/kolodvor
Bahnsteig	peron

Abfahrt	odlazak
Ankunft	dolazak
Verspätung	zakašnjenje
Fahrplan	red vožnje
Information	informacija
Fahrkartenschalter	šalter
Fahrkarte	vozna karta
Hin- und Rückfahrkarte	povratna karta
Zuschlag	doplatna karta
1./2. Klasse	prvi/drugi razred
Schiff	brod
Fähre	skela
Hafen	luka
Auto	auto/kola
Tankstelle	benzinska pumpa
Werkstatt	radionica
Reifen	vanjska guma
Rad	točak
Vorder-/Hinter-	prednji/zadnji
Glühlampe	sijalica
Zündkerze	električni užigač
Batterie	baterija
Ölwechsel	zamjena ulja
Kühlwasser	voda za hlađenje

Essen und Trinken

Restaurant	restoran
Wirtschaft	kafana, bife
Café/Konditorei	slastičarna
Kellner	konobar
Bitte zahlen	Molim vas račun
zusammen	zajedno
Wasser	voda
Wein	vino
Rotwein	crno vino (›schwarzer‹ Wein)
Weißwein	bijelo vino
Bier	pivo
Kaffee, auch Instantkaffee	kafa
Kaffee, typisch bosnisch zubereitet	domaća kafa/turska kafa
Tee	čaj
Milch	mlijeko
Heiße Schokolade, meist dickflüssig	topla čokolada
Fruchtsaft oder -getränk	voćni sok

Limonade	limunada, sok
Brot	hljeb/kruh
Suppe	supa/juha
Eintopf	čorba
Fleisch	meso
Kalbfleisch	teletina
Rindfleisch	govedina
Schweinefleisch	svinjetina
Lammfleisch	janjetina
Hühnchen	piletina
Wurst	kobasica
Schinken	šunka
Fisch	riba
Gemüse	povrće
Salat	salata
Obst	voće
Kuchen	kolač
Speiseeis	sladoled
Schnitzel	šnicla
vom Rost	sa roštilja, na zaru
Hacksteak, oft als Burger	pljeskavica
gefüllte Paprika	punjene paprike

Zahlen

1	jedan (m), jedna (w), jedno (s)
2	dva (m/s), dvije (w)
3	tri
4	četiri
5	pet
6	šest
7	sedam
8	osam
9	devet
10	deset
11	jedanaest
12	dvanaest
13	trinaest
14	četrnaest
15	petnaest usw.
20	dvadeset
21	dvadeset jedan
22	dvadeset dva
23	dvadeset tri usw.

30	trideset
40	četrdeset
50	pedeset
60	šezdeset
70	sedamdeset
80	osamdeset
90	devedeset
100	sto
101	sto jedan usw.
120	sto dvadeset usw.
500	petsto
1000	hiljada/tisuća

Reisetipps von A bis Z

Autofahren

An den Zu- und Abfahrtsstraßen finden regelmäßig Polizei- und Geschwindigkeitskontrollen statt. Verkehrsverstöße werden mit hohen Bußgeldern geahndet. Die Promillegrenze liegt bei 0,5. Bei einem Unfall sollte man in jedem Fall die Polizei verständigen. Sie nimmt den Unfall auf und schreibt eine Schadensmeldung ohne die eine Ausreise normalerweise nicht möglich ist. Unbedingt sollte man die Personalien aller Unfallbeteiligten und Zeugen notieren und einen europäischen Unfallbericht ausfüllen, den man vor Reiseantritt von seiner Versicherung bekommt. Für Autofahrten in die umliegenden Berge ist von Spätherbst bis Frühlingsbeginn eine Winterausrüstung mit Schneeketten erforderlich.

Automobilclubs

In Bosnien und Herzegowina sind drei Automobilclubs aktiv, zwei in der Republika Srpska und landesweit der Auto-Motor-Klub, kurz BIHAMK, der seit 1947 auf bosnischen Straßen hilft sowie über die Verkehrslage und den Straßenzustand informiert. Bei einer Autopanne empfiehlt es sich, zuerst seinen Autoclub im Herkunftsland zu kontaktieren. Viele Clubs bieten ihre Leistung auch in Bosnien und Herzegowina in Kooperation mit den Anbietern vor Ort an.

BIHAMK, Skenderija 23, 71000 Sarajevo, Tel. 033/282100, Technische Hilfe: 1282, www.bihamk.ba.

Behinderte

Zahlreiche Menschen wurden während des Bosnienkrieges schwer verletzt und sind heute auf Krücken oder Rollstuhl angewiesen. Dennoch sieht man im Land Menschen mit Handicap verhältnismäßig selten in der Öffentlichkeit. Eine Behinderung gilt im Bewusstsein vieler Bosnier als Makel. Daran haben auch die bei Weltmeisterschaften und Olympischen Spielen sehr erfolgreichen

An der Haltestelle bei der Lateinerbrücke

Reisetipps von A bis Z

Behindertensportler des Landes bisher wenig ändern können. So gibt es kaum behindertengerechte Einrichtungen, und als Rollstuhlfahrer Busse und Straßenbahnen zu nutzen, ist nahezu unmöglich. Einziger Lichtblick: Einige wenige Hotels bieten inzwischen behindertengerechte Zimmer an.

Botschaften und Diplomatische Vertretungen in Bosnien und Herzegowina

Deutsche Botschaft
Skenderija 3, 71000 Sarajevo
Tel. 00387/(0)33/565300
Fax 00387/(0)33/212400
info@sarajewo.diplo.de
www.sarajewo.diplo.de
Mo–Do 7.30–16.45, Fr 7.30–13.30 Uhr.

Österreichische Botschaft
Džidžikovac 7
Tel. 00387/(0)33/279400 (Amt), 279419 (Konsulat)
Fax 00387/(0)33/668339
sarajevo-ob@bmeia.gv.at
www.austrijska-ambasada.ba
Mo–Do 8–12 Uhr.

Botschaft der Schweiz
Zmaja od Bosne 11
Tel. 00387/(0)33/275850, 254030
Fax 00387/(0)33/570120, 271500
https://www.eda.admin.ch/sarajevo
Mo–Fr 8.30–12 Uhr.

Botschaften und Diplomatische Vertretungen Bosnien und Herzegowinas
In Deutschland:
Botschaft von Bosnien und Herzegowina
Ibsenstraße 14
10439 Berlin
Tel. 030/814712.10
Fax 030/81471211
mail@botschaftbh.de

Botschaft von Bosnien und Herzegowina
Tivoligasse 54
1120 Wien
Tel. 0043/(0)1/8118529
Fax 0043/(0)1/8118529

Botschaft von Bosnien und Herzegowina
Thorackerstraße 3
CH-3074 Muri bei Bern
Tel. 0041/(0)31/3511050
Fax 0041/(0)31/3511079

Generalkonsulate
Karlstraße 60
80333 München
Tel. 089/9828064
Fax 089/9828079
gkmuenchen@botschaftbh.de
9–17 Uhr

Olgastraße 97b
70180 Stuttgart
Tel. 0711/2538-3923 oder -390
Fax 0711/2538-3922
gkstu@botschaftbh.de
9–17 Uhr.

Mendelssohnstraße 69
60325 Frankfurt am Main
Tel. 069/907486-40, -414, -416, -417, -419, -420
Fax 069/907486427
gkfrankfurt@botschaftbh.de
13.30–16 Uhr.

Michael J.Weichert, Ehrenkonsul
Thomaskirchhof 20
04109 Leipzig
Tel. 0341/2255896, mobil 0172/7978660
Fax 0341/2255899
michael.weichart@honorarkonsulatbh.de

Einreisebestimmungen

Insgesamt hat Bosnien und Herzegowina 52 Grenzübergänge, darunter acht Eisenbahn-, vier Luftfahrt- und 40 Personen-Grenzstationen. Für die Einreise nach Bosnien und Herzegowina benötigen deutsche, österreichische und Schweizer Staatsbürger sowie Bürger aller anderen EU-Länder, der Vereinigten Staaten und Kanadas einen Reisepass, Kinder einen Kinderreisepass oder Reisepass mit Lichtbild. Ein Visum benötigen Angehörige der genannten Staaten nicht. Offiziell können EU und Schweizer Staatsangehörige auch mit dem Personalausweis einreisen, Reisende berichteten jedoch von Problemen an der Grenze. Daher ist es ratsamer, einen Reisepass mitzuführen. Ein vorläufiger Reisepass wird ebenfalls anerkannt.

Bei der Einreise mit dem Pkw muss die Grüne Versicherungskarte vorgelegt werden. Sie gilt sowohl in der Föderation wie auch in der Republika Srpska. Autofahrer ohne Grüne Versicherungskarte müssen an der Grenze eine Pkw-Versicherung abschließen.

Personen, die nicht eine der oben genannten Staatsbürgerschaften besitzen, unterliegen der Visumspflicht. Ein Visum kann bei einer der bosnisch-herzegowinischen Auslandsvertretungen (s.o.) beantragt werden. Ein Einreise- und Transitvisum kostet 31 KM (ca. 16 Euro), ein Visum für mehrere Einreisen und einen Aufenthalt von bis zu 90 Tagen 57 KM (ca. 26 Euro), mehr als 90 Tage 72 KM (ca. 36 Euro).

Ausländische Staatsbürger müssen sich innerhalb von 24 Stunden nach der Einreise polizeilich anmelden. Bei einer Hotelübernachtung geschieht dies üblicherweise durch das Personal. Es kann vorkommen, dass man bei einer Polizeikontrolle und an der Grenze nach der Registrierung gefragt wird. Eine fehlende Anmeldung kann bei der Ausreise zu Problemen führen, es droht eine Geldbuße und im schlimmsten Fall sogar die Inhaftierung und Abschiebung.

Die Einreise mit Waffen ist verboten. Devisen können deklariert werden. Haustiere benötigen für eine Einreise lediglich einen Impfpass und eine amtsärztliche Bescheinigung. Das normale persönliche Reisegepäck unterliegt keiner Einfuhrbeschränkung, soweit es nicht kommerziellen Zwecken dient. Ausgeführt werden dürfen Souvenirs und Geschenke, wenn sie einen Warenwert von 200 KM nicht überschreiten. Außerdem erlaubt sind 200 Zigaretten, 100 Zigarillos, 250 Gramm Tabak, zwei Liter Alkoholika, 60 Kubikzentimeter Parfüm und 200 Kubikzentimeter Eau de Toilette. Mehr Infos unter www.uino.gov.ba.

Elektrizität

Die Netzspannung beträgt 220 Volt/50 Hertz. Die in Deutschland, Österreich und der Schweiz standardisierten Steckertypen passen überall. Für amerikanische und britische Steckertypen ist es allerdings sehr schwer, in Sarajevo einen Adapter zu bekommen. Deshalb sollte man sich gegebenenfalls vor Reiseantritt darum kümmern.

Feiertage

Arbeitsfreie Feiertage sind:
1. Januar (Neujahr)
1. März (Tag der Unabhängigkeit)
1. Mai (Tag der Arbeit)
25. November (Tag der Republik)
Zudem haben Moslems, Orthodoxe, Katholiken und Juden jeweils eigene religiöse Feiertage, außerdem hat jeder Bürger Anspruch auf zwei freie Tage im Jahr zur Ausübung seiner Religion.

Reisetips von A bis Z

Flugverbindungen

Es gibt vier internationale Flughäfen: Tuzla, Mostar, Banja Luka und Sarajevo. Der letztgenannte ist der mit Abstand wichtigste des Landes. Daher befinden sich auch die Vertretungen der Fluggesellschaften sämtlich in der Hauptstadt:

Lufthansa (Flughafenbüro)
Kurta Schorka 36
Tel. 00387/(0)33/289242, 451213
www.lufthansa.de
tgl. 8–16 Uhr.
Täglich von/nach Sarajevo.

Folgende Linien fliegen Sarajevo an:
Austrian Airlines
Kurta Schorka 36
Tel. 00387/(0)33/289242, 451213
Fax 33451213
office.sjj@aua.com
www.aua.com.
tgl. außer So 5.30–17 Uhr.
Austrian Airways hat ein gemeinsames Flughafenbüro mit Lufthansa; fliegt täglich die Strecke Wien–Sarajevo.

Eurowings
Servicenummer in Bosnien: 0044/(0)871/7029976
https://www.eurowings.com/de.html
Bietet Direktflüge von u.a. von Berlin, Dresden, Hamburg, Köln, Leipzig und Stuttgart nach Sarajevo an.

Adria Airways
Ferhadija 23/2
Tel. 00387/(0)33/232125, 464331
Fax 33233692
adrsarajevo@adria.si
www.adria.si.
tgl. außer So 8–16 Uhr.

Croatia Airlines
Kranjčevićeva 4/I
Tel. 00387/(0)33/666123, 258600
Fax 258600,
www.croatiaairlines.hr.
tgl. außer Sa/so 8–16 Uhr.

Nationale kroatische Airline, täglich von/nach Zagreb.
Swiss
Tel. 00387/55233980
Fax 00420/(0)234/008360
www.swiss.com
Fliegt täglich von bzw. über Zürich nach Sarajevo.

Geld und Währung

Die bosnisch-herzegowinische Währung ist die Konvertible Mark (konvertibilna marka), abgekürzt KM. Der offizielle Code lautet BAM. 1 Euro sind 1,95583 KM. Während des Bosnienkrieges und auch danach, bis 1998, gab es drei Währungen in Bosnien und Herzegowina: den bosnischen Dinar, die kroatische Kuna und den Neuen Jugoslawischen Dinar. Darüber hinaus war die Deutsche Mark weit verbreitet. So fiel es den drei bosnischen Volksgruppen nicht schwer, sich auf die Konvertible Mark als gemeinsame Währung zu einigen. Die KM war bis 2001 an die Deutsche Mark angelehnt, seit 2002 an den Euro.

Die Währung besteht aus fenings und marka. 100 fenings sind 1 KM. Es gibt Münzen zu 5, 10, 20, 50 feninga und 1, 2 und 5 marka. Die Banknoten haben einen Wert von 10, 20, 50, 100 und 200 KM. Bis auf dem 200-KM-Schein, auf dem der Literaturnobelpreisträger Ivo Andrić abgebildet ist, werden alle Scheine in zwei Versionen gedruckt, eine der Republika Srpska und eine der Föderation. Beide Versionen sind jedoch im ganzen Land gültig und unterscheiden sich lediglich durch die aufgedruckte Persönlichkeit.

Die KM hat sich als stabile Währung erwiesen. Beliebteste Fremdwährungen in Bosnien und Herzegowina sind Euro und Dollar. An Bahnhöfen, Flughäfen und Tankstellen werden oft Euro akzeptiert, in immer mehr Hotel auch Kreditkarten.

Haustiere

Die Einreise nach Bosnien und Herzegowina mit Haustieren ist in der Regel problemlos (→ S. 211). Allerdings sind nicht in allen Hotels Haustiere gern gesehen. Es empfiehlt sich, vor Reiseantritt nachzufragen. In Überlandbussen weigern sich die Fahrer manchmal, Hunde mitzunehmen. Oft kann ein Trinkgeld eine Meinungsänderung herbeiführen. In Notfällen: **Tierklinik**, Zmaja od Bosne 90, Tel. 442303, vetstanicasa@bih.net.ba, www.vetstanicasa.ba.

Informationen

Im deutschsprachigen Raum betreibt Bosnien und Herzegowina keine Fremdenverkehrsbüros. Einige wenige Informationen erhält man bei den bosnischen Auslandsvertretungen. Besser ist jedoch das Angebot im Internet. Die Stadt Sarajevo, der Kanton und die Tourismusvereinigung von Bosnien und Herzegowina unterhalten inzwischen umfangreiche und informative Websites (→ S. 216).

Minen

Bisher sei in Bosnien noch kein Tourist durch Minen zu Schaden gekommen, versucht der Tourismusverband zu beruhigen. Dennoch sollte man auf die Warnhinweise achten. Minenfelder wurden im Bosnienkrieg überwiegend in Frontnähe angelegt, in der Region Sarajevo zum Beispiel beim Flughafen, einigen Vororten und auf den Bergen Trebević und Igman. Ein Teil der Minenfelder wurde inzwischen geräumt, etwa beim Flughafen und teilweise auf dem Trebević. Minenfelder sind in der Regel durch gelbe oder rote Flatterbänder und durch Vorsicht-Minen-Warnschilder (Pazi mine) gekennzeichnet.

Im Stadtgebiet kann man sich frei bewegen, ebenso auf den Pisten und Loipen der ausgewiesenen Wintersportgebiete in den Bergen um Sarajevo. Gefahren lauern in unbewohnten und bewirtschafteten Gebieten. Verlassene Gebäude und Dörfer sollte man ebenso wie wilde Wiesen, Felder und Wälder nicht betreten. Touren ins Gebirge unternimmt man am besten organisiert oder mit einem einheimischen Wander- oder Bergführer. Weitere Infos: www.bhmac.org.

Notrufe

Notarzt: 124.
Polizei: 122.
Feuerwehr: 123.
Tierarzt: 1282/1288.
Pannenhilfe: 1282, 1288.

Öffnungszeiten

Die Öffnungszeiten sind nicht landesweit einheitlich geregelt. Die meisten Geschäfte im Stadtzentrum und der Baščaršija in Sarajevo haben Mo–Sa 8–20 Uhr geöffnet, in der Sommersaison oft auch bis 22 Uhr. Einige Geschäfte bieten einem Rund-um-die-Uhr-Verkauf an. Spät abends und nachts wird die Ware durch ein kleines Fenster gereicht. **Banken**: meist Mo–Fr 8.30–20 und Sa 9–13 Uhr; **Lebensmittelgeschäfte und Supermärkte**: meist täglich 8–22 Uhr; **Märkte**: 7–17 und So 7–16 Uhr, **Einkaufszentren** 8.30–23, So 8.30–22 Uhr.

Ortszeit

In Bosnien und Herzegowina gilt die Mitteleuropäische Zeit (MEZ). Wie in den meisten europäischen Staaten wird die Uhr Ende März eine Stunde vor- und am letzten Sonntag im Oktober eine Stunde zurückgestellt.

Post

Von außen ist ein Postamt an seinem schwarz-gelben Schild mit der Aufschrift PTT – für Post, Telefon und Telegraf – zu erkennen.

Reisetipps von A bis Z

Sicherheit und Kriminalität

Die Gefahr, in Sarajevo Opfer einer Straftat zu werden, ist nicht größer als in jeder anderen europäischen Stadt ähnlicher Größe. Natürlich gibt es in Sarajevo Kriminalität. Die spielt sich jedoch überwiegend im organisierten Bereich ab; Bosnien und Herzegowina gilt als Einfallstor für Autoschieber, den Drogen- und Zigarettenschmuggel sowie Frauenhandel. Zudem blüht die Korruption. Allerdings ist man als gewöhnlicher Besucher Sarajevos von alldem kaum betroffen. Dennoch ist Vorsicht nicht verkehrt: Den eigenen Wagen, besonders wenn es sich um ein höherwertiges Fahrzeug handelt, sollte man ausschließlich auf bewachten Parkplätzen abstellen. Viele Hotels verfügen über kameraüberwachte und durch Tore gesicherte Garagen und Parkplätze.

Tankstellen

Das Tankstellennetz in Bosnien und Herzegowina ist insgesamt sehr engmaschig. An den Zu- und Abfahrtsstraßen von Autobahnen und Ausfallstraßen befinden sich zahlreiche Tankstellen, von denen viele rund um die Uhr geöffnet haben. Einigen Tankstellen sind Café oder Restaurant, nicht selten ein Hotel angeschlossen.

Angeboten werden die üblichen Kraftstoffsorten: bleifrei 91 Oktan, bleifrei 95 Oktan, verbleit und bleifrei 98 Oktan sowie Diesel. Die bleifreien Kraftstoffe firmieren meist unter Eurosuper. Diesel wird oft als Ecodiesel und Eurodiesel angeboten. Immer mehr Tankstellen haben auch Autogas im Angebot. Wichtig: Selbstbedienung ist nach wie vor unüblich. Der Tankwart füllt das Benzin in den Tank und kassiert oft direkt am Auto.

Telefon

Öffentliche Telefone gibt es in den Postämtern und an stark frequentierten Plätzen in der Innenstadt, etwa in der Einkaufsstraße, an Bahnhof, Busbahnhof und Flughafen. Im Postamt bekommt man eine Telefonkabine zugewiesen und zahlt nach Gesprächsende am Schalter. Öffentliche Münztelefone gibt es nicht mehr, nur noch Kartentelefone. Telefonkarten im Wert von 10, 20 und 50 KM

Die Gasse der Goldschmiede in der Baščaršija

können bei der Post und an jedem Kiosk erworben werden. Die in Sarajevo gekauften Karten funktionieren jedoch nicht in jedem öffentlichen Telefon in Bosnien und Herzegowina, da es mit der Telekom Srpska, der kroatischen Telekom (HRT) und der gebietsübergreifenden PTT Bosnien Herzegowina drei Post- und Telekommunikations-Unternehmen mit jeweils eigenem System gibt. Grundsätzlich lohnt es sich, abends zu telefonieren, da die Tarife ab 19 Uhr günstiger sind.

Mobil telefonieren: Derzeit gibt es drei GSM-Betreiber: BH telecom (Vorwahl 061, 062), Eronet (063) und M-tel (065, 066). Da die drei Firmen sich gegenseitig unterstützen, ist die Signalstärke, außer in wenigen abgelegenen Gegenden, sehr gut. Die europäischen Netzbetreiber haben Roaming-Abkommen mit Bosnien und Herzegowina geschlossen. Dennoch sind Handy-Telefonate ins Ausland vergleichsweise teuer. Keine Roaming-Abkommen gibt es mit amerikanischen und kanadischen GSM-Betreibern.

Für längere Aufenthalte in Sarajevo lohnt der Kauf einer SIM-Karte. Sie kostet 5 KM inklusive 3 KM Gesprächsguthaben. Karten zum Aufladen gibt es von 1 bis 100 KM am Kiosk und im Postamt.

BH Telecom (061, 062)
Obala Kulina bana 8
Tel. 00387/(0)33/212277
Fax 212288
www.bhmobile.ba.
täglich außer So 7–20 Uhr.

Eronet (063)
Branilaca Sarajeva 19
Tel. 00387/(0)33/259970
Fax 259971
www.eronet.ba.
werktags 7–20 Uhr, Sa 8–15 Uhr, So geschlossen.

M-tel (065, 066)
Trg ilidžanskih boraca bb
Tel. 00387/(0)/57310490

Fax 57310490
www.mtel.ba.
werktags 8–20 Uhr, Sa 8–16 Uhr, So geschlossen.

Wichtige Telefonnummern
Landesvorwahl: 00387.
Ländervorwahlen: Deutschland: 0049, Österreich: 0043, Schweiz: 0041.
Vorwahlen der großen Städte: Sarajevo 033, Banja Luka 051, Bihać 037, Mostar 036, Tuzla 035.
Polizei: 122.
Feuerwehr: 123.
Notarzt: 124.
Pannenhilfe: 1282, 1288.
Telefonauskunft national: 1182.
Telefonauskunft international: 1201.

Trinkgeld
Das Trinkgeld ist nicht im Rechnungsbetrag inbegriffen. Besonders im Dienstleistungsgewerbe sind die Gehälter verhältnismäßig niedrig, das Personal daher auf die zusätzliche Einnahme angewiesen. Ist man als Gast mit dem Service zufrieden, ist ein Trinkgeld in Höhe von zehn Prozent des Rechnungsbetrags üblich. In Hotels, Restaurants, Bussen, Taxen, bei Autoverleihern und anderen Dienstleistern kann ein Trinkgeld das Personal zusätzlich anspornen, manchmal macht es sogar das eben noch Unmögliche möglich.

Trinkwasser
Das Leitungswasser in Sarajevo ist trinkbar, betont der Tourismusverband. Ebenso unbedenklich sei das Wasser öffentlicher Brunnen und das Quell- und Flusswasser in den Bergen. Wer dennoch auf Nummer sicher gehen möchte, kauft Mineralwasser. Den Liter gibt's bereits für weniger als eine halbe K-Mark in jedem Lebensmittelgeschäft und an Kiosken.

Reisetipps von A bis Z

Literaturhinweise

Steven Galloway, Der Cellist von Sarajevo, Luchterhand 2008. Der Buchtitel führt etwas in die Irre. Vedran Smajlović, der als Cellist von Sarajevo bekannt wurde, kommt nur am Rande vor und war wenig begeistert, als er sich ungefragt als Romanfigur wiederfand. Galloway erzählt am Beispiel dreier Personen vom Schicksal der Menschen im belagerten Sarajevo.

Otmar Jenner, Sarajevo Safari, Kiepenheuer und Witsch 1998. Der erste Roman des Kriegsreporters Otmar Jenner: Zwei Journalisten sind einem Gerücht auf der Spur. Demnach zahlen Touristen aus Serbien Geld, um auf die Menschen im belagerten Sarajevo schießen zu können. Spannend zu lesen, liefert das Buch eine Innenansicht Sarajevos während des Krieges aus dem Blickwinkel von Journalisten.

Miljenko Jergović, Sarajevo Marlboro, Schöffling & Co. 2009. In 29 kurzen Erzählungen berichtet Jergović aus dem Sarajevo von 1992 bis 1995. Das Buch erschien erstmals 1994 und wurde 2009 von Brigitte Döbert neu übersetzt.

Dževad Karahasan, Tagebuch der Aussiedlung, Wieser Verlag 1993. Ein Portrait Sarajevos in elf Essays. Das Buch erschien erstmals 1993, kurz nachdem Karahasan mithilfe eines deutschen Journalisten die eingeschlossene Stadt verlassen hatte.

Dževad Karahasan, Berichte aus der dunklen Welt, Insel Verlag 2007. Vier Erzählungen und ein Nachwort, tatsächlich ein Essay, beschäftigen sich mit den Menschen und der Geschichte Bosniens vor dem Hintergrund des Krieges.

Semezdin Mehmedinović, Sarajevo Blues, Hainholz Verlag 1999. Die ›Washington Post‹ feierte das Buch als die beste literarische Bewältigung des Bosnienkrieges. Die ›taz‹ nannte die Essay-, Gedichte- und Prosasammlung ein ›Begriffswörterbuch Sarajevos‹.

Sachbücher

Barbara Demick, Die Rosen von Sarajevo, Droemer Verlag 2012. Die Journalistin berichtete aus dem belagerten Sarajevo und legte dabei ihr Augenmerk auf die Menschen in der Logovina-Straße. 20 Jahre nach dem Krieg traf sie die Bewohner erneut. In ihrem Buch beschreibt sie, wie die Menschen die Belagerung erlebten und was aus ihnen geworden ist.

Zlata Filipović, Ich bin ein Mädchen aus Sarajevo, Gustav Lübbe Verlag 1994. Tagebuch eines jungen Mädchens aus dem belagerten Sarajevo.

Erich Rathfelder, Schnittpunkt Sarajevo, Verlag Hans Schiler 2007. Auf 250 Seiten liefert der Autor Einblicke in das komplizierte Gefüge Bosniens.

Edward Serotta, Überleben in Sarajevo, Verlag Christian Brandstätter 1994. Die Geschichte der jüdischen Gemeinde Sarajevos, die während der Belagerung Hilfe für die eingeschlossenen Menschen, unabhängig ihrer Religionszugehörigkeit, organisierte.

Sarajevo im Internet

www.visitsarajevo.ba Die umfangreiche und informative Internetseite beschreibt Sehenswürdigkeiten und Umgebung Sarajevos, dazu Geschichte, Übernachtungsangebote, Restaurants, Bars und Cafés und mehr.

www.sarajevo-tourism.com Internetseite der Tourismusvereinigung des Kantons Sarajevo. Bietet einen Einstieg ins Thema.

www.sarajevo.ba Internetseite der Stadt Sarajevo.

www.bhtourism.ba/ger Die Internetseite der Tourismusvereinigung der Föderation Bosnien und Herzegowina stellt Städte und Regionen vor. Außerdem Infos zu Hotels und Restaurants.

www.bascarsija.info Umfangreiche Internetseite zur Baščaršija (auch in Deutsch).

www.sonar.ba Internetseite von den Herausgebern des ›Sarajevo Navigators‹ listet zahlreiche Adressen auf und beschreibt einige Sehenswürdigkeiten.

www.sarajevo-airport.ba Internetseite des Internationalen Flughafens von Sarajevo. Zeigt unter anderem die aktuellen An- und Abflugzeiten an.

www.sff.ba Alles Wichtige zum Filmfestival.

http://2005.reportagereise.de Reportagen junger Journalisten anlässlich einer Sarajevoreise 2005.

Der Autor

Marko Plešnik, geboren 1967, aufgewachsen in Remscheid, Studium in Wiesbaden, verheiratet mit einer gebürtigen Bosnierin. Er bereist seit frühester Kindheit das ehemalige Jugoslawien, zunächst nur in den Ferien mit Geschwistern, der deutschen Mutter und dem jugoslawischen Vater zu Besuch bei den Großeltern, später und bis heute auf eigene Faust und bei jeder sich bietenden Gelegenheit. Im Trescher Verlag erschienen von ihm bereits die Reiseführer ›Montenegro‹ (5. Aufl. 2016) und ›Bosnien und Herzegowina‹ (5. Aufl. 2016). Marko Plešnik freut sich über Hinweise und Anregungen zu seinen Büchern, bitte schreiben Sie an marko.plesnik@t-online.de.

Marko Plešnik

Reisetipps von A bis Z

Register

Bildnachweis

Alle Fotos von Marko Plešnik, außer: Titel (Amra Pasic/shutterstock), S. 109 (Lea Hauswald), S. 146 (fotolia), S. 180 (Tillmann Bake), S. 186/87, 201 (fotolia/.shock), S. 195 (bhtourism), S. 199 (fotolia/Aleksandar Todorovic), S. 200 (fotolia/Smailhodzic).

Vordere Umschlagklappe: Brunnen im Hof der Gazi-Husrev-Beg-Moschee
Hintere Umschlagklappe:
In der Baščaršija

BELGRAD - NOVI SAD

360 Seiten, komplett in Farbe
ISBN 978-3-89794-334-6
16.95 Euro

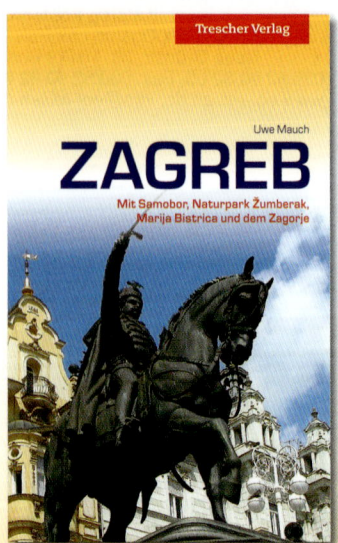

ZAGREB

288 Seiten, komplett in Farbe
ISBN 978-3-89794-334-6
16.95 Euro

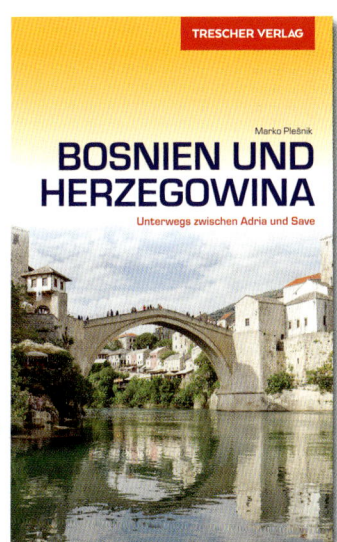

BOSNIEN UND HERZEGOWINA

360 Seiten, komplett in Farbe
ISBN 978-3-89794-317-9
16.95 Euro

MONTENEGRO

276 Seiten, komplett in Farbe
ISBN 978-3-89794-337-7
14.95 Euro

SERBIEN

480 Seiten, komplett in Farbe
ISBN 978-3-89794-208-0
19.95 Euro

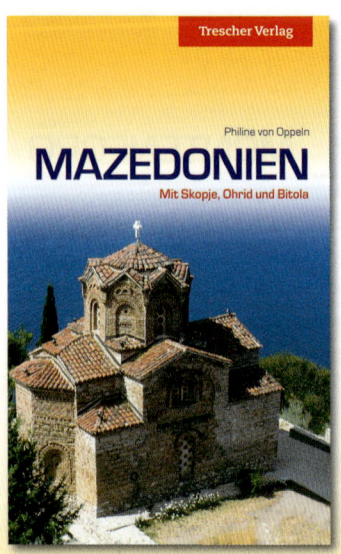

MAZEDONIEN

312 Seiten, komplett in Farbe
ISBN 978-3-89794-265-3
16.95 Euro